SER MAIS
ANOS INICIAIS
do Ensino Fundamental
Educação de Jovens e Adultos

Ari Herculano de Souza
Licenciado em História e Geografia pela UNISAL. Especialização em Filosofia pela PUC-PR. Professor dos Ensinos Fundamental e Médio.

Cilé Terezinha Toledo Ogg
Licenciada em Geografia pela UFPR. Especialização em Educação de Jovens e Adultos PUC-PR. Professora e coordenadora de Geografia do Ensino Médio-PR.

Ezenir Gabardo
Licenciada em Língua Portuguesa pela PUC-PR. Especialização em Ensino de Língua Portuguesa UTP. Professora de EJA da Educação Básica.

Lia Kucera
Licenciada em História Natural pela PUC-PR. Professora dos Ensinos Fundamental e Médio. Professora de EJA.

Maria Cristina Müller
Licenciada em Artes Plásticas pela FAP. Especialização em metodologia do Ensino da Arte e Ensino Superior- IBPEX. Professora de EJA da Educação Básica.

Roseli Machado
Licenciada em Ciências Biológicas pela UFPR. Especialização em Educação Ambiental. Professora dos Ensinos Fundamental e Médio.

Salete P. Andrade
Licenciada em Matemática pela PUC-PR. Especialização em Educação Matemática na sala de aula virtual PUC-PR. Professora do Ensino Fundamental.

Valda Marcelino Tolkmitt
Licenciada em Educação Física pela UFPR. Especialização em esporte para todos. Professora dos Ensinos Fundamental e Médio.

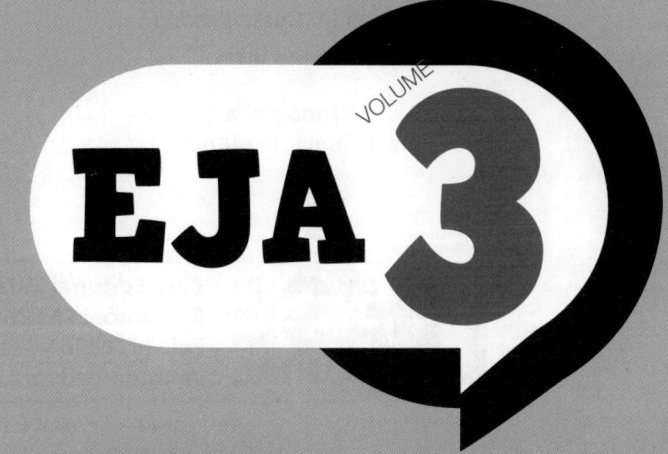

 2ª edição
Curitiba – 2023

Dados para catalogação
Bibliotecária responsável: Luciane Magalhães Melo Novinski
CRB 1253/9 – Curitiba, PR

Dados Internacionais de Catalogação na Publicação (CIP) de acordo com ISBD

S481 Ser mais Anos iniciais 4º e 5º ano: Educação de Jovens e Adultos Manual do Educador / Ari Herculano de Souza ... [et al.] ; ilustrado por Ivan Sória Fernandez. - 2. ed. - São Paulo : Base Editorial LTDA, 2023.
512 ; 20,5 x 27,5cm. – (v.3)

ISBN: 978-85-427-0639-0 (aluno)
ISBN: 978-85-427-0640-6 (educador)

1. Alfabetização. 2. Educação de adultos. I. Souza, Ari H. de. II. Ogg, Cilé T. Toledo. III. Gabardo, Ezenir. IV. Kucera, Lia. V. Müller, Maria Cristina. VI. Machado, Roseli. VII. Andrade, Salete P. VIII. Tolkmitt, Valda M. IX. Fernandez, Ivan Sória. X. Título. XI. Série.

2023-750
CDD 372.41
CDU 372.41

Elaborado por Vagner Rodolfo da Silva - CRB-8/9410

Índice para catálogo sistemático:
1. Alfabetização 372.41
2. Alfabetização 372.41

Ser mais – Volume 3
Copyright – Ari H. de Souza; Cilé Terezinha Toledo Ogg; Ezenir Gabardo; Lia Kucera; Maria Cristina Müller; Roseli Machado; Salete P. Andrade; Valda Marcelino Tolkmitt
2023

Ficha técnica

Conselho editorial
Mauricio Carvalho
Renato Guimarães
Dimitri Vasic
Jorge Yunes
Marco Stech
Mauro Bueno
Silvia Massini
Célia de Assis
Valdeci Loch

Gerência editorial
Eloiza Jaguelte Silva

Coordenação de produção editorial
Osmarina F. Tosta

Editor
Carmem Lucia Gabardo

Revisão
Gilberto Girardello Filho
Juliana M. Gusso Rosado
Juliana Dias

Iconografia
Ana Cláudia Dias (Coord.)

Aline Tavares
Belquís R. Drabik
Jéssica C. Ortiz
Antonio Sevilha

Tratamento de imagens
Solange Eschipio

Licenciamento de textos
Luiz Fernando Bolicenha
Mariana de Oliveira e Silva Castro

Projeto gráfico e Capa
Paulo de Oliveira Franco

Editoração
Cézar A. Guariente

Imagem da capa
© sonya etchison/Fotolia.com

Revisão comparativa
Lucy Myrian Chá

Finalização
Marline Meurer Paitra (Coord.)
José Cabral Lima Júnior
Patricia Librelato Rodrigues
Solange Eschipio

Base Editorial Ltda.
Rua Antônio Martin de Araújo, 343 • Jardim Botânico • CEP 80210-050
Tel.: (41) 3264-4114 • Fax: (41) 3264-8471 • Curitiba • Paraná
www.baseeditora.com.br • baseeditora@baseeditora.com.br

Impresso na Leograf Gráfica e Editora - Janeiro/2024.

Apresentação

Educação, uma via necessária.

O que isso quer dizer? Significa que aprender a ler e a escrever o mundo e sobre o mundo é imprescindível quando vivemos numa sociedade que difunde e registra por meio de muitas linguagens suas ideias e seus valores.

É preciso ler nas linhas e entrelinhas para que possamos compreender nossos direitos e deveres, a importância das decisões coletivas e o caminho mais justo para o bem-estar de todos. Neste livro, você encontrará textos, informações e atividades que objetivam a ampliação do domínio das linguagens e da compreensão das relações culturais e sociais.

Sumário

Unidade 1 — Os seres humanos e o ambiente

Língua Portuguesa
A percepção e a construção do nosso espaço 8
- A arte de ser feliz 8
- Marambaia 14
- Imagem do deserto 17

Arte
A percepção do artista 70
- Elementos do ambiente na arte 70
- Intervenção urbana 74

História
Nossa identidade humana 100
- Identidade Construída 100
- O ser humano se identifica pelo trabalho 104
- O trabalho modifica o mundo 110

Geografia
Ambiente Terra 174
- Clima: fascínio e preocupações 174
- Tempo e clima: qual é a diferença? 176
- Brasil: um só país... diversos tipos climáticos 180
- Água, riqueza líquida 184
- Nossas bacias hidrográficas 188
- Vegetação brasileira: um mundo de diversidades 190

Ciências
O ser humano: que bicho é esse? 246
- Conexões entre sistemas 246
- Movimentando ossos e músculos 250
- Ser humano: muito além do biológico... 262

Matemática
Das pedrinhas aos bilhões 298
- Os números também têm história 300
- Sistema de numeração decimal 302
- Operações e resolução de problemas 309

Unidade 2 — Identidade social: formas de participação

Língua Portuguesa
Linguagens carregam mensagens 22
- Publicidade 22
- Jovens descobridores 22
- Tocando em frente 29
- Bola de meia, bola de gude 33

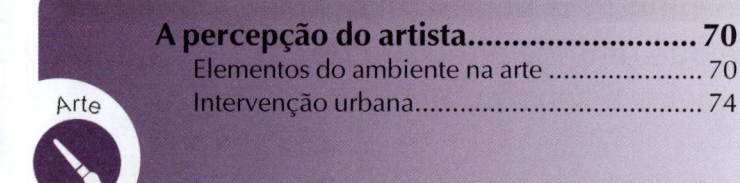

Arte
Diferentes linguagens regionais 78
- Manifestações folclóricas 78
- Década de 1970 e a música no Brasil 80

História
Organizações sociais 118
- Primeira organização 118
- A família e sua organização 126
- Mudanças na sociedade brasileira 132

Geografia
Como, por que e para que participar? 196
- Identidade social 196
- Mensurar a qualidade de vida promove o desenvolvimento humano? 198
- Quantos anos vou viver? 201
- Uma visão contemporânea da velhice 205

Ciências
Relação homem/natureza 266
- Recursos naturais 267
- A ecologia entra na moda 269

Matemática
As formas geométricas no cotidiano 322
- Ângulo 322
- Retas paralelas e perpendiculares 327
- Formas planas e não planas 329
- Poliedros 336
- Prismas e pirâmide 338

Sumário

Unidade 3 — Diversidade cultural – a sociedade brasileira

Trabalho, educação e qualidade de vida 38
- O trabalho do educador Paulo Freire 38
- Autobiografia 40
- O mundo... 43
- Terra viva 45
- Os estatutos do homem 50

Manifestações artísticas da cultura brasileira 86
- A música, o tempo e o som 86
- Melodia, harmonia e ritmo 88

Estrutura político-administrativa brasileira 138
- Assim começou nossa história 138
- O nascimento de uma nação 143
- O império brasileiro 148

Diferentes pessoas, diferentes culturas 212
- Migrações internas 212
- Sociedade brasileira: exemplo de pluralidade 213
- O Brasil da diversidade cultural é o mesmo Brasil da desigualdade social? 215
- Aspectos contraditórios da desigualdade brasileira: favelas e tecnopolos 219

Terra: um planeta único 274
- A temperatura terrestre 277
- Água 280
- Biodiversidade 283

Terços, quintos... 350
- Fração 350

Unidade 4 — Relações sociais, culturais e de produção

O homem transforma o mundo 54
- Cartum 54
- Caverna 56

O cotidiano do trabalhador 60
- O padeiro 60
- Plebiscito 64

A música – um fenômeno social 90
- A música clássica 90

O Brasil República 154
- República Velha 154
- Industrialização e movimentos operários 158
- Brasil: de 1930 aos dias atuais 161
- Brasil dos cidadãos 167

Um povo impulsiona a produção 228
- O trabalho 228
- Parcerias: trabalho, industrialização e desenvolvimento 231
- Mulher também combina com sustentabilidade 235
- Globalização: Benefícios ou não 243

Construindo conhecimentos 288
- Nossa origem 288
- Ser humano: um ser que produz 290

Números decimais e medidas 376
- Números decimais 376
- Aplicações dos números decimais 387

Sumário

Língua portuguesa *7*

Arte *69*

História *99*

Geografia *173*

Ciências *245*

Matemática *297*

Referências *397*

Unidade 1
Os seres humanos e o ambiente

Nesta unidade, você vai refletir sobre as diferentes formas de interpretar e agir no mundo. Ler sobre as coisas simples que povoam nosso cotidiano e as consequências da ação humana sobre o ambiente.

Língua Portuguesa

A percepção e a construção do nosso espaço

Roda de conversa

Diferentes são as formas de ver o mundo. A maneira como cada um vê seu espaço e interpreta sua vida é singular.

Você costuma olhar pela janela? Observar o seu jardim? Quais são as suas expectativas em relação à vida?

O que o título "A arte de ser feliz" lhe sugere?

Leia a crônica seguinte:

A arte de ser feliz

[...] Houve um tempo em que minha janela se abria sobre uma cidade que parecia feita de giz. Perto da janela havia um pequeno jardim quase seco. Era uma época de estiagem, de terra esfarelada, e o jardim parecia morto. Mas todas as manhãs vinha um pobre homem com um balde, e, em silêncio, ia atirando com a mão umas gotas de água sobre as plantas. Não era uma rega: era uma espécie de aspersão ritual, para que o jardim não morresse. E eu olhava para as plantas, para o homem, para as gotas-d'água que caíam de seus dedos magros, e meu coração ficava completamente feliz.

Às vezes abro a janela e encontro o jasmineiro em flor. Outras vezes encontro nuvens espessas. Avisto crianças que vão para a escola. Pardais que pulam pelo muro. Gatos que abrem e fecham os olhos, sonhando com pardais. Borboletas brancas, duas a duas, como refletidas no espelho do ar. Marimbondos que sempre me parecem personagens de Lope

DALÍ, Salvador. **Muchacha en la ventana**. 1925. Óleo sobre cartão, 105 cm x 74,5 cm. Museo Nacional Centro de Arte Reina Sofía, Madrid.

de Vega. Às vezes, um galo canta. Às vezes, um avião passa. Tudo está certo, no seu lugar, cumprindo o seu destino. E eu me sinto completamente feliz.

Mas quando falo dessas pequenas felicidades certas, que estão diante de cada janela, uns dizem que essas coisas não existem, outros que só existem diante das minhas janelas e outros, finalmente, que é preciso aprender a olhar, para poder vê-las assim.

(MEIRELES, Cecília. A arte de ser feliz. In:_____. **Obra poética**. Rio de Janeiro: José Aguilar, 1958)

GLOSSÁRIO

Jasmineiro – pé de jasmim.
Espessas – robustas, densas.
Lope de Vega – dramaturgo espanhol autor de muitas obras. Foi o fundador da comédia espanhola e escreveu, durante sua vida, mais de 400 comédias.
Aspersão – ato ou efeito de aspergir; borrifar ou respingar com gotas de água ou de outro líquido; orvalhar.

Crônica

Um dos objetivos da crônica é mostrar a singularidade dos acontecimentos miúdos do cotidiano.

Nas crônicas contemporâneas, a narrativa se organiza em primeira ou terceira pessoa, quase sempre como quem conta um caso, em tom intimista. Geralmente, nesses textos se inserem trechos de diálogos, recheados com expressões cotidianas. Conforme a esfera social que retratam, as crônicas podem ser literárias, políticas, esportivas, jornalísticas, etc.

Os cronistas escrevem como se conversassem com seus leitores, como se estivessem muito próximos, envolvendo-os com reflexões sobre a vida social, política, econômica, por vezes de forma humorística ou séria, outras de forma poética, o que indica que as crônicas pertencem ao gênero literário.

Por serem textos mais curtos, leves, de fácil acesso, possibilitam momentos de fruição a muitos leitores.

GLOSSÁRIO

Intimista – diz-se da poesia e dos poetas que exprimem em um tom confidencial os sentimentos mais secretos da alma.
Esfera social – grupos específicos da sociedade; um universo constituído pelo agrupamento de indivíduos com interesses comuns.
Fruição – ato ou efeito de desfrutar, ler com satisfação, prazer.

abc Língua Portuguesa

Em grupo

Com o professor e os colegas de sala, discutam sobre as questões abaixo:

- Cecília Meireles, além de cronista, foi poeta. Você conhece outro texto dessa escritora?
- Quais são as características do gênero crônica?
- Qual é o assunto da crônica?
- Quem se expressa no texto "A arte de ser feliz"?
- Em que pessoa do discurso a crônica foi escrita?
- As crônicas podem ser políticas, policiais, esportivas, literárias, etc. Qual é a linguagem utilizada na crônica "A arte de ser feliz"?

Compreensão do texto

1. A que gênero textual pertence o texto?
_____

2. Qual é o tema da crônica?
_____

3. Quem é o autor do texto?
_____

4. Em que tempo ocorrem os fatos?
   a) (   ) No passado e presente.
   b) (   ) No futuro.
   c) (   ) Só no presente.
   d) (   ) No passado.

5. Em que pessoa do discurso foi narrado o texto?
   a) (   ) Na primeira pessoa do singular (eu).
   b) (   ) Na primeira pessoa do plural (nós).
   c) (   ) Na terceira pessoa do singular (ele/ela).
   d) (   ) Na terceira pessoa do plural (eles/elas).

6. Que palavras ou expressões evidenciam que apenas uma pessoa narra a história? Dê exemplos.
   _____
   _____

7. O que o narrador via da janela?
   _____
   _____
   _____

8. O que fazia com que o narrador ficasse completamente feliz?
   _____

9. Que quadro se apresentava quando, às vezes, o narrador abria a janela?
   _____
   _____
   _____

10. Observe o trecho a seguir:

    "Mas quando falo dessas pequenas felicidades certas, que estão diante de cada janela, uns dizem que essas coisas não existem, outros que só existem diante das minhas janelas, e outros, finalmente, que é preciso aprender a olhar, para poder vê-las assim."

    I) O que você entende por "é preciso aprender a olhar, para poder vê-las assim"?
    _____
    _____

    II) Qual é o sentido da expressão "minhas janelas"?

    a) ( ) Abertura na parede dos edifícios.

    b) ( ) Quaisquer buracos ou aberturas.

    c) ( ) Espaços em branco onde falta uma palavra.

    d) ( ) Quadros mentais que se formam a partir da visão das coisas do mundo.

abc Língua Portuguesa

III) Nesse parágrafo, aparecem os trechos: "essas coisas não existem" e "aprender a olhar, para poder vê-las assim". O que significam as expressões destacadas?

a) (   ) As pequenas felicidades.

b) (   ) A cidade que parecia feita de giz.

c) (   ) Janelas que se abrem.

d) (   ) Gatos, borboletas, avião, crianças.

11. Procure no dicionário o significado destas palavras:

- rega:

_____

_____

- aspersão:

_____

_____

> Cecília Meireles foi uma das maiores escritoras brasileiras. Em seu texto "A arte de ser feliz", há uma escolha cuidadosa das palavras, que vão compondo de forma harmoniosa uma obra de arte. A habilidade e o cuidado com que a autora faz esse arranjo sensibilizam o leitor, transportando-o ao maravilhoso mundo da imaginação.
>
> Escrever um texto significa utilizar a linguagem da melhor forma, a fim de expressar claramente as ideias. Quanto maior é a atenção que dispensamos a essa atividade, melhor é o produto e maior é a possibilidade de sermos entendidos pelo nosso leitor.

Reflexão sobre o uso da língua

1. Leia novamente o trecho abaixo e explique:

a) "Não era uma rega: era uma espécie de aspersão ritual, para que o jardim não morresse."

Qual é a diferença entre uma rega e uma aspersão?

_____

_____

_____

2. Se os fatos fossem narrados em um tempo passado, como ficaria o texto? Faça isso substituindo as palavras destacadas no trecho a seguir.

   "Às vezes **abro** a janela e **encontro** o jasmineiro em flor. Outras vezes **encontro** nuvens espessas. **Avisto** crianças que **vão** para a escola. Pardais que **pulam** pelo muro. Gatos que **abrem** e **fecham** os olhos, sonhando com pardais."

   _____
   _____
   _____
   _____
   _____
   _____
   _____

3. No segundo parágrafo, quais expressões indicam que as coisas que o narrador vê nem sempre são as mesmas?

   _____
   _____

Produção de texto

Imagine-se diante da sua janela e escreva um texto narrando suas pequenas felicidades. Lembre-se: "é preciso aprender a olhar, para poder vê-las".

Observe que em sua crônica Cecília Meireles utiliza expressões para a abertura de texto: "Houve um tempo..." e "Às vezes abro a janela...". Você pode também usá-las no seu texto.

> Narração é uma exposição escrita ou oral de acontecimentos, reais ou imaginários, em que personagens se movimentam no tempo e no espaço.

_____
_____
_____
_____
_____

abc Língua Portuguesa

Roda de conversa

Podemos falar de coisas simples que povoam o cotidiano das pessoas. Você acredita que as coisas simples são importantes na construção da nossa trajetória de vida? Você tem alguma atividade no seu dia a dia que lhe cause muita satisfação? O que você gosta de fazer como lazer?

Leia os versos que compõem a letra da música "Marambaia" e perceba a mensagem que esses versos transmitem.

Marambaia

Eu tenho uma casinha lá na Marambaia
Fica na beira da praia, só vendo que beleza
Tenho uma trepadeira que na primavera
Fica toda florescida de brincos-de-princesa
Quando chega o verão, eu sento na varanda
Pego meu violão e começo a cantar
E o meu moreno que tá sempre bem disposto
Senta ao meu lado e começa a cantar
Quando chega a tarde, um bando de andorinhas
Voa em revoada fazendo verão
E lá na mata o sabiá gorjeia
Linda melodia pra alegrar meu coração
Às seis horas o sino da capela
Toca as badaladas da Ave-Maria
A Lua nasce por detrás da serra
Anunciando que acabou o dia

HENRICÃO; CAMPOS, Rubens. Marambaia. Intérprete: Elis Regina. In: REGINA, Elis. **Saudade do Brasil**. [S. l.]: WEA, 1990. 2 CDS. Faixa 10.

As letras das músicas são basicamente textos para serem cantados, formados pela relação entre letra e música. Elas são divididas em estrofes, constituídas por versos.
São escritas geralmente em linguagem poética, que ressalta a beleza dos sons, do ritmo das palavras e a força da linguagem figurada, provocando diferentes associações, emoções e interpretações.

Compreensão do texto

1. Qual é o gênero do texto "Marambaia"?
   _____

2. Qual é o assunto da letra da música?
   _____

3. Em sua opinião, quem nos conta a história: um homem ou uma mulher?
   _____
   _____

4. Que versos identificam o sexo do personagem-narrador?
   _____
   _____
   _____

5. Copie as expressões que evidenciam a ideia de posse expressa pelo personagem--narrador.
   _____
   _____

6. O que significa o nascer da Lua?
   _____
   _____

7. Procure saber o que representam, tradicionalmente, para parte da população brasileira as badaladas da Ave-Maria às seis da tarde.
   _____
   _____
   _____
   _____

abc Língua Portuguesa

Reflexão sobre o uso da língua

1. Leia as palavras retiradas do texto:

> Marambaia – vendo – princesa – quando – verão – sento – varanda – violão – cantar – bando – andorinhas – fazendo – coração – linda – anunciando

2. Leia novamente as palavras, desta vez em voz alta, e discuta com seus colegas e o professor o que elas têm em comum.

3. Observe que essas palavras têm som nasal, representado pelos conjuntos de letras: **am, en, in, an, ão, un**. Depois, circule nas palavras as sílabas que têm esse som.

4. Complete o quadro seguinte escrevendo as palavras separadas em três grupos.

Som nasal com M	Som nasal com N	Som nasal com til (~)

Roda de conversa

Podemos falar, também, de coisas que podem preocupar os habitantes do planeta Terra com relação à preservação da vida. Você se preocupa com a preservação do meio ambiente?

Acredita que o desmatamento pode causar sérios danos ao espaço em que vivemos? O mau uso dos recursos naturais pode dificultar a vida na Terra futuramente?

Leia os versos do poema cujo assunto é a possível consequência da ação do homem sobre o meio ambiente.

Imagem do deserto

Aqui não há mais pássaros.
Todos foram embora, em busca
de novas florestas para reconstruir
seus ninhos.
Aqui não há mais chuvas.
Na terra gretada a fome avança
como um arado enferrujado.
No leito do rio seco os seixos resplandecem
entre cobras sonolentas.
E dos caibros dos galpões pendem pucumãs.

Aqui não há mais pássaros nem peixes.
Os defuntos são enterrados sem flores.
E nossos corações também secaram.
Não temos mais amor.
Ao anoitecer nossas sombras deixam de rastejar
no chão duro que cega as enxadas
e olhamos com rancor o céu estrelado.
Mas fomos nós que derrubamos as florestas e
secamos o rio.
Este deserto já foi nosso reino.

> Poema é uma composição em versos. No poema "Imagem do deserto", podemos perceber a linguagem poética, a composição em versos divididos em duas estrofes, estabelecendo o ritmo do poema. Por meio da poesia, o autor constrói um instrumento de denúncia das agressões humanas à natureza, expressando um lamento à devastação do meio ambiente.

IVO, Ledo. Imagem do deserto. **Soletrar**: Revista do Departamento de Letras da Faculdade de Formação de Professores (UERJ), São Gonçalo, ano 9, n. 18, jul/dez. 2009. Disponível em: <http://www.filosofia.org.br/soletrar/18/04.pdf>.

Língua Portuguesa

GLOSSÁRIO

Gretada – rachada pelo calor do Sol.
Enferrujado – coberto de ferrugem; ferrugento, oxidado.
Seixos – pedras brancas e duras, de variados tamanhos; calhau.
Resplandecem – brilham intensamente; sobressaem.
Sonolentas – lentas, vagarosas, inertes.
Caibros – peças de madeira que vão de cumeeira aos frechais e sobre as quais se pregam as ripas.
Pucumãs ou picumãs – fuligem; teias de aranha enegrecidas pela fuligem.

Em grupo

Os dois textos selecionados referem-se a paisagens da natureza, porém com enfoques muito diferentes. Leiam novamente os textos e estabeleçam as comparações.

- Existe diferença significativa entre as paisagens apresentadas nos textos "Marambaia" e "Imagens do deserto". Qual é?

- Com relação ao texto "Imagens do deserto", você conhece, viu na televisão, leu nos jornais ou teve acesso a informações sobre locais que sofrem profundas modificações causadas pelo ser humano? Cite-os.

- O desmatamento traz sérias consequências ao meio ambiente. Cite algumas.

- Situações de extrema agressão ao ambiente são reversíveis em curto prazo?

Compreensão do texto

1. O poema refere-se às consequências da ação dos homens sobre a natureza. Qual é o tema do poema?
   _____

2. Identifique a relação entre o título e o assunto do poema?
   _____

3. Que evidências da transformação do ambiente em um deserto são apontadas no texto?
   _____
   _____

4. Além das transformações no ambiente físico, que alterações acontecem nos corações humanos?
   _____

5. Qual é o significado de "olhamos com rancor o céu estrelado"?
_____

6. Quem são os responsáveis pelas mudanças provocadas no ambiente?
_____

Reflexão sobre o uso da língua

1. Reescreva os versos seguintes substituindo as palavras marcadas por outras com significado semelhante. Consulte o quadro abaixo.

> gretada – rachada
> enferrujado – oxidado
> seixos – pedras
> resplandecem – brilham
> sonolentas – lentas
> caibros – madeirames
> pucumãs – fuligens

"Na terra gretada a fome avança

como um arado enferrujado.

No leito do rio seco os seixos resplandecem

entre cobras sonolentas.

E dos caibros dos galpões pendem pucumãs."
_____
_____
_____
_____
_____

2. Compare o texto original e o texto reescrito por você e responda: qual é a forma mais poética, mais emocionante?
_____

abc Língua Portuguesa

3. Explique o que você entende por:

a) "Nossos corações também secaram."
_____
_____

b) "Olhamos com rancor o céu estrelado."
_____
_____

c) "Este deserto já foi nosso reino."
_____
_____

Produção de texto

Vamos reescrever o poema de Ledo Ivo, dando a ele outro sentido. Veja o exemplo e desenvolva uma sequência. Ao final, dê um novo título ao poema.

Aqui existem milhares de pássaros.

Todos voltaram com o renascer das florestas,

para reconstruir seus ninhos...

_____
_____
_____
_____
_____
_____
_____
_____
_____

Unidade 2 — Identidade social: formas de participação

Nesta unidade, você vai ler, analisar diferentes linguagens e tipos de mensagens, diferenciar publicidade de propaganda, opinar sobre as formas de divulgação de ideias e os significados da vida.

Língua Portuguesa

Linguagens carregam mensagens

Publicidade

Roda de conversa

Todos os dias, somos bombardeados por uma série de apelos que nos convidam a consumir determinados produtos e a nos comportarmos de determinadas maneiras. Você concorda que a publicidade influencia as pessoas ao consumo? Podemos ficar isentos dessa influência? Como? E as propagandas que nos indicam comportamentos a serem seguidos, podem ser ignoradas? O que é importante lembrarmos quando estamos diante de um desses apelos?

Antes de lermos o texto "Jovens descobridores", vamos buscar o significado da palavra "publicidade".

Publicidade é o ato de tornar público, de comunicar, promover utilizando os meios de comunicação nos espaços publicitários, com patrocinador identificado. Tem a finalidade de seduzir e tornar público, levando o consumidor à compra de determinado produto ou serviço. A publicidade tem fim comercial.

Leia agora o texto publicitário que, além da mensagem escrita em linguagem adequada à publicidade, apresenta uma mensagem não verbal, ou seja, uma ilustração que tem como objetivo despertar a atenção do leitor.

Jovens descobridores

Há vida fora da Terra? Quem foram as múmias? É possível reverter a destruição dos ecossistemas? E alterar nossa herança genética? Muitas dessas perguntas, que atormentam a humanidade há séculos, ainda não puderam ser totalmente respondidas pela ciência. Foi pensando nos jovens descobridores que existem em cada aluno, que a série *Ciência Ilustrada* chega ao Brasil. Traduzida em 33 países, a coleção traz quatro títulos: *Arqueologia, Astronomia, Ecologia* e *Genética*. Os livros são de fácil consulta e apresentam ilustrações, gráficos e fotos coloridas para ajudar no entendimento dos temas abordados.

Série Ciência Ilustrada. 4 títulos: Arqueologia, Astronomia, Ecologia e Genética. Melhoramentos, 32 p.

Múmia de um faraó em uma tumba.

> **GLOSSÁRIO**
>
> **Múmias** – corpos de pessoas ilustres, como os faraós e os sacerdotes, que, no Antigo Egito, eram preservados após a morte com o uso de substâncias balsâmicas.
>
> **Ecossistemas** – sistemas compostos dos seres vivos e do ambiente e suas inter-relações.
>
> **Herança genética** – conjunto de características que são transmitidas aos descendentes; aquilo que é transmitido pelas gerações anteriores.

As linguagens carregam mensagens e estabelecem relações entre as pessoas. Existem diferenças e semelhanças entre os vários tipos de mensagens, e a linguagem do comunicador será adotada de acordo com a finalidade do texto.

A publicidade tem um papel importante no mundo moderno. Ela é hoje o carro-chefe do mercado, ela cria mais e mais necessidades, seduzindo o consumidor de tal forma que se torna quase impossível a satisfação completa dele. Sempre haverá algo mais novo e mais eficiente para atender à necessidade do consumidor.

Esse poder sutil da publicidade faz com que nos confundamos entre o que é necessidade e o que não é, pois os valores incutidos em nossas mentes fazem com que transformemos simples necessidades diárias em verdadeiros acontecimentos, usando produtos de grife e *glamour*.

A mensagem publicitária torna o supérfluo em verdadeira necessidade vital.

Em grupo

Organizem um debate sobre as questões abaixo, em que o professor seja o mediador.

> **GLOSSÁRIO**
>
> **Debate** – discussão em que se alegam razões pró ou contra.

- Quais são os meios de comunicação que veiculam a publicidade?
- Qual é o principal objetivo dos textos publicitários?
- Somos seduzidos pela publicidade, será que temos necessidade de tudo aquilo que compramos?
- Você acredita que ela influencia a todos?
- Quem paga o custo dela?

Leia novamente o texto "Jovens descobridores". Observe que a linguagem empregada é simples, clara e direta. O texto inicia-se com algumas perguntas dirigidas ao leitor, a fim de despertar sua curiosidade sobre a obra a ser vendida. Logo, o texto publicitário tem a intenção de seduzir o leitor.

Língua Portuguesa

Produção de texto

Elaborem com o professor um texto listando as razões pró e contra apresentadas em relação à questão: somos seduzidos pela publicidade, será que temos necessidade de tudo aquilo que compramos?

Compreensão do texto

1. Qual é o gênero do texto a "Jovens descobridores"?

_____

2. Considerando o título do texto, a que público ele se destina?

_____

3. "Há vida fora da Terra? Quem foram as múmias? É possível reverter a destruição dos ecossistemas? E alterar nossa herança genética?". Você acredita que essas perguntas despertam a atenção do público? Por quê?

_____

4. O texto nos indica exatamente o público-alvo da publicidade. Copie a sentença que comprova isso:

_____

5. "[...] a série *Ciência Ilustrada* chega ao Brasil. Traduzida em 33 países [...]". Dessas informações, podemos concluir que:

a) ( ) se trata de uma produção nacional traduzida para outras línguas.

b) ( ) se trata de uma produção estrangeira traduzida também para o português.

c) ( ) se trata de uma produção estrangeira produzida na Europa em português.

d) ( ) se trata de uma produção de uma editora nacional.

6. O que nos informam as denominações "série" e "coleção"?

a) ( ) A obra compõe-se de apenas um volume.

b) ( ) A obra compõe-se de quatro volumes.

c) ( ) A obra compõe-se de vários volumes, sem definição de número.

d) ( ) A composição da obra é apresentada no texto da publicidade.

7. Quais são os títulos apresentados na coleção *Ciência Ilustrada*?
   _____
   _____

8. Quais são as qualidades dos livros, segundo o texto da publicidade?
   _____
   _____

9. Pesquise no dicionário o significado das palavras:

   a) Arqueologia:
   _____
   _____

   b) Astronomia:
   _____
   _____

   c) Ecologia:
   _____
   _____

   d) Genética:
   _____
   _____

   Fonte: DICIONÁRIO do Aurélio. Disponível em: <http://dicionariodoaurelio.com>

Reflexão sobre o uso da língua

No texto, com a intenção de reforçar os argumentos, encontramos palavras que significam quantidades, ordem numérica e valores.

Complete o texto com as palavras que faltam:

Traduzida em _____ países, a coleção traz _____ títulos.

Cada volume tem _____ páginas e custa _____ .

Língua Portuguesa

Propaganda

A propaganda tem caráter ideológico e visa conquistar adeptos, seguidores e converter opiniões. Isso significa semear ideias e ideais políticos, cívicos ou religiosos.

Em grupo

- Por meio de que veículos a propaganda é divulgada?
- Qual é o objetivo dela?
- Que ideias são divulgadas por meio das propagandas?
- Quem é o responsável pelas propagandas sobre programas, campanhas, ações governamentais veiculadas no Brasil?

Observe as propagandas extraídas do *site* do Ministério da Saúde, feitas pelo governo brasileiro para divulgar e promover as ideias propostas nas campanhas "Saúde da Pessoa Idosa" e "Política Nacional de Saúde da Pessoa com Deficiência".

Propaganda 1

É a política que objetiva, no Sistema Único de Saúde (SUS), garantir atenção integral à saúde da população idosa, com ênfase no envelhecimento saudável e ativo.

São diretrizes importantes para a atenção integral à saúde do idoso:

1. Promoção do envelhecimento ativo e saudável;

2. Manutenção e reabilitação da capacidade funcional;

3. Apoio ao desenvolvimento de cuidados informais.

O envelhecimento ativo e saudável consiste na busca pela qualidade de vida por meio da alimentação adequada e balanceada, prática regular de exercícios físicos, convivência social estimulante, busca de atividades prazerosas e/ou que atenuem o estresse, redução dos danos decorrentes do consumo de álcool e tabaco e diminuição significativa da automedicação. Um idoso saudável tem sua autonomia preservada (tanto a independência física como a psíquica).

É importante qualificar os serviços de saúde para trabalhar com aspectos específicos da saúde da pessoa idosa (como a identificação de situações de vulnerabilidade social, a realização de diagnóstico precoce de processos demenciais, a avaliação da capacidade funcional, etc.). É necessário garantir acesso a instrumentos diagnósticos adequados à medicação e à reabilitação funcional da população idosa, prevenir a perda de capacidade funcional ou reduzir os efeitos negativos de eventos que a ocasionem.

Cabe, portanto, à gestão municipal da saúde desenvolver ações que objetivem a construção de uma atenção integral à saúde dos idosos em seu território. É fundamental organizar as equipes de Saúde da Família e atenção básica, incluindo a população idosa em suas ações (por exemplo: atividades de grupo, promoção da saúde, hipertensão arterial e diabetes mellitus, sexualidade, IST/*aids*). Seus profissionais devem estar sensibilizados e capacitados a identificar e atender às necessidades de saúde dessa população.

Disponível em: <http://portal.saude.gov.br/>.

Propaganda 2

A Política Nacional de Saúde da Pessoa com Deficiência é resultado de múltiplos movimentos e longa mobilização, nacional e internacional, de muitos atores sociais e institucionais. Voltada para a inclusão das pessoas com deficiência em toda a rede de serviços do Sistema Único de Saúde (SUS), caracteriza-se por reconhecer a necessidade de responder às complexas questões que envolvem a atenção à saúde das pessoas com deficiência no Brasil.

Disponível em: <http://portal.saude.gov.br/>.

abc Língua Portuguesa

Compreensão do texto

1. Qual é a finalidade da propaganda?
   _____
   _____

2. Qual é o objetivo da propaganda "Caderneta de Saúde da Pessoa Idosa" do Ministério de Saúde?
   _____
   _____

3. Quais são as diretrizes da propaganda 1?
   _____
   _____
   _____

4. O que cabe à gestão municipal do SUS para garantir a atenção integral à saúde das pessoas idosas?
   _____
   _____
   _____
   _____

5. Qual é o objetivo da Política Nacional de Saúde da Pessoa com Deficiência?
   _____
   _____
   _____

Produção de texto

Pesquise publicidades e propagandas de produtos relacionados à saúde que você considera que "manipulam" informações, vendem objetos, resultados ou produtos irreais e fantasiosos. Cole-as no caderno e apresente seus argumentos sobre por que você as considera enganosas.

Depois, apresente o texto para os colegas de sala.

Roda de conversa

Falar da vida, da construção da nossa história, da arte de ser feliz pode parecer complexo? Ou é simples? O que é construir nossa história? Como construímos nossa trajetória de vida? Essa construção só depende de nós?

Tocando em frente

Ando devagar porque já tive pressa
Levo esse sorriso porque já chorei demais
Hoje me sinto mais forte, mais feliz, quem sabe
Só levo a certeza de que muito pouco eu sei
Eu nada sei

Conhecer as manhas e as manhãs,
o sabor das massas e das maçãs
É preciso amor pra poder pulsar,
é preciso paz pra poder sorrir
É preciso a chuva para florir

Penso que cumprir a vida seja simplesmente
Compreender a marcha e ir tocando em frente
Como um velho boiadeiro levando a boiada
Eu vou tocando os dias pela longa estrada eu vou
Estrada eu sou

(Refrão)

> Lembrem-se:
> As letras das músicas são escritas em versos e organizadas em estrofes. Escritas em linguagem poética, ressaltam os sons, o ritmo das palavras e a força de linguagem figurada, provocando associações, emoções e interpretações distintas.

Língua Portuguesa

Todo mundo ama um dia, todo mundo chora
Um dia a gente chega, em outro vai embora
Cada um de nós compõe a sua história
Cada ser em si carrega o dom de ser capaz
De ser feliz

(Refrão)

Ando devagar porque já tive pressa
Levo esse sorriso porque já chorei demais
Cada um de nós compõe a sua história
Cada ser em si carrega o dom de ser capaz
De ser feliz.

SATER, Almir; TEIXEIRA, Renato. Tocando em frente. Intérprete. Almir Sater. In: SATER, Almir. **Ao Vivo**. [S.l.]: Columbia/Sony Music, 1992.

Em grupo

Discutam sobre as seguintes questões:

- Qual é o gênero do texto?
- Qual é o tema abordado?
- Qual a comparação estabelecida por meio da linguagem poética no texto?
- Qual é a relação do título com o assunto da letra?

> A letra da música apresenta um refrão, isto é, versos que se repetem após cada estrofe da composição.

Compreensão do texto

1. "Ando devagar porque já tive pressa/Levo esse sorriso porque já chorei demais/Hoje me sinto mais forte, mais feliz, quem sabe."

   Nos versos, há referência a dois tempos, dois momentos da história. Observe o tempo dos verbos e responda: a que tempos os versos se referem?

2. Algumas situações vividas anteriormente provocaram mudanças nas atitudes do personagem. Quais foram essas mudanças?
_____

3. Qual é a certeza que o personagem tem hoje?
_____

4. O que significa "É preciso a chuva para florir"?
_____
_____

5. Para o personagem do texto, o que é "cumprir a vida"? Que comparação ele faz sobre isso?
_____
_____

6. No texto, há uma figura de linguagem por meio da qual se compara a vida a uma longa estrada, um percurso. Considerando isso, qual o significado de "um dia a gente chega, em outro vai embora"?
_____

7. "Cada um de nós compõe a sua história/Cada ser em si carrega o dom de ser capaz/De ser feliz." Com base nesses versos, o que é correto afirmar? Assinale:

   a) ( ) cada um de nós tem um destino predeterminado;

   b) ( ) somos responsáveis pela construção de nossa história de vida;

   c) ( ) em nossa caminhada pela vida, somos capazes de ser feliz;

   d) ( ) podemos compor nossa história e sermos felizes.

Reflexão sobre o uso da língua

1. Quantas estrofes tem a letra da música?
_____

2. Quantos versos há em cada estrofe?
_____

Língua Portuguesa

3. Quantas vezes o refrão é cantado?

_____

4. O texto está escrito na primeira pessoa do singular (eu). Se reescrevêssemos os seguintes versos, utilizando a primeira pessoa do plural (nós), como ficaria? Tente:

Ando devagar porque já **tive** pressa

Levo esse sorriso porque já **chorei** demais

_____

_____

Produção de texto

Reúna-se com um colega, leiam com atenção a estrofe seguinte, discutam e escrevam um texto de opinião sobre o assunto.

"Penso que cumprir a vida seja simplesmente

Compreender a marcha e ir tocando em frente

Como um velho boiadeiro levando a boiada

Eu vou tocando os dias pela longa estrada eu vou

Estrada eu sou"

> O texto de opinião tem por objetivo debater ideias e convencer o outro de sua opinião. Para facilitar o trabalho, podemos seguir os seguintes passos:
> • tomem uma posição em relação ao tema;
> • exponham suas ideias;
> • justifiquem a posição assumida, com base em argumentos;
> • concluam o texto, reforçando nossa opinião sobre o assunto.

Roda de conversa

A letra da música "Bola de meia, bola de gude", escrita e musicada por Milton Nascimento e Fernando Brandt, refere-se a jogos infantis que as crianças realizam nas ruas, nas praças, nos campos. Atividades que povoam nossa infância. Você se lembra das brincadeiras de infância? O que elas significam na vida dos pequenos? As crianças aprendem com as brincadeiras e convivendo com os outros? É bom ser criança? É importante manter viva essa criança que vive em nós?

No texto "Bola de meia, bola de gude", você vai perceber o uso da função poética da linguagem. O autor faz uso de combinações de palavras, figuras de linguagem, exploração dos sentidos e sentimentos. Esse tipo de linguagem, encontrado em textos literários, especialmente em poemas, pode também ser encontrado nos anúncios de publicidade e na prosa.

Bola de meia, bola de gude

Há um menino, há um moleque
Morando sempre no meu coração
Toda vez que o adulto balança
Ele vem pra me dar a mão
Há um passado no meu presente
Um sol bem quente lá no meu quintal
Toda vez que a bruxa me assombra
O menino me dá a mão
E me fala de coisas bonitas
Que eu acredito que não deixarão de existir
Amizade, palavra, respeito, caráter, bondade
Alegria e amor
Pois não posso, não devo, não quero
Viver como toda essa gente insiste em viver
E não posso aceitar sossegado
Qualquer sacanagem ser coisa normal
Bola de meia, bola de gude
O solidário não quer solidão
Toda vez que a tristeza me alcança
O menino me dá a mão
Há um menino, há um moleque
Morando sempre no meu coração
Toda vez que o adulto fraqueja
Ele vem pra me dar a mão

BRANDT, Fernando; NASCIMENTO, Milton. Bola de meia, bola de gude. Intérprete: Milton Nascimento: In: NASCIMENTO, Milton. **Maria, Maria/O Último trem**. [S.l.]: Far Out Recordings, 2000.

Língua Portuguesa

Em grupo

- Qual é a relação existente entre o título da letra da música "Bola de meia, bola de gude" com o tema do texto?
- O que está presente na vida adulta do personagem-narrador do texto?
- Quem dá a mão ao adulto quando ele fraqueja?
- O que se entende por "há um sol bem quente lá no meu quintal"?
- Que coisas bonitas o menino, que existe no personagem-narrador, lhe fala?

Compreensão do texto

1. Qual é o título da música?

   _____

2. Qual é a afirmativa inicial contida nos quatro primeiros versos?

   _____
   _____

3. O que está presente na vida do personagem-narrador que lhe dá a mão nos momentos difíceis?

   _____

4. Que valores são lembrados pelo menino e que o adulto acredita que não deixarão de existir?

   _____

5. Em que situações o menino vem para dar a mão?

   _____
   _____

6. Qual é o significado dos versos: "Há um passado no meu presente"; "Um sol bem quente lá no meu quintal"?

   _____

Reflexão sobre o uso da língua

1. Reescreva a estrofe seguinte, substituindo as palavras em negrito, considerando que quem fala no texto somos nós.

   Há um passado no **meu** presente.

   Um sol bem quente lá no **meu** quintal

   Toda vez que a bruxa **me** assombra

   O menino **me** dá a mão

   _____
   _____
   _____
   _____

2. Observe que na expressão seguinte há uma alteração do sentido de uma palavra pelo acréscimo de um segundo significado, estabelecendo uma relação de semelhança, comparação.

   "Toda vez que a **bruxa** me assombra"

   A palavra bruxa teve seu sentido alterado; neste verso, tem um segundo significado: algo que representa problemas.

   Agora, procure no texto outras palavras ou expressões usadas com sentido diferente daquela encontrada no dicionário.

   _____
   _____
   _____
   _____
   _____
   _____
   _____

Língua Portuguesa

Produção de texto

Leia os versos da letra da música "Bola de meia, bola de gude" transcritos abaixo e interprete-os.

> "Há um menino, há um moleque
> Morando sempre no meu coração
> Toda vez que o adulto balança
> Ele vem pra me dar a mão"

_____
_____
_____
_____
_____
_____
_____
_____

Em seguida: narre as lembranças que o texto provoca em você.

_____
_____
_____
_____
_____
_____
_____
_____
_____
_____

Depois de revisado o texto, se você quiser, poderá fazer a leitura em voz alta para seus colegas de sala.

Unidade 3
Diversidade cultural – a sociedade brasileira

Nesta unidade, você vai refletir sobre as contribuições das pessoas para a vida em sociedade e a construção das histórias de vida.

Língua Portuguesa

Trabalho, educação e qualidade de vida

Roda de conversa

Sempre que falamos em Educação de Jovens e Adultos, lembramo-nos de Paulo Freire, um grande educador brasileiro. Você conhece Paulo Freire? Sabe a quem ele demonstrou grande interesse e profundo carinho?

O trabalho do educador Paulo Freire

Paulo Freire, um dos maiores educadores brasileiros, é exemplo de como o trabalho pode atingir grande parte da população e melhorar a história de vida das pessoas. Sua dedicação a uma causa o tornou um cidadão brasileiro notável e reconhecidamente respeitado não só no Brasil, mas no mundo todo, dada a influência de seu trabalho.

Educador Paulo Freire durante palestra no auditório do colégio Magno. São Paulo (SP), 1996.

Leia um pouco sobre Paulo Freire

[...] Paulo Freire nasceu em Recife, em 1921, e conheceu, desde cedo, a pobreza, uma amostra dessa extrema pobreza na qual está submersa a nossa América Latina. Desde a adolescência, engajou-se na formação de jovens e adultos trabalhadores. Formou-se em Direito, mas não exerceu a profissão, preferindo dedicar-se a projetos de alfabetização. Nos anos de 1950, quando ainda se pensava na educação de adultos como uma pura reposição dos conteúdos transmitidos às crianças e jovens, Paulo Freire propunha uma pedagogia específica, associando estudo, experiência vivida, trabalho, pedagogia e política.

A partir dessa sua prática, criou o método que o tornaria conhecido no mundo, fundado no princípio de que o processo educacional deve partir da realidade que cerca o aluno. Não basta saber ler que "Eva viu a uva", diz ele. É preciso compreender qual a posição que Eva ocupa no seu contexto social, quem trabalha para produzir a uva e quem lucra com esse trabalho. [...]

BRANDÃO, Carlos Rodrigues (Ed.) **O que é o método Paulo Freire**. São Paulo: Brasiliense, 1981.

GLOSSÁRIO

Pedagogia – conjunto de ideias de um educador; estudo das questões da educação.

Em grupo

Respondam às questões, registrem, no caderno, as respostas de cada componente do grupo, organizem as ideias e apresentem para o professor. Depois, reescrevam o texto para colocar no mural da escola.

- Qual é a importância do educador Paulo Freire para a Educação de Jovens e Adultos?
- O que Paulo Freire propunha para a educação de adultos?
- O que fez com que Paulo Freire fosse reconhecido não só no Brasil, mas no mundo todo?

Compreensão do texto

1. Quem foi Paulo Freire?
   _____
   _____
   _____

2. Quando e onde nasceu Paulo Freire?
   _____

3. O que fez com que Paulo Freire se dedicasse à educação?
   _____
   _____

4. O que ele propôs para melhorar a educação dos jovens e adultos?
   _____
   _____

5. O que a pedagogia de Paulo Freire propõe?

   a) ( ) Que os alunos estudem nas cartilhas comuns.

   b) ( ) Que a Educação dos Jovens e Adultos considere a realidade desses alunos.

   c) ( ) Que os jovens e adultos frequentem os mesmos bancos escolares que as crianças.

Língua Portuguesa

Texto 2

O trecho que você leu anteriormente faz parte da biografia de Paulo Freire escrita por outro autor, Carlos Rodrigues Bandão, que pesquisou e escreveu um texto contendo dados sobre a vida e a obra de Freire. Leia, agora, parte da autobiografia de Paulo Freire, isto é, uma biografia escrita por ele próprio. Observe que ele fala na primeira pessoa (eu).

Autobiografia

Ele por ele mesmo

[...] Me vejo então na casa mediana em que nasci, no Recife, rodeada de árvores, algumas delas como se fossem gente, tal a intimidade entre nós — à sua sombra brincava e em seus galhos mais dóceis à minha altura eu me experimentava em riscos menores que me preparavam para riscos e aventuras maiores. A velha casa, seus quartos, seu corredor, seu sótão, seu terraço — o sítio das avencas de minha mãe —, o quintal amplo em que se achava, tudo isso foi o meu primeiro mundo. Nele engatinhei, balbuciei, me pus de pé, andei, falei. Na verdade, aquele mundo especial se dava em mim como o mundo de minha atividade perceptiva, por isso mesmo como o mundo de minhas primeiras leituras. Os "textos", as "palavras", as "letras" daquele contexto — em cuja percepção me experimentava e, quanto mais o fazia, mais aumentava a capacidade de perceber — se encarnavam numa série de coisas, objetos, de sinais, cuja compreensão eu ia apreendendo no meu trato com eles, nas minhas relações com meus irmãos mais velhos e com meus pais. [...]

FREIRE, Paulo. **A importância do ato de ler**: em três artigos que se completam. 22. ed. São Paulo: Cortez, 1988.

Nesse texto, o autor narra fatos de sua infância, partindo das suas experiências de vida para exemplificar a forma como o conhecimento é adquirido pelas pessoas nas suas vivências e como o meio social influencia nossa aprendizagem.

GLOSSÁRIO

Atividade perceptiva – ato de perceber impressões colhidas pelos sentidos.
Contexto – estrutura, união das partes que compõem um todo.
Encarnavam – personificavam.

Compreensão do texto

1. O que é uma autobiografia?
   _____
   _____

2. "Me vejo então na casa mediana em que nasci." Por quem está sendo narrado o texto e em que pessoa?
   _____

3. Como era a casa onde nasceu Paulo Freire?
   _____
   _____

4. Observe: "à sua sombra [das árvores] brincava e em seus galhos mais dóceis a minha altura eu me experimentava em riscos menores que me preparavam para riscos e aventuras maiores". A que riscos e aventuras Paulo Freire se refere nesse trecho?
   _____
   _____
   _____

5. Como era o mundo em que o autor engatinhou, balbuciou, se pôs de pé, andou e falou?
   _____
   _____

6. O que Paulo Freire chama de suas "primeiras leituras"?

   a) ( ) O contato com o mundo em que vivia e aprendia.

   b) ( ) Os livros que lia em casa.

   c) ( ) Os livros da biblioteca da escola.

7. Reescreva o texto como se os fatos estivessem acontecendo agora, neste momento.

   a) "A velha casa, seus quartos, seu corredor, seu sótão, seu terraço – o sítio de

Língua Portuguesa

avencas de minha mãe –, o quintal amplo em que se achava, tudo isso foi o meu primeiro mundo. Nele engatinhei, balbuciei, me pus em pé, andei, falei."

_____
_____
_____
_____
_____
_____
_____
_____
_____

8. Relacione as seguintes frases ao sentido da palavra em negrito:

(a) De madrugada, Pedro foi ao **trabalho**. ( )

(b) O menino entregou o **trabalho** ao professor. ( )

(c) Com seu **trabalho**, mantém a família. ( )

(**1**) Qualquer obra realizada (manual, artística, intelectual...).

(**2**) Local onde é exercida a atividade de trabalho.

(**3**) Conjunto de atividades que dão origem ao rendimento financeiro.

Produção de texto

No texto de Paulo Freire, vemos o autor narrar sobre como foram suas primeiras experiências de leitura. Para ele, a leitura das coisas, dos objetos e do mundo vinha antes da leitura da palavra escrita. Escreva em seu caderno um relato sobre sua vida e como você aprendeu a ler o mundo antes de aprender a ler a palavra escrita.

Depois, reúnam-se em grupos, comparem as informações recolhidas e componham um único texto contendo a biografia de Paulo Freire com os dados pesquisados por vocês. Exponham o resultado final no mural da sala de aula.

Roda de conversa

Você já leu alguma tira da Mafalda? Conhece essa personagem? Mafalda é muito crítica, perceba sua preocupação com o mundo.

O mundo...

Quadrinho 1: NÃO TEMOS OUTRO DICIONÁRIO, PAI? ESTE É UMA PORCARIA!

Quadrinho 2: DIZ QUE *MUNDO* VEM DO LATIM *MUNDUS* — E DAÍ?

Quadrinho 3: O QUE INTERESSA SABER NÃO É DE ONDE VEM MAS PARA ONDE VAI!

QUINO. **Toda Mafalda**. São Paulo: Martins Fontes, 2001. p.407.

Compreensão do texto

1. O que Mafalda faz no primeiro quadrinho?

2. Que significado ela procura no dicionário?

3. Por que ela quer outro dicionário?

4. Você acredita que ela vai encontrar no dicionário a informação que procura?

5. As tiras de Quino têm um lado humorístico. Discuta com seus colegas qual é o humor dessa tira. Anote as conclusões.

Língua Portuguesa

Produção de texto

Você julga a preocupação de Mafalda importante?

Reúna-se com colegas, pensem um pouco sobre como é a nossa vida na Terra e o que conhecemos desse planeta. Como o ser humano tem tratado a Terra? Existe em nossa cultura a preocupação com a preservação desse espaço que abriga tantas formas de vida?

Escrevam um texto de opinião sobre o assunto.

_____
_____
_____
_____
_____
_____
_____
_____
_____
_____
_____
_____
_____
_____
_____

Depois, organizem com o auxílio do professor uma conversa sobre o assunto.

Ao final, avalie a atividade:

Houve planejamento da atividade?

Todos os alunos participaram da conversa?

A atividade versou sobre o assunto proposto? Transcorreu em harmonia?

Houve uma conclusão sobre o assunto?

> **Lembre-se:**
> Conversa ou conversação é a troca de palavras, de ideias entre pessoas sobre um determinado assunto vago ou específico, podendo ser formal ou informal. O gênero conversa é presencial, se dá face a face e pressupõe o mesmo direito de todos à palavra.

Roda de conversa

O saber que aprendemos na escola nos ajuda a compreender o mundo. Como podemos estudar os conteúdos da escola de forma a entender sua ligação e impacto o com mundo real que nos cerca?

Terra viva

[...] Na escola, eu tinha visto a Terra tão diferente. Aprendemos que é um dos nove planetas que giram em torno do Sol e que é uma grande esfera rochosa. Após a primeira viagem ao redor desta esfera feita pelos astronautas, aprendemos que ela parece azul porque os oceanos, mares e lagos ocupam sete décimos de sua superfície e que está coberta de redemoinhos brancos que são as nuvens e que podem formar furacões. O planeta normalmente parece manso. Em sua superfície existem lindas paisagens, umas regiões são mais quentes que as outras. Em muitos lugares, sobretudo nos terrenos mais elevados, com montanhas e vulcões, pode nevar. As nuvens trazem e levam a chuva. Existem lindas florestas, savanas e pradarias. A maioria das pessoas vive nas planícies, principalmente nas mais férteis. O homem transformou essa paisagem construindo enormes conglomerados de casas e edifícios — as cidades — e aprendeu a cultivar o solo e a construir estradas. Pelo que sabemos, é o único planeta em que existe vida. O seu interior é muito quente e seu solo é rico em minerais e vegetais. Os mares e oceanos ocupam a maior parte de seu território, seus rios abrem caminhos suavemente pela sua superfície, cavando seu leito, formando lagos e cachoeiras, fluindo para o mar. Os homens e as mulheres que habitam esse planeta são um sucesso. Construíram máquinas de todos os tipos para terra, água e ar.

Pouco me falaram de como a Terra foi dominada, submetida, escravizada, dividida em países com imensas e terríveis fronteiras. Não me

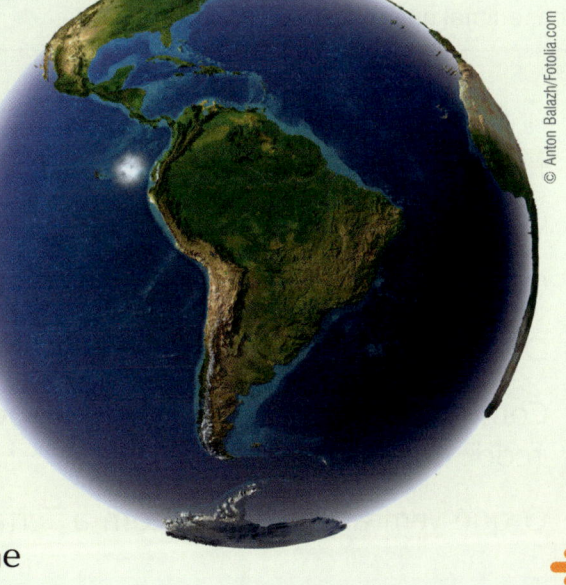

Língua Portuguesa

falaram de um planeta despedaçado, mutilado e estéril pela lógica de um sistema de produção que não vê a natureza como parte de nós e que pouco se preocupa com sua destruição, cuidando apenas para que o paraíso daqueles que a comandam esteja garantido, como se, no limite, fosse possível.

Estudei a Terra como se estivesse dissecando uma barata. Conheci suas camadas, sua origem, suas características. Não me explicaram a relação entre as precárias condições de vida e a política econômica, industrial, ambiental. Isentaram-me de qualquer responsabilidade quanto ao esgoto a céu aberto, quanto ao lixo espalhado pelas ruas perto de casa e escola, [...] Nunca tive a oportunidade de plantar uma árvore, de colher os legumes de uma horta, de chupar deliciosamente uma manga no jardim da escola, de observar atentamente a beleza da joaninha. Ouvi, escrevi. Pouco senti. Vivenciei menos ainda. [...]

ANTUNES, Ângela. Terra viva. In: GADOTTI, Moacir. **Pedagogia da Terra.** São Paulo: Petrópolis, 2000.

GLOSSÁRIO

Savanas – extensas pradarias com esparsas árvores ou grupo de árvores.
Pradarias – grandes planícies cobertas de gramíneas próprias para pastagens.
Planícies – extensões de terreno de aspecto plano.
Esfera rochosa – globo terrestre, corpo sólido redondo formado de rochas.
Astronautas – pilotos ou passageiros de uma nave espacial que viaja fora da atmosfera terrestre.
Conglomerados – casas, edifícios reunidos em uma massa compacta; um grande número de edificações.
Dissecando – examinando com atenção os detalhes, os elementos que compõem um organismo humano, animal ou vegetal.

Em grupo

- O que significa o título do texto: "Terra viva"?
- Qual é o propósito de um texto de apresentação de um livro?
- O que se estuda sobre a Terra nos bancos escolares?
- Como a Terra passou a ser vista depois da primeira viagem dos astronautas ao redor do Planeta?
- O que vem acontecendo com a Terra sob a ação da atividade humana?

Compreensão do texto

1. Como a escola apresentou a Terra para a narradora-personagem desse texto?
   _____
   _____

2. Que informações nós recebemos após a primeira viagem espacial feita pelos astronautas?
   _____
   _____

3. O que se encontra na superfície do Planeta?
   _____
   _____

4. Onde vive a maioria das pessoas?
   _____

5. Que transformações o homem fez na superfície da Terra?
   _____

6. Como é o interior da Terra?
   _____

7. Como a autora se refere aos rios da superfície da Terra?
   _____
   _____

8. Que tipos de máquina foram criados pelo homem?
   _____

9. Que relações a escola deixou de explicar à narradora?
   _____
   _____

abc Língua Portuguesa

10. A narradora conta que estudou a Terra como se dissecasse uma barata. O que ela quis dizer com isso?

    _____

    _____

11. Pela forma como recebeu as informações na escola, do que a personagem acabou ficando isenta?

    _____

    _____

12. Qual é a queixa que a narradora apresenta no último parágrafo?

    _____

    _____

13. Como a autora encerra o texto? Copie as duas últimas frases.

    _____

Reflexão sobre o uso da língua

1. Assinale a alternativa em que a palavra "manga" tem o mesmo sentido que nesta sentença:

    "Nunca tive a oportunidade de [...] chupar deliciosamente uma **manga** no jardim da escola [...]."

    a) ( ) A manga do vestido estampado que usava era curta.

    b) ( ) O cheiro da manga madura era sentido pelas crianças gulosas.

    c) ( ) Os trabalhadores arregaçaram as mangas e concluíram a difícil tarefa.

2. Assinale abaixo a alternativa em que a palavra "nuvem" tem o mesmo sentido que nesta sentença:

    "[...] é coberta de redemoinhos brancos que são as **nuvens** e que podem formar furacões."

    a) ( ) Uma nuvem de gafanhotos devastou as plantações de milho.

    b) ( ) Nuvens de fumaça denunciavam a queimada no campo.

    c) ( ) A chuva era prevista, pesadas nuvens escureciam o céu naquela manhã.

3. Reescreva as frases no tempo presente.

   a) "Ouvi, escrevi. Pouco senti. Vivenciei menos ainda."

   "Ouço,..."

   _____

   _____

   b) "Não tive oportunidade de plantar uma árvore."

   _____

   _____

   c) "Conheci as camadas da Terra, sua origem, suas características."

   _____

   _____

4. Reescreva as frases no tempo passado.

   a) "Em sua superfície existem lindas paisagens..."

   _____

   _____

   b) "As nuvens trazem e levam a chuva."

   _____

   _____

   c) "A maioria das pessoas vive nas planícies..."

   _____

Produção de texto

Atualmente, muito se fala de Ecologia. Os meios de comunicação têm divulgado informações sobre os problemas que afetam a natureza e alertado sobre as possíveis consequências dos ataques ao ambiente.

Como estudar temas e assuntos de modo que possamos, além de ouvir e sentir, vivenciar o que estamos aprendendo?

Lembre-se:
Os textos de opinião devem ser breves, claros na exposição dos fatos e apresentar uma visão crítica. Esses textos têm a finalidade de informar, influenciar e convencer os leitores ou ouvintes por meio dos argumentos apresentados.

Língua Portuguesa

Roda de conversa

Você sabe o que é um estatuto? Qual é a finalidade das normas propostas nele? Você sabe como se estrutura o texto dele? O que é necessário para que as pessoas cumpram o que um estatuto prevê?

Os estatutos do homem

Para finalizar esta fase de nosso estudo, vamos ler alguns artigos que compõem "Os estatutos do homem", escritos por Thiago de Mello, e procurar perceber como se sentem os homens que habitam neste mundo e como eles deveriam viver para buscar a felicidade e a harmonia.

O texto está escrito em forma de Decreto, que é como nossos legisladores registram as normas que devem orientar o comportamento dos homens.

Artigo I

Fica decretado que agora vale a verdade.

Agora vale a vida, e de mãos dadas, marchemos todos pela vida verdadeira.

Artigo IX

Fica permitido que o pão de cada dia tenha no homem o sinal de seu suor.

Mas que sobretudo tenha sempre o quente sabor da ternura.

Artigo Final

Fica proibido o uso da palavra liberdade, a qual será suprimida dos dicionários e do pântano enganoso das bocas.

A partir deste instante, a liberdade será algo vivo e transparente como um fogo ou um rio, ou a semente do trigo e a sua morada será sempre o coração do homem.

MELLO, Thiago de. Os estatutos do homem. In: _____. **Os estatutos do homem e poemas inéditos**. Rio de Janeiro: [s. n.], 1992.

Thiago de Mello é natural da cidade de Barreirinha, Estado do Amazonas, é um dos poetas mais influentes e respeitados no país, reconhecido internacionalmente como representante da literatura regional.

Seu poema mais conhecido é "Os estatutos do homem"; nele, o poeta chama a atenção dos leitores para os valores simples da natureza humana.

Em grupo

Discutam as questões abaixo e relatem as conclusões para os colegas de sala.

- Por que é importante decretar sobre a verdade?
- Qual o significado de pão, suor e ternura?
- Por que no poema se decreta que a palavra "liberdade" seja suprimida do dicionário para tornar-se algo vivo e transparente com morada no coração do homem?

Compreensão do texto

1. A que questões importantes se refere o Artigo I escrito por Thiago de Mello?

   a) ( ) À verdade, à vida e à união entre todos na marcha pela vida.

   b) ( ) À verdade e à vida.

   c) ( ) À marcha pela vida.

2. O que você entende por: "e de mãos dadas, marchemos todos pela vida verdadeira"?

   _____
   _____
   _____

3. Por que é preciso decretar que "agora vale a verdade"?

   _____
   _____

4. No Artigo IX, o decreto permite "[...] que o pão de cada dia/tenha no homem o sinal de seu suor". Qual é a relação de sentido entre pão e suor?

   _____
   _____

Língua Portuguesa

5. Por que o pão de cada dia deve ter o sabor quente da ternura?
___
___
___

6. No Artigo Final, por que fica proibido o uso da palavra "liberdade", que será suprimida dos dicionários?
___
___
___

7. Onde será sempre a morada da felicidade?
___
___
___

Produção de texto

Reúna-se com colegas, leiam novamente "Os estatutos do homem", discutam e escolham um tema para redigir um poema em forma de decreto. Algumas sugestões seriam: "O estatuto da alegria", "O estatuto da saudade", etc.

___
___
___
___
___
___
___

Os alunos poderão ler os poemas escritos pelos grupos em sala de aula e, depois de revisados, colocá-los no mural da sala.

Unidade 4
Relações sociais, culturais e de produção

Nesta unidade, você vai refletir sobre as ideias e registros da história dos homens no tempo e as mudanças nos costumes que interferem na maneira de ver e sentir as coisas no mundo.

Língua Portuguesa

O homem transforma o mundo

Roda de conversa

Você sabe o que é um cartum? Já leu algum? Considera interessante essa forma de expressão? Onde, geralmente, esses textos são publicados?

Texto 1

Cartum

O cartum é uma anedota gráfica, uma narrativa humorística expressa por meio de caricaturas, normalmente publicada em jornais ou revistas. Pode ou não ter balões ou legendas. Seu objetivo é provocar o riso do espectador pela crítica irônica e humorística do comportamento do ser humano, dos seus hábitos e costumes. Geralmente, o cartum relata um fato universal sobre temas que podem ser entendidos em qualquer parte do mundo por diferentes culturas em diferentes épocas.

(RIFF. *Enfim un livre intelligent sur la Préhistoire*.)

Em grupo

- Qual é o objetivo do texto?
- Como a organização do texto em linguagem verbal e não verbal auxilia na compreensão/interpretação do cartum?
- Quais conhecimentos prévios são necessários para ler o cartum?

Compreensão do texto

1. Que período da história da humanidade foi representado pelo autor da charge?

2. Que atividade o personagem está desempenhando?

3. O que nos faz supor que existe mais um personagem nesse texto?

4. Nesse período da história, o que os nossos ancestrais utilizavam como morada?

5. Que elementos do cenário nos sugerem o período histórico?

Língua Portuguesa

Roda de conversa

O que são cavernas? Elas podem servir de abrigo? Para quem?

Texto 2

Caverna

Houve um dia,
no começo do mundo
em que o homem
ainda não sabia
construir sua casa.
Então disputava
a caverna com bichos
e era aí a sua morada.
Deixou para nós
seus sinais,
desenhos desse mundo
muito antigo.
Animais, caçadas, danças,
misteriosos rituais.
Que sinais
deixaremos nós
para o homem do futuro?

MURRAY, Roseana. Caverna. In: _____. **Casas**. Belo Horizonte: Formato, 1994.

Obra de arte representando homens das cavernas na pré--história.

Pinturas rupestres no Chivero Game Park. Zimbábue (África).

Em grupo

- Qual é o tema do poema?
- Que sinais foram deixados pelos homens das cavernas?
- O que esses sinais nos contam sobre esses homens?
- Há uma diferença no enfoque dos textos "Cartum" e "Caverna", qual é?

Compreensão do texto

Leia mais uma vez o poema "Caverna" e observe como a escritora brasileira Roseana Murray refere-se poeticamente à primeira habitação do homem na Terra. Depois, responda às questões:

1. A que tempo o poema se refere na primeira estrofe?

2. Que habilidade faltava ao homem nessa época?

3. Onde morava o homem e com quem ele disputava esse espaço?

4. O homem desse período histórico deixou desenhos nas paredes das cavernas. O que ele representava por meio das pinturas?

5. Você acredita que esses fatos realmente aconteceram ou foram criados apenas na imaginação da autora?

6. O que comprova a existência dos homens primitivos, que habitavam as cavernas no começo do mundo?

7. Cada povo vive em um período histórico e deixa suas marcas. Responda ao questionamento do texto, dizendo que sinais nós deixaremos para o homem do futuro.

Língua Portuguesa

Reflexão sobre o uso da língua

Releia o poema e responda:

1. A palavra "misteriosos" indica, no poema, uma característica:

    ( ) da caverna

    ( ) dos homems

    ( ) dos rituais

2. Nas frases seguintes, que expressões dão ideia de tempo?

    a) "Deixou para nós seus sinais, desenhos desse mundo muito antigo".

    ( ) seus sinais

    ( ) muito antigo

    ( ) desse mundo

    b) No começo do mundo, o homem não sabia construir casas.

    ( ) o homem

    ( ) não sabia

    ( ) no começo do mundo

3. Reescreva as frases considerando a alteração proposta:

    a) O homem disputava a caverna com os bichos.

    Os homens _____

    b) No começo do mundo, o homem não sabia construir sua casa.

    No começo do mundo, os homens _____

4. Complete as frases seguintes com palavras e expressões que dão ideia de lugar (em cima, embaixo, perto, dentro):

    a) Os animais ferozes viviam _____ dos homens.

    b) Protegiam-se das tempestades _____ das árvores.

    c) Moravam também _____ de morros.

    d) Os desenhos eram feitos _____ das cavernas.

5. Redija nos balões do cartum as falas dos personagens.

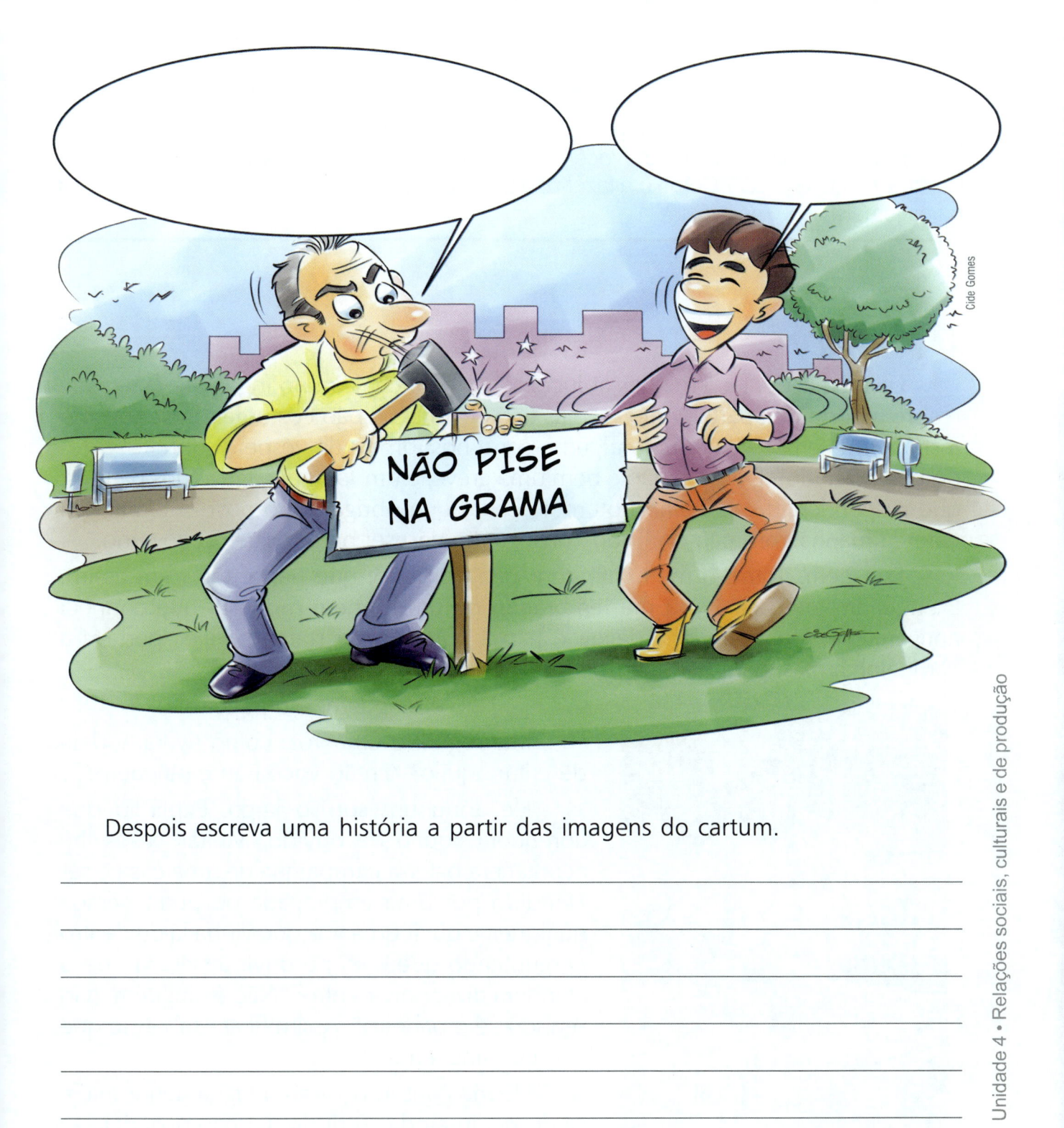

Despois escreva uma história a partir das imagens do cartum.
_____
_____
_____
_____
_____
_____

Língua Portuguesa

O cotidiano do trabalhador

Roda de conversa

Você sabe quais são as atribuições de um padeiro para suprir nossas mesas com pão fresco diariamente? Você acredita que essa função com a tecnologia atual ficou mais fácil? Como era fazer pão antes do avanço tecnológico? E imprimir os jornais, ficou mais fácil?

Leia a crônica:

O padeiro

Levanto cedo, faço minhas abluções, ponho a chaleira no fogo para fazer café e abro a porta do apartamento — mas não encontro o pão costumeiro. No mesmo instante me lembro de ter lido alguma coisa nos jornais da véspera sobre a "greve do pão dormido". De resto não é bem uma greve, é um *lock-out*, greve dos patrões, que suspenderam o trabalho noturno; acham que obrigando o povo a tomar seu café da manhã com pão dormido conseguirão não sei bem o que do governo.

Está bem. Tomo o meu café com pão dormido, que não é tão ruim assim. E enquanto tomo café vou me lembrando de um homem modesto que conheci antigamente. Quando vinha deixar o pão à porta do apartamento ele apertava a campainha, mas, para não incomodar os moradores, avisava gritando:

— Não é ninguém, é o padeiro!

Interroguei-o uma vez: como tivera a ideia de gritar aquilo? "Então você não é ninguém?"

Ele abriu um sorriso largo. Explicou que aprendera aquilo de ouvido. Muitas vezes lhe acontecera bater a campainha de uma casa e ser atendido por uma empregada ou outra pessoa qualquer, e ouvir uma voz que vinha lá de dentro perguntando quem era; e ouvir a pessoa que o atendera dizer para dentro: "Não é ninguém, não senhora, é o padeiro". Assim ficara sabendo que não era ninguém...

Ele me contou isso sem mágoa nenhuma, e se despediu ainda sorrindo. Eu não quis detê-lo para explicar que estava falando com um colega,

Padeiro trabalhando.

ainda que menos importante. Naquele tempo eu também, como os padeiros, fazia o trabalho noturno. Era pela madrugada que deixava a redação de jornal, quase sempre depois de uma passagem pela oficina – e muitas vezes saía já levando na mão um dos primeiros exemplares rodados, o jornal ainda quentinho da máquina, como pão saído do forno.

Ah, eu era rapaz, eu era rapaz naquele tempo! E às vezes me julgava importante porque no jornal que levava para casa, além de reportagens ou notas que eu escrevera sem assinar, ia uma crônica ou artigo com o meu nome. O jornal e o pão estariam bem cedinho na porta de cada lar; e dentro do meu coração eu recebi a lição de humildade daquele homem entre todos útil e entre todos alegre; "não é ninguém, é o padeiro!"

E assobiava pelas escadas.

BRAGA, Rubem. O padeiro. In: ANDRADE, Carlos Drummond de. et al. **Para gostar de ler**: crônicas. 12. ed. São Paulo: Ática, 1989. v.1.

Em grupo

- Qual é o gênero do texto?
- Quais são as características básicas da crônica?
- Qual é o assunto?
- Quem é o narrador?
- Qual é o significado de "não é ninguém, é o padeiro"?

Compreensão do texto

1. O texto "O padeiro" é:

    ( ) uma crônica escrita em prosa e na primeira pessoa;

    ( ) uma narrativa escrita em versos e na terceira pessoa;

    ( ) um poema escrito em versos e na primeira pessoa.

2. O que aconteceu de diferente na manhã do personagem-narrador do texto?

   _____
   _____

3. O que significa tomar o café da manhã com pão adormecido?

   _____

> **GLOSSÁRIO**
>
> **Abluções** – práticas de higiene corporal; higiene do corpo com sentido de ritual.
>
> **Lock-out** – greve não de empregagos, mas de empregador

Língua Portuguesa

4. Todas as greves têm uma intenção. Qual era a intenção da "greve do pão adormecido"?

5. O fato de tomar café com pão do dia anterior fez com que o personagem-narrador se lembrasse de alguém que conheceu no passado. Quem era?

6. Como o padeiro aprendeu a falar "não é ninguém, é o padeiro" quando deixava o pão à porta dos apartamentos?

7. Quais eram as semelhanças entre o trabalho do padeiro e o do jornalista?

8. Atualmente, essas semelhanças ainda existem? Explique.

9. O que era motivo de orgulho para o jovem jornalista?

10. Que lição o jornalista aprendeu com o padeiro?

Reflexão sobre o uso da língua

Releia a crônica e responda:

1. Leia os trechos retirados do texto e responda às questões abaixo.

   a) "**Levanto** cedo, **faço** minhas abluções, **ponho** a chaleira no fogo para fazer café e **abro** a porta do apartamento – mas não encontro o pão costumeiro".

   As palavras negritadas indicam ações praticadas:

   ( ) pelo narrador do texto.

   ( ) pelo padeiro, personagem do texto.

   ( ) por uma empregada que atendia o padeiro.

   b) "Ah, eu **era** rapaz, eu **era** rapaz naquele tempo! E às vezes me **julgava** importante..."

   As palavras negritadas referem-se ao tempo:

   ( ) presente.

   ( ) passado.

   A expressão "às vezes", na frase, significa algo que acontece:

   ( ) sempre.

   ( ) de vez em quando.

   ( ) com frequência.

   c) "eu recebi a lição de humildade daquele homem entre todos útil e entre todos **alegre**; 'não é ninguém, é o padeiro!'"

   As palavras "útil" e "alegre" se referem:

   ( ) ao cronista.

   ( ) ao jornalista.

   ( ) ao padeiro.

Produção de texto

Reúna-se com colegas e narrem de forma resumida os fatos mais importantes do texto da maneira como vocês os compreenderam. Depois, comparem os textos com os dos colegas de sala e verifiquem as diferenças e as coincidências na interpretação.

> Lembre-se:
> O resumo é uma apresentação abreviada de um texto com a finalidade de transmitir uma ideia sobre o seu conteúdo.

Língua Portuguesa

Roda de conversa

As relações familiares sempre foram um assunto interessante. Você acha que a mudança nos costumes alterou muito as relações entre pais e filhos? As questões familiares discutidas atualmente são semelhantes às discutidas há um século? Os ambientes, o uso de equipamentos de tecnologia atual, o acesso rápido a informações são fatores que alteram as relações familiares?

Leia o conto escrito por Artur Azevedo, que trata das relações de uma família do século XIX.

Plebiscito

A cena passa-se em 1890.

A família está toda reunida na sala de jantar.

O Sr. Rodrigues palita os dentes, repimpado numa cadeira de balanço. Acabou de comer como um abade.

D. Bernardina, sua esposa, está muito entretida a limpar a gaiola de um canário-belga.

Os pequenos são dois, um menino e uma menina. Ela distrai-se a olhar o canário. Ele, encostado à mesa, os pés cruzados, lê com muita atenção umas das nossas folhas diárias.

Silêncio.

De repente, o menino levanta a cabeça e pergunta:

– Papai, que é plebiscito?

O Sr. Rodrigues fecha os olhos imediatamente para fingir que dorme.

O pequeno insiste:

– Papai?

Pausa.

– Papai?

D. Bernardina intervém:

– Ó seu Rodrigues, Manduca está lhe chamando. Não durma depois do jantar que lhe faz mal.

O Sr. Rodrigues não tem remédio senão abrir os olhos.

– Que é? Que desejam vocês?

– Eu queria que papai me dissesse o que é plebiscito.

– Ora essa, rapaz! Então tu vais fazer doze anos e não sabes ainda o que é plebiscito?

– Se soubesse, não perguntava.

O Sr. Rodrigues volta-se para D. Bernardina, que continua muito ocupada com a gaiola:

– Ó senhora, o pequeno não sabe o que é plebiscito!

– Não admira que ele não saiba, porque eu também não sei.

– Que me diz?! Pois a senhora não sabe o que é plebiscito?

– Nem eu, nem você; aqui em casa ninguém sabe o que é plebiscito.

– Ninguém, alto lá! Creio que tenho dado provas de não ser nenhum ignorante!

– A sua cara não me engana. Você é muito prosa. Vamos: se sabe, diga o que é plebiscito! Então? A gente está esperando! Diga!...

– A senhora o que quer é enfezar-me!

– Mas, homem de Deus, para que você não há de confessar que não sabe? Não é nenhuma vergonha ignorar qualquer palavra. Já outro dia foi a mesma coisa quando Manduca lhe perguntou o que era proletário. Você falou, e o menino ficou sem saber!

– Proletário – acudiu o Sr. Rodrigues – é o cidadão pobre que vive do trabalho mal remunerado.

– Sim, agora sabe porque foi ao dicionário; mas dou-lhe um doce, se me disser o que é plebiscito sem se arredar dessa cadeira!

– Que gostinho tem a senhora em tornar-me ridículo na presença dessas crianças!

– Oh! Ridículo é você mesmo quem se faz. Seria tão simples dizer: – Não sei, Manduca, não sei o que é plebiscito; vai buscar o dicionário, meu filho.

O Sr. Rodrigues ergue-se de um ímpeto e brada:

– Mas se eu sei!

– Pois, se sabe, diga!

– Não digo para não me humilhar diante de meus filhos! Não dou o braço a torcer! Quero conservar a força moral que devo ter nesta casa! Vá para o diabo!

GLOSSÁRIO

Plebiscito – resolução submetida ao julgamento do povo que a aprova ou rejeita por meio do voto que exprime simplesmente sim ou não.

Repimpado – acomodado a gosto; refestelado.

Abade – indivíduo bem nutrido, tranquilo, sem preocupações.

Língua Portuguesa

E o Sr. Rodrigues, exasperadíssimo, nervoso, deixa a sala de jantar e vai para o seu quarto, batendo violentamente a porta.

No quarto havia o que ele mais precisava naquela ocasião: algumas gotas de água de flor de laranja e um dicionário...

A menina toma a palavra:

– Coitado de papai! Zangou-se logo depois do jantar! Dizem que é tão perigoso!

– Não fosse tolo – observa D. Bernardina – e confessasse francamente que não sabia o que é plebiscito!

– Pois – acode Manduca, muito pesaroso por ter sido o causador involuntário de toda aquela discussão –, pois sim, mamãe; chame papai e façam as pazes.

– Sim! Sim! Façam as pazes! – diz a menina em tom meigo e suplicante. – Que tolice! Duas pessoas que se estimam tanto zangarem-se por causa do plebiscito!

D. Bernardina dá um beijo na filha e vai bater à porta do quarto:

– Seu Rodrigues, venha sentar-se; não vale a pena zangar-se por tão pouco.

O negociante esperava a deixa. A porta abre-se imediatamente. Ele entra, atravessa a casa e vai sentar-se na cadeira de balanço.

– É boa! – brada o Sr. Rodrigues depois de largo silêncio. – É muito boa! Eu! Eu ignorar a significação da palavra plebiscito! Eu! ...

A mulher e os filhos aproximam-se dele.

O homem continua num tom profundamente dogmático:

– Plebiscito!

E olha para todos os lados a ver se há por ali mais alguém que possa aproveitar a lição.

– Plebiscito é uma lei decretada pelo povo romano, estabelecido em comícios.

– Ah! – suspiram todos, aliviados.

– Uma lei romana, percebem? E querem introduzi-la no Brasil! É mais um estrangeirismo! ...

AZEVEDO, ARTUR. Plebiscito. In:_____. **Contos**. São Paulo: Três, 1973.

GLOSSÁRIO

Enfezar – demonstrar raiva, irritação, impaciência.

Exasperadíssimo – que se exasperou, exaltado, irritado.

Dogmático – que se apresenta com caráter de certeza absoluta.

Comícios – reunião pública de cidadãos, geralmente a céu aberto, em que se fazem protestos e ou críticas de caráter social ou político.

Estrangeirismo – influência geralmente forte da cultura, dos costumes, de determinada nação sobre a outra.

O conto literário é do tipo narrativo, geralmente é um texto curto apresentando número reduzido de personagens, curto espaço de tempo, ambiente restrito e poucas ações.

Em grupo

- Qual é o gênero do texto?
- Qual é o assunto do texto?
- Quem faz a narração do conto?
- Em que ambiente se desenvolvem as ações do conto?
- Quais são as características dos personagens do conto?
- Por que o Sr. Rodrigues não admitiu que desconhecia o significado da palavra "plebiscito"?

Compreensão do texto

1. Quem são os personagens do conto?
   _____
   _____

2. Observando a forma de tratamento e a linguagem usada pelos personagens, o que se pode concluir sobre as suas origens?
   _____
   _____

3. Copie a apresentação dos personagens Sr. Rodrigues e D. Bernardina feita pelo narrador presente no texto.
   _____
   _____

4. Além da fala do narrador, o discurso direto dos personagens compõe a estrutura do texto. Copie o discurso do Sr. Rodrigues sobre o que é plebiscito.
   _____
   _____

Língua Portuguesa

5. Dê sua opinião sobre o comportamento do Sr. Rodrigues. Você concorda com a atitude dele? Por quê?

_____

_____

_____

Reflexão sobre o uso da língua

A função da pontuação de um texto é muito importante. Ela nos orienta como determinada frase ou expressão deve ser lida. No conto que lemos, há diálogos e é possível perceber vários sinais de pontuação que iniciam e finalizam as frases.

1. Em grupo, façam a leitura dramatizada do texto. Cada aluno fará o papel de um personagem, prestando atenção à pronúncia das frases.

2. Em seu caderno, escreva o que você observou sobre o uso dos sinais de pontuação na leitura do texto.

3. Que sinal de pontuação é colocado no início das frases e que indica o início do discurso de um personagem?

4. Observe a frase seguinte e responda: por que o autor do conto utilizou dois sinais de pontuação no final?

"– É muito boa! Eu! Eu ignorar a significação da palavra plebiscito! Eu!..."

_____

Produção de texto

A cena passa-se em 1890, há mais de um século, e a família está reunida na sala de jantar. Sabemos do rápido avanço da tecnologia e da mudança no comportamento das pessoas. Como você imagina uma cena semelhante adaptada aos tempos atuais? Considere a forma de expressão verbal das pessoas, imagine o ambiente, os equipamentos modernos que o compõem e faça um relato disso.

_____

_____

_____

_____

Unidade 1
Os seres humanos e o ambiente

Vick Muniz faz colagem a partir de lixo do Rio de Janeiro, durante as Conferências das Nações Unidas sobre o Desenvolvimento Sustentável – Rio +20 no Rio de Janeiro, Brasil, em 2012. A obra mostra a emblemática paisagem do Rio de Janeiro vista da Baía de Guanabara.

Nesta unidade você entenderá a arte efêmera, intervenção urbana e também conhecerá artistas que desenvolvem seu trabalho com elementos que são considerados LIXO.

Arte

A percepção do artista

Elementos do ambiente na arte

Alguns artistas inovam também quando escolhem os materiais com os quais irão compor a sua obra. Você conhecerá artistas que trabalham com materiais não convencionais.

Roda de conversa

Você já viu alguma obra de arte ou manifestação artística confeccionada a partir de elementos da natureza?

E as imagens abaixo? Você as reconhece?

Jorge Selarón na Escadaria Selarón. Rio de Janeiro (RJ).

MUNIZ, Vick. **Mona Lisa**. 1999. Geleia e pasta de amendoim/Cibachrome, 30 cm x 40 cm. Sikkema Yenkinss & Co., Nova York (EUA).

Alguns artistas produzem seus trabalhos com elementos do ambiente e outros interferem no espaço físico.

Jorge Selarón é um artista plástico que passou por muitos lugares do mundo e um belo dia conheceu o bairro da Lapa, no Rio de Janeiro, e ficou encantado. Ele começou a transformar alguns objetos, mudar a função deles. Por exemplo, transformou uma banheira em floreira. Mais tarde, o artista começou a revestir a escadaria que liga o bairro ao convento da Santa Teresa: nada mais, nada menos do que 215 degraus.

A maioria dos azulejos foram feitos pelo próprio Selarón, outros vieram de lugares variados do mundo todo, como Portugal, EUA, Grécia, Rússia, Austrália, entre outros. As pessoas ficaram sabendo de sua arte e mandaram azulejos pelo correio; assim, ele foi montando sua obra.

Vick Muniz é fotógrafo, desenhista, pintor e gravador. Nasceu em São Paulo, em 1961. Em suas obras, utiliza técnicas e materiais variados e inusitados, como geleia, doce de leite, gel para cabelo, etc. Um exemplo é a obra *Mona Lisa*, que foi elaborada com geleia e pasta de amendoim, substâncias comestíveis.

Vick Muniz. França.

Observe as imagens com atenção e responda:

1. Há semelhança entre as obras desses dois artistas? Ou não? Explique.

___

2. Elas são bi ou tridimensionais?

___

3. Quais foram as técnicas utilizadas? Descreva-as.

___

Arte

Sistematizando

Podemos perceber que o artista Selarón utilizou uma forma bidimensional, que é o azulejo, e compôs uma forma de arte tridimensional, que é a escadaria, os muros ao redor, etc. O artista revestiu o tridimensional com o bidimensional.

Vick Muniz trabalha com objetos tridimensionais, organizando-os de tal forma que o resultado final será uma obra bidimensional, a fotografia; isto acontece na obra *passione II*, que apareceu na abertura de uma novela com o mesmo nome e foi composta com sucata.

Produção

Com o auxílio do professor, dividam a turma em quatro equipes. Duas equipes pesquisarão sobre Selarón e sua obra, e as outras duas, sobre Vick Muniz e sua obra. As equipes devem apresentar a pesquisa de forma oral para a turma toda, utilizando recursos disponíveis na escola. Cada equipe deverá apresentar uma releitura da obra do artista pesquisado.

> Você sabe o que é releitura? É a reelaboração de uma obra utilizando outra técnica, outras cores ou outras formas, porém, mantendo uma ligação com a obra de origem.

1. Você conhece outros artistas que trabalham com elementos do ambiente?

   _____
   _____
   _____
   _____
   _____
   _____

2. Você já ouviu falar em "arte efêmera"?

   _____
   _____
   _____
   _____
   _____

Saber mais

Você sabia que

Se procurarmos no dicionário uma definição para a palavra "efêmera", encontraremos: passageiro, temporário, que tem curta duração. A temporalidade é uma característica das obras de arte do artista Vick Muniz. Esse é um dos motivos pelo qual ele fotografa suas obras elaboradas com materiais perecíveis. Outro artista que também trabalha com arte efêmera é Peter Donnelly, que mora na cidade de Christchurch, na Nova Zelândia, e há aproximadamente 10 anos utiliza a areia da praia para desenvolver sua arte.

Quando a maré está baixa, pela manhã, ele faz os desenhos na areia com uma vareta. Conforme a maré sobe, seu trabalho vai sendo apagado, ou seja, sempre que ele começa o desenho, ele sabe que no final do dia a obra não existirá mais. Isso chamamos arte efêmera.

Consulte o endereço abaixo para visualizar as obras de Peter Donnelly:

<http://entretenimento.divulgueconteudo.com>

Ao compor suas imagens gigantescas, o artista trabalha de forma única, transformando a praia em uma galeria a céu aberto. Por este motivo, Peter Donnelly é chamado de dançarino da areia.

Produção

Escolha um material para compor sua arte efêmera. O trabalho poderá ser desenvolvido individualmente ou em grupo.

Após o trabalho realizado, apresente para a turma, explicando como ele foi desenvolvido e quais os materiais utilizados. Uma sugestão é que se utilize materiais encontrados na natureza.

Alguns materiais que você poderá utilizar para elaborar sua arte efêmera:
– folhas verdes ou secas;
– flores naturais;
– substâncias comestíveis.

Sugestão

Pesquisem a obra de Bernard Pras e a comparem com a obra de Vick Muniz quanto: à técnica e aos materiais utilizados, ao tema escolhido, à época realizada e à dimensão.

Arte

Intervenção urbana

Observe as imagens abaixo: elas foram produzidas por Eduardo Srur que trabalha com a interferência artística em espaços urbanos.

Nas obras 1 e 2 o artista trabalha com o problema da poluição do rio Tietê. Na obra 2 ele utilizou manequins em caiaques boiando no meio do lixo. Enquanto na obra 1, trabalhou com garrafas PET em tamanho gigante para mostrar o dano causado por este tipo de material.

Carros parados na marginal Tietê, ao lado da instalação do artista plástico Eduardo Srur - reprodução gigante da garrafa PET. São Paulo (SP).

O artista Eduardo Srur espalhou, no Rio Pinheiros, 100 caiaques conduzidos por manequins.

Chamamos esse tipo de arte de intervenção urbana.

Caiaque e manequins de uma intervenção artística no rio Pinheiros, criada por Eduardo Srur, são arrastados pelo lixo acumulado na água.

Roda de conversa

Muitas vezes os centros urbanos crescem de maneira desordenada e, assim, ocasionam transtornos para os moradores.

Na maioria das vezes esses problemas são ambientais e prejudicam o cotidiano das pessoas.

Você já parou para refletir sobre sua qualidade de vida?

Em termos de qualidade ambiental, quais são as condições do seu bairro? E a qualidade de vida?

Converse com o professor sobre as possíveis causas que motivaram o artista Eduardo Srur a desenvolver esse tipo de arte.

Produção

Pensem nos principais problemas relacionados ao ambiente que afligem sua comunidade e conversem sobre isso em grupos.

Vocês conhecem o trabalho do artista Eduardo Srur, que, para chamar a atenção da população para o problema da poluição, utilizou seu talento e criatividade? Em determinado momento, ele utilizou manequins em caiaque e os colocou sobre o lixo.

Após detectarem os problemas mais marcantes na comunidade, reúnam-se em grupo para desenvolver uma intervenção urbana.

> Observação: uma intervenção urbana não precisa, necessariamente, ter grandes dimensões, como as obras de Eduardo Srur.

Ao montarem a obra, vocês podem criar uma iluminação (vela, lanterna, holofote) para valorizá-la.

Fotografem as obras em vários ângulos diferentes e em diferentes horários do dia ou da noite.

Comparem suas obras e percebam as diferenças e semelhanças entre elas quanto:
- aos materiais utilizados;
- à proporção das obras;
- ao assunto explorado.

GLOSSÁRIO

Intervenção urbana: é uma forma de manifestação artística realizada em espaços urbanos de grandes ou pequenos centros. Algumas interferências possuem grandes proporções, enquanto outras não, como, por exemplo, as "polaroides invisíveis", de Tom Lisboa.

Arte

Roda de conversa

Você percebeu que neste capítulo as obras mostradas, na maioria, foram produzidas a partir de materiais alternativos e que já estavam sem utilidade, os quais chamamos sucata.

Traga para a sala de aula algum tipo de objeto que considere sucata, tais como: pedaços de madeira, pedaços de ferro, vidro, plástico, lata.

Experimente bater (percutir) nele com a mão ou com outro objeto.

Ouça o som produzido por cada um e analise:

Quando uma pessoa estiver produzindo o "seu" som, os outros, sem ver o objeto, vão tentar adivinhar qual foi o material ou objeto utilizado pelo colega. Desta forma, estaremos reconhecendo o timbre, que é a característica do som que cada material produz; é por meio do timbre que identificamos as vozes das pessoas e conseguimos diferenciar um som de outro.

Agora vamos analisar a altura; os sons mais altos são mais agudos e os mais baixos são mais graves.

A duração é o elemento do som que percebemos quando um som é emitido durante um espaço de tempo maior ou menor. Exemplo: quando alguém chama por "João" a duração é menor do que quando ela manter Joãããããão.

Já a intensidade está ligada diretamente à força com a qual emitimos um som, por exemplo, duas mãos batendo palmas é menos intenso que o som de um piano caindo.

E, enfim, analisaremos a densidade sonora, que trata da quantidade de sons que são emitidos ao mesmo tempo, por exemplo: quando uma pessoa toca um violão, a densidade é menor do que quando uma orquestra de violões está tocando.

Desta forma, analisamos e conhecemos os elementos formadores do som.

– Explore sonoricamente o material que trouxe de casa e escolha como produzir o som (batendo, raspando, etc.);

– Cada um produz o "seu" som em seguida do outro;

– Agora, organizem-se da seguinte forma:

– Escolham a ordem em que cada pessoa produzirá o som;

– Quantas vezes ela o fará;

– Como acontecerá isso, por exemplo: a pessoa 1 produzirá "seu" som uma vez, a pessoa 4 produzirá o seu três vezes e volta para a pessoa 1, que produzirá duas vezes. Depois, as pessoas 1, 2 e 3 produzirão "seus" sons ao mesmo tempo.

Essa sequência de sons é denominada composição sonora.

– Isto é apenas um exemplo, cada grupo é que decidirá a forma de montar sua composição, a sequência executada e a quantidade de participantes.

Unidade 2 — Identidade social: formas de participação

Nesta unidade vamos conhecer o folclore brasileiro em suas diversas manifestações.

Arte

Diferentes linguagens regionais

Manifestações folclóricas

Roda de conversa

Você sabe o que é folclore?

Você já viu ou participou de alguma manifestação folclórica?

Observem as imagens abaixo e identifiquem as manifestações folclóricas. E as regiões que elas representam.

Grupo CTG Guapos do Itapuí da cidade de Campo Bom. Olímpia (SP).

Grupo Folclórico Samba Lenço da cidade de Mauá. Olímpia (SP).

Festival de Folclore de Parintins – Garantido. Parintins (AM).

As danças e músicas folclóricas foram surgindo como forma de representar a tradição e a cultura de determinada região e podem estar ligadas à religião, lendas e fatos históricos.

É importante observar que cada gênero musical está acompanhado de uma dança.

Essas danças são compostas por passos e movimentos corporais específicos, marcam o ritmo musical e representam os aspectos culturais locais, bem como épocas e comemorações.

Veja o significado das palavras abaixo:

Folk – povo.

Lore – conhecimento, sabedoria popular que passa de geração em geração.

Mas, então, o que é folclore?

Segundo o arqueólogo inglês William John Toms, a palavra "folclore" é composta por dois termos anglo-saxônicos: *folk* (povo) e *lore* (saber). É o que entendemos por sabedoria popular ou sabedoria do povo.

Você sabe o que faz parte do folclore?

Danças?

    Trajes?

        Comidas típicas?

Lendas?

E o que mais?

No Brasil, temos muitas danças que representam a cultura e as tradições de diferentes regiões.

Estas danças sempre estarão ligadas à religiosidade, lendas, fatos históricos ou brincadeiras. Para cada dança, temos uma música, as quais possuem letras simples compostas pelo povo. As danças do folclore brasileiro geralmente são apresentadas em espaços abertos, para que uma grande quantidade de pessoas possa apreciar e participar.

Arte

Roda de conversa

Conversem com o professor e a turma sobre as manifestações folclóricas de cada região do Brasil.

Quais músicas do folclore brasileiro você conhece?

Você pode cantá-la ou tocá-la para o professor e colegas.

As músicas do folclore brasileiro são canções populares, muitas de autores desconhecidos e são transmitidas de geração em geração através dos tempos.

As cantigas de roda fazem parte do folclore brasileiro assim como o baião e o forró.

Década de 1970 e a música no Brasil

A música popular brasileira em alguns momentos foi associada a movimentos culturais populares, seguindo tendências e refletindo o pensamento da época. Representa a música do dia a dia, tocada nas festas, usada para dançar e socializar.

Os consagrados nomes da música popular brasileira nos anos de 1970 viveram o fim de 1968 enfrentando prisão e exílio.

"Aqui na Terra tão jogando futebol, tem muito samba, muito choro e rock'n roll. [...] A coisa aqui tá preta."

Trechos de letras de Chico Buarque:

"Apesar de você,
amanhã pode ser outro dia.
[...] que eu vou morrer de rir,
Que esse dia há de vir,
Antes do que você pensa"

BUARQUE, Chico. Apesar de você. Intérprete:_____. In:_____. **Chico Buarque**. [S. l.]: Polygram/Phillips, 1979. Faixa 11.

"Acorda, amor.
Eu tive um pesadelo agora:
Sonhei que tinha gente lá fora,
Batendo no portão,
Que aflição!
Era a 'dura'.
Uma muito escura viatura.
Minha nossa, santa criatura!
Chame, chame, chame, chame o ladrão,
Chame o ladrão!"

ADELAIDE, Julinho de; PAIVA, Leonel. Acorda amor. Intérprete: Chico Buarque. In: BUARQUE, Chico. **Songbook**. [S. l.]: Lumiar Discos, 1999. 2 CDs. Faixa 24.

Chico Buarque. 2007.

Caetano Veloso e Gilberto Gil, também egressos de um exílio na Europa, seguiram caminhos paralelos.

Caetano, considerando-se mais poeta do que músico, assinou criações belíssimas, homenageando a alegria, o prazer, a "beleza pura" e o "luxo para todos". No Manifesto Joia (1975), Caetano declarava: "Inspiração quer dizer: estar cuidadosamente entregue ao projeto de uma música posta contra aqueles que falam em termos de década e esquecem o minuto e o milênio".

Caetano Veloso. 2010.

Gilberto Gil atirou-se por completo na grande aventura de resgatar sua negritude, buscando o contato com o reggae da Jamaica e apresentando-se em países africanos, ao mesmo tempo em que transmitia ao público suas experiências místicas e ideias pacifistas.

Gilberto Gil. 2007.

Arte

Também preocupado com as raízes, surgiu, nos anos de 1970, Milton Nascimento, compositor de melodias rebuscadas e originais que recuperam a memória de Minas Gerais, sua infância "nas asas de Panair" e suas brincadeiras no "clube da esquina".

Milton Nascimento. 2008.

Esses grandes compositores, ao lado dos intérpretes, inundavam as estações de rádio e TV com gravações realizadas pelo desenvolvimento técnico cada vez mais aperfeiçoado.

Maria Bethânia. 2011.

Em 1965, substituiu a cantora Nara Leão e é por isso considerada a data de sua estréia profissional.

Seu primeiro sucesso reconhecido foi uma canção de protesto Carcará.

Saber mais

"A década de 1970 abre o mercado da música regional no Brasil". Essa é a opinião de Marcus Pereira, publicitário, amante da música popular, que certa vez resolveu dar a clientes e amigos, como brinde de fim de ano, um álbum de quatro discos elaborado com base em pesquisas folclóricas que ele fizera com ajuda do compositor Luís Carlos Paraná: *Música popular do Nordeste.* Após o sucesso do brinde, Marcus decidiu mudar de profissão e fundou uma gravadora voltada para a difusão da música regional. Surgiram as coleções *Música popular do Centro-Oeste/Sudeste, Música Popular do Sul* e *Música popular do Norte*. Na linha da pesquisa e recriação do folclore, seguem o Quinteto Violado (sobre ritmos tradicionais do Nordeste, como a dança do guerreiro, o toré, o carimbó e o marabaixo) e Elomar Figueira Mello (que, no álbum duplo *Na Quadrada das Águas Perdidas*, funde cordel, lendas nordestinas e influências eruditas).

Nessa década, eclode também o movimento da Jovem Guarda, com o iê-iê-iê nacional, seu líder, o cantor e compositor Roberto Carlos. Suas composições falavam da angústia e das alegrias do jovem de classe média na sociedade de massa. O novo ídolo colocou em xeque os velhos valores da MPB, que se voltavam para o regional, o sofrimento e a pobreza das pessoas do interior.

ENCICLOPÉDIA nosso século: Brasil, 1960-1990. São Paulo: Abril Cultural, 1985. 2v.

Cantores da Jovem Guarda. 1996.

Roda de conversa

Você entendeu o que motivou os compositores da década de 1970 ao escrever as letras de suas músicas?

Por que a composição e interpretação musical de Chico Buarque, Caetano Veloso, Gilberto Gil, Milton Nascimento, Maria Bethania, Gal Costa e Elis Regina, nessa época, foi denominada de música engajada?

Você sabe definir música engajada?

Arte

Sistematizando

Na música engajada os compositores preocupavam-se essencialmente com a letra da música, pois o objetivo principal era relatar uma situação, preferencialmente política, daquele momento.

Você conhece alguma música atual, que relate um problema como, por exemplo, a violência urbana, a desigualdade social, o problema com as drogas?

1. Escreva no espaço abaixo o nome da música, do autor ou banda que a executa.

   _____
   _____
   _____

2. Ouça a música "A minha alma", do grupo O Rappa, e analise:

   a) O que diz a letra desta composição?
   _____
   _____

   b) Que instrumentos você identifica na música?
   _____

   c) Em que gênero musical esta música está inserida?
   _____

   d) No local onde você mora, existe algum grupo musical que produza este tipo de música?
   _____

   e) Imagine-se um compositor: que assunto escolheria para produzir uma música?
   _____

Saber mais

Vale a pena ouvir a versão interpretada pela cantora Maria Rita, que utiliza como instrumentos o teclado, a bateria e o baixo acústico.

Unidade 3
Diversidade cultural – a sociedade brasileira

Nesta unidade você conhecerá diferentes manifestações da cultura brasileira principalmente a música e os elementos que a compõem.

Arte

Manifestações artísticas da cultura brasileira

Roda de conversa

As manifestações artísticas da nossa cultura pela música estão vinculadas ao momento histórico vivenciado, expressam as concepções e interpretação dos momentos sociais, políticos... Essas expressões artísticas se revelam na composição de sons, silêncios, tempos.

Música é arte?

Afinal... o que é música?

A música, o tempo e o som

A música como prática cultural é fruto dos sons da natureza percebidos pelo homem por meio dos sentidos.

O mundo é sonoro. Tudo à nossa volta emite sons.

A música contém e manipula o tempo e o som. Ela consiste em uma combinação de sons e de silêncios que se desenvolvem ao longo do tempo. Engloba combinações de elementos sonoros, como: a altura, a duração, a intensidade e o timbre.

As variações podem acontecer sequencialmente (formando ritmo e melodia) ou simultaneamente (harmonia).

Ritmo, melodia e harmonia são aqui entendidos no sentido de organização temporal, visto que a música pode conter desarmonia e disritmia propositadamente.

Saber mais

Esta é uma partitura musical atual.

A partitura é a maneira pela qual o compositor escreve os sons, ou seja, é uma forma eficiente de representar a maneira esperada da execução de sua composição, mas ela só se torna música quando executada. A partitura não é, por si só, música.

GAROTA DE IPANEMA
Bossa Nova

Arranjo: Leda Giuffrida

Antonio Carlos Jobim
Vinicius de Moraes

Você conhece os elementos formadores do som?

Se você estiver com os olhos fechados e alguém falar o seu nome, você saberá quem está falando? Por quê? Pelo **timbre**... É ele o elemento formador do som que nos faz identificar os sons, por exemplo: o som de um vidro quebrando ou de uma campainha tocando.

A **duração** é o elemento sonoro que diferencia se o som está sendo emitido por um tempo curto, médio ou longo.

A **intensidade** é o elemento sonoro que nos ajuda a identificar se um som é fraco ou forte, dependendo da força com que é executado. Por exemplo, o som de um copo de plástico que cai no chão é mais fraco que o som de um copo de vidro se quebrando.

O que diferencia um som grave de um som agudo é a **altura**, por exemplo, o som do motor de um caminhão é mais grave que o som de uma flauta doce. A diferença entre os sons é chamada "diferença de altura", e faz com que eles recebam o nome de notas musicais.

Densidade é o elemento sonoro que nos mostra que os sons estão sendo emitidos por muitas ou poucas fontes sonoras, por exemplo, o som de um único violão é menos denso do que o som de uma orquestra de violões.

Dividam-se em grupos.

Cada grupo escolherá um dos elementos formadores do som (timbre, duração, intensidade, altura e densidade) para apresentar aos colegas exemplos do elemento escolhido.

Depois apresentem ao grande grupo.

TIMBRE

ALTURA

DENSIDADE

DURAÇÃO

INTENSIDADE

Arte

Melodia, harmonia e ritmo

Melodia é uma sequência de notas musicais, uma combinação de sons, enquanto **harmonia** é o conjunto de sons relacionados e, por fim, o **ritmo**, na música, é uma unidade abstrata de medida do tempo a partir da qual são determinadas as relações rítmicas, pulsação, cadência.

Produção

É possível colocar uma melodia em uma quadra para transformá-la em música.

Escolha uma quadra.

Procure, dentre as melodias que você conhece, uma que se encaixe no texto.

Abaixo, registre, a quadra e mostre-a para a turma como música, isto é, cantando. Você pode, também, convidar a turma toda para cantar junto.

Agora, encaixe uma nova letra na melodia desta cantiga já conhecida:

_____
_____
_____
_____

Anteriormente, conhecemos a **partitura,** que é uma forma oficial e universal de se escrever como deve ser executada uma música.

Alguns autores trabalham com a escrita musical não formal, ou seja, representam os sons que compõem suas músicas com desenhos, formas geométricas ou sinais gráficos.

Agora, escreva no espaço abaixo os sons de sua composição musical e para esta atividade utilize formas, sinais e desenhos que achar adequados.

Interprete os sinais representados acima produzindo sons (você pode utilizar palmas, outros objetos, assovios, cantarolando, etc).

Unidade 4 — Relações sociais, culturais e de produção

Nesta unidade você conhecerá a música erudita, alguns compositores e gêneros musicais.

Arte

A música – um fenômeno social

Roda de conversa

Você sabe por que a música clássica é assim chamada?

A música clássica

As práticas musicais estão sempre relacionadas ao contexto cultural. Em culturas diferentes, encontram-se diferentes estilos, abordagens e concepções sobre o que é a música, o papel que ela representa ou deve exercer na sociedade.

As músicas podem estar vinculadas ao sagrado, ao profano, ao funcional, ao artístico, etc. Pode-se falar de música de uma região do globo ou de uma época. Fazer referência a um tipo específico de música significa dizer que ela agrupa certos elementos diferenciados, por exemplo, pode tratar-se de música tradicional, erudita, popular, entre outras.

Música erudita ou clássica é a música de concerto, mais elaborada, que perpassa o tempo e resiste a modas e tendências.

STIELER, Karl Joseph. **Retrato de Ludwig van Beethoven ao compor a Missa Solemnis**. 1820. Óleo sobre tela, 62 cm x 50 cm. Beethoven Haus, Bonn, (Alemanha).

Ludwig van Beethoven

Ludwig van Beethoven é um dos mais conhecidos compositores da música erudita.

Nasceu em Bonn, na Alemanha, e estima-se que seu nascimento tenha ocorrido no dia 16 de dezembro de 1770, já que seu batismo data de 17 de dezembro e era costume da época batizar as crianças logo após o nascimento.

Foi compositor erudito na época da transição do Classicismo para o Romantismo. Muitos críticos o consideram o maior compositor do século XIX.

Em 1792, mudou-se definitivamente para Viena, na Áustria, onde desenvolveu seus estudos com Franz Josef Haydn.

Por volta dos 24 anos, começou a perceber os primeiros sinais de surdez, vindo a ficar totalmente impossibilitado de ouvir aos 46 anos. Em completa surdez, compôs, ainda, 644 obras musicais. Beethoven não é o único músico que compôs estando totalmente surdo, porém, é o caso mais conhecido, principalmente pela qualidade de seu trabalho.

Manuscrito fac – símile da 9ª Sinfonia de Beethoven, 1824.

Os anos finais de Beethoven foram dedicados quase exclusivamente à composição de quarteto de cordas.

Ao morrer, em 26 de março de 1827, estava trabalhando em uma décima sinfonia. Conta-se que cerca de dez mil pessoas compareceram ao funeral dele.

Sugestão de filme biográfico, que traça a história do compositor alemão Ludwig Van Beethoven:
Minha amada imortal
Gênero: Drama
Direção: Bernard Rose
Ano: 1994
País de origem: EUA

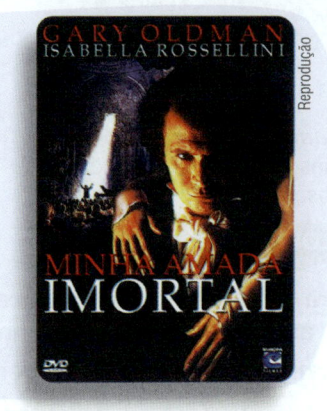

Arte

Antônio Carlos Gomes

Antônio Carlos Gomes, brasileiro, nasceu em 11 de julho de 1836 na cidade de Campinas. Aos dez anos, sob supervisão do pai, iniciou seus estudos musicais. E foi na banda do pai, em conjunto com os irmãos, que fez suas primeiras apresentações em bailes e concertos.

Em 1854, Carlos Gomes compôs sua primeira missa, Missa de São Sebastião. Em 1866, iniciou os trabalhos para o que viria a ser sua ópera mais conhecida, *O Guarani*, baseada no romance homônimo de José de Alencar. Essa ópera foi encenada em um dos maiores teatros líricos do mundo, o Allá Scala de Milão, em 1870. No mês de dezembro, em razão do aniversário do imperador D. Pedro II, essa ópera foi encenada no Rio de Janeiro.

Maestro Carlos Gomes. Século XIX.

A apresentação foi encerrada com gritos do público: Viva o imperador! Viva Carlos Gomes! Viva José de Alencar! *O Guarani* rodou o mundo: Livorno, Milão, Turin, Moscou, São Petersburgo, Lisboa.

No período do Estado Novo, de Getúlio Vargas, os acordes triunfais da abertura de *O Guarani* foram escolhidos para iniciar a Hora do Brasil, o que se mantém até hoje.

Carlos Gomes compôs óperas (Tosca, Salvador, Poso, Maria Tudor), romanças, marchas e modinhas. Deixou também projetos não acabados.

Muito doente, morreu em setembro de 1896 na cidade de Belém do Pará. Seu corpo foi embalsamado, fotografado e, em seguida, exposto à visitação pública, cercado de flores e objetos como partituras e instrumentos musicais.

O Guarani – ópera de Carlos Gomes. Ilustração publicada em *O Mosquito*, 1876.

GLOSSÁRIO

Ópera – obra dramática musicada, geralmente sem partes faladas, composta de recitativos, árias, coro, às vezes balé e acompanhada de orquestra.
Romança – composição em geral curta para canto e piano, de cunho sentimental ou patético.

Sistematizando

Você e seus colegas já ouviram a Nona Sinfonia de Beethoven?

Caso alguém não conheça, pensem numa maneira de ouvi-la. Vale a pena!

Além de Carlos Gomes, a música brasileira teve grandes compositores, como:

Heitor Villa-Lobos

Nasceu em março de 1887, no Rio de Janeiro. Além de compositor também foi maestro e destacou-se na música do modernismo brasileiro pois, mesclando nuances da música indígena e de músicas regionais, foi considerado um criador de uma linguagem brasileira na música.

Foi um dos participantes da Semana de Arte Moderna no Teatro Municipal de São Paulo.

Uma de suas obras mais conhecidas é "Bachianas Brasileiras", composta por nove composições. Neste trabalho, Villa-Lobos misturou o estilo musical de Bach com características da música caipira e folclórica brasileira.

Outra personalidade marcante na história da música brasileira foi:

Chiquinha Gonzaga

Francisca Edwiges Neves Gonzaga, nascida no Rio de Janeiro em outubro de 1847, além de regente foi também pianista e brilhante compositora.

Chiquinha é autora da primeira marchinha de carnaval brasileira, "Ó Abre Alas", em 1899.

Além de ser a primeira mulher a reger uma orquestra no Brasil, também foi a primeira pianista de choro.

O dia Nacional da Música Popular Brasileira é comemorado no dia do aniversário de Chiquinha, 17 de outubro, sancionado pela Lei 12.624/2012.

Arte

Agora que vocês já conhecem compositores que fizeram a história da música brasileira, vamos realizar uma audição um pouco diferente.

1º momento: escolham uma música de um dos compositores estudados.

2º momento: ouçam a música sentindo o prazer de ouvi-la.

3º momento: ouçam-na novamente, agora, imaginando a cena que o compositor sugere por meio das notas musicais, do ritmo, da harmonia e da melodia. Utilize o espaço abaixo para anotar suas sensações.

_____

_____

_____

4º momento: ouçam a música tentando identificar as sequências de sons que se repetem. Alguns compositores repetem um conjunto de sons várias vezes na mesma música, a isso chamamos tema.

5º momento: ouçam novamente a música escolhida e descubram quais foram os instrumentos utilizados. Lembrem que é através do timbre que essa identificação é possível.

6º momento: ouçam uma vez mais, percebendo se tem um ou mais temas, e anote no espaço abaixo quantas vezes aparece o mesmo tema.

_____

_____

7º momento: agora, elaborem um esquema escrito, ou seja, transforme os sons que ouviu em sinais gráficos.

Chiquinha Gonzaga, como já vimos anteriormente, foi autora da primeira marchinha de carnaval brasileira chamada "Ó Abre Alas".

Chiquinha já era compositora reconhecida quando um grupo de pessoas integrantes do cordão carnavalesco Rosa de Ouro a procurou pedindo um hino para o desfile daquele ano (1899).

Letra
(em domínio público)

Ó abre alas

Que eu quero passar

Ó abre alas

Que eu quero passar

Eu sou da Lira

Não posso negar

Eu sou da Lira

Não posso negar

Ó abre alas

Que eu quero passar

Ó abre alas

Que eu quero passar

Rosa de Ouro

É que vai ganhar

Rosa de Ouro

É que vai ganhar.

Se você fosse um dramaturgo e estivesse escrevendo uma peça teatral na qual a personagem principal é uma musicista como Chiquinha Gonzaga, de que forma aconteceria a formação deste personagem?

Imagine todos os detalhes (físicos, psicológicos, estilo) necessários para a criação deste personagem, quais suas principais motivações, desejos, aspirações, objetivos, frustrações e preocupações.

Arte

Observe abaixo algumas dicas para esta construção:

1. Vamos pensar de que forma queremos contar a história: conto, fábula, texto dramático, monólogo, etc.
   _____
   _____

2. Qual o tema central da obra? Que mensagem ela quer transmitir ao espectador?
   _____
   _____
   _____
   _____

3. Haverá outros personagens ou não? Quais?
   _____
   _____

4. Onde acontecerá o episódio (cenário e iluminação)?
   _____
   _____
   _____
   _____

5. Em que época ou situação está acontecendo (figurino)?
   _____
   _____

6. Que sentimentos ou sensações a obra tem por objetivo despertar nos espectadores ?
   _____
   _____
   _____

7. Acontecerá algum conflito? Como se desenvolverá?

_____
_____
_____

8. Depois dessas perguntas respondidas podemos pensar na sonoplastia e na trilha sonora. Que sons serão necessários para traduzir os acontecimentos?

_____
_____
_____
_____

- Agora vamos pensar nas características deste personagem:

– nome:
_____

– idade:
_____

– sexo:
_____

– características físicas:
_____

– trejeitos (modo de andar, falar, gesticular):
_____
_____

– situação familiar:
_____
_____

Arte

– local onde vive:

– ocupação ou profissão:

– opção religiosa:

– características emocionais:

– anseios, objetivo de vida:

– quais os obstáculos que a impedem de chegar a seus objetivos:

Esta atividade poderá ser realizada em grupo e com o auxílio do professor. Registre suas principais ideias aqui.

DALÍ, Salvador. **Criança geopolítica assistindo o nascimento de um novo homem**. 1943. Óleo sobre tela, 45,5 cm x 50 cm. Museu de Salvador Dalí. São Petersburgo, Flórida, (E.U.A.).

Unidade 1 — Os seres humanos e o ambiente

Nesta unidade, você aprenderá a:
- Caracterizar a identidade do ser humano.
- Reconhecer a marca humana no nosso DNA.
- Analisar nossa identidade humana à luz da ciência.
- Interpretar documentos históricos.

História

Nossa identidade humana

Identidade Construída

Na Índia, em 1920, o reverendo Singh encontrou, em uma caverna, duas meninas vivendo no meio de uma manada de lobos. Levadas para um orfanato, passaram a ser chamadas de Amala e Kamala.

Amala tinha aproximadamente um ano e morreu um ano depois. Kamala, que deveria ter entre sete e oito anos de idade, viveu até 1929.

Elas tinham corpo humano, porém, seu comportamento era semelhante ao dos lobos, caminhavam de quatro, eram incapazes de permanecer em pé por muito tempo, alimentavam-se de carne crua, bebiam água lambendo como fazem os animais. Não falavam, apenas emitiam grunhidos. Na instituição social, viviam acabrunhadas e isoladas das demais pessoas. Durante a noite, eram agitadas e ruidosas, procurando fugir. Uivavam como lobos. Nunca riam ou choravam. Não manifestavam emoção em suas faces.

Kamala, ao longo dos oito anos em que viveu na instituição, passou por um lento processo de humanização. Levou quase seis anos para aprender a andar. Conseguiu comunicar-se por gestos, inicialmente, e depois aprendeu um vocabulário de não mais que cinquenta palavras. Conseguiu aprender também a executar ordens simples.

Roda de conversa

Meninos lobos.

Em grupo, analisem a história das meninas-lobo e imagem.

Depois respondam:
1) Amala e Kamala tinham identidade humana?
2) O que as identifica como seres humanos?
3) Por que elas desenvolveram o comportamento dos animais com os quais se criaram?

Disponível em: <http://www.smashinglists.com/10-feral-human-children-raised-by-animals/>.

Nossa natureza humana nos capacita a desenvolvermos muitas habilidades. Como o movimento é o motor básico que impulsiona nosso desenvolvimento, ele está presente desde o ventre materno. Ao sairmos dele e nos desenvencilharmos do cordão umbilical, através do qual nos alimentamos durante a gestação, nossos movimentos se ampliam e nos proporcionam certa liberdade.

Até aí nossa natureza humana não se difere da natureza de outros animais mamíferos.

No que você acha que somos diferentes dos outros mamíferos?

Em grupo, discutam:

1. Temos algum sentido (olfato, visão, paladar, tato, audição) que os outros mamíferos não têm?

2. Como esses sentidos são desenvolvidos nos seres humanos e nos animais? Apresentam diferenças?

Registre, no caderno, o resultado da discussão. Leia-o para o professor e os outros grupos da sala.

Leia e interprete o texto

Seu professor lerá para vocês um texto do pensador Jacques Lacan.

"Entre todos os grupos humanos, a família desempenha um papel primordial na transmissão de cultura. Se as tradições espirituais, as manutenções dos ritos e dos costumes, a conservação das técnicas e do patrimônio são com ela disputados por outros grupos sociais, a família prevalece na primeira educação, na repressão dos instintos, na aquisição da língua acertadamente chamada de materna. Com isso, ela preside os processos fundamentais do desenvolvimento psíquico."

LACAN, Jacques. **Os complexos familiares**. Rio de Janeiro: Zahar. 1984. p 13.

GLOSSÁRIO

Primordial: de muita importância.

Ritos: cerimônia, celebração

Repressão: coação, combate.

Com a ajuda do professor, relacione o que você entendeu do texto com o título dessa unidade.

Na espécie humana, diferente dos animais, a família procura, em princípio, atender às necessidades básicas de sobrevivência. Entre os animais, cada espécie tem sua maneira própria de lidar com suas crias.

A criança forma seu pensamento pela linguagem, através das relações sociais, principalmente das ocorridas na família, reelabora-o e transmite-o da forma que reelaborou. Dessa forma, ela vai constituindo sua identidade humana.

As pessoas, como qualquer ser vivo, têm necessidades que precisam ser satisfeitas. Nós humanos criamos maneiras diversas de satisfazer nossas necessidades; isto é, nós criamos a cultura. A cultura é, então, o resultado do trabalho criativo das pessoas que estabelece o nosso modo de viver. A cada época e em cada lugar existiram e existem modos diferentes de produzir e de trabalhar.

História

É pelo trabalho que as pessoas satisfazem suas necessidades, relacionam-se entre si e com a natureza, criam ideias, utensílios, enfim, criam cultura. É o trabalho que diferencia basicamente a espécie humana das demais espécies que coabitam conosco esse planeta.

Troque ideias com seus colegas e anote as conclusões no seu caderno.

1. O que aconteceria se hoje a humanidade não dispusesse mais de energia elétrica? O ser humano morreria enquanto espécie?

2. Dê outros exemplos de criações humanas que se tornaram necessidades imprescindíveis.

3. Qual a diferença entre o trabalho realizado pelos seres humanos e o dos outros animais?

As pessoas precisam crescer, porque o crescimento faz parte da sua natureza. Crescer é, portanto, uma necessidade e um problema. A solução para esse problema é a aprendizagem. Ela não é algo natural, pois não depende dos nossos instintos. O processo de aprendizagem é uma criação humana e ocorre durante toda a existência do sujeito.

Assim, existem outras necessidades básicas para as quais os seres humanos criaram respostas diferentes das dos animais.

A reprodução é exemplo disso. Os seres vivos satisfazem essa necessidade procriando, ou seja, tendo filhos. A forma como as pessoas satisfazem essa necessidade é diferente da dos animais. Na vida animal existe apenas o acasalamento e a reprodução. Entre os seres humanos existe o parentesco. A criança precisa da proteção dos familiares durante um período muito mais longo do que os filhotes dos animais. Assim, na espécie humana, os familiares se reúnem não só para procriarem, no caso dos pais naturais, mas permanecem unidos para cuidar dos filhos. É por isso que existem as famílias entre os seres humanos.

Família de macacos.

Família humana.

O conforto corporal também é uma necessidade fundamental dos seres vivos. O corpo precisa de uma determinada temperatura, de uma porcentagem de umidade e de abrigar-se das intempéries. Os animais procuram abrigo quando chove ou cai neve, mas não usam roupas para ajudar o conforto corporal. As pessoas, ao contrário, utilizam o vestuário, o fogo, espaços fechados, materiais para a higiene e outras formas de satisfazer sua necessidade de conforto corporal.

Todos os seres vivos têm necessidade de segurança e de se defenderem do ataque de outros seres vivos e dos acidentes. Os animais se defendem quando o ataque ou o perigo acontece. As pessoas se organizam antes, durante e depois dos perigos e dos acidentes. Por exemplo, casas que são construídas sobre alicerces e com materiais resistentes, como proteção. As pessoas fazem previsão e planejamento para evitar acidentes naturais ou para amenizá-los, e os animais não.

Podemos perceber que os seres humanos se diferenciam dos demais seres vivos do planeta porque desenvolveram a capacidade de criar respostas culturais para as suas necessidades básicas. Os animais satisfazem suas necessidades de forma instintiva; por isso mesmo, eles nada criam; agem sempre da mesma maneira.

Dizemos, então, que essa ação de produção dos seres humanos é o trabalho, entendido como a ação planejada pela mente humana e transformada em criatividade. Ou seja, para satisfazer uma necessidade, os seres humanos pensam soluções possíveis e as transformam em algo prático.

É isso que nos dá a identidade de ser humano. Independente da cor da pele, da idade, do sexo ou da cultura a qual ele pertence. Todos os seres humanos têm a mesma identidade enquanto espécie.

Fazendo conexão com... Ciências

Em grupo, discutam, com o auxílio do professor, o quer dizer cada uma das palavras que dão identidade ao ser humano, na afirmativa a seguir:

Código genético humano: nossa identidade.

O genoma humano é o código genético humano. Em termos genéricos, é o conjunto dos genes humanos. Neste material genético está contida toda a informação para a construção e funcionamento do organismo humano. Este código está contido em cada uma das nossas células.

Disponível em: <http://diasbiomedicina.wordpress.com/2010/07/21/projeto-dos-1--000-genomas-expandindo-o-mapa-da--genetica-humana/>.

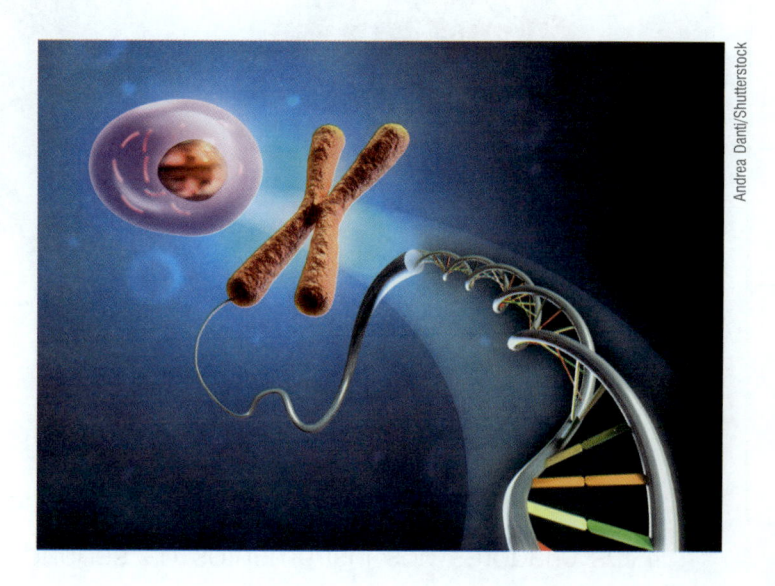

História

O ser humano se identifica pelo trabalho

Numa tarde de domingo, um mestre de obras passeava no parque com sua família, quando seu filho menor apontou para um poste, onde um joão-de-barro construía seu ninho.

– Olha lá, pai! – disse ele com alguma surpresa. – O joão-de-barro é como o senhor: um construtor de casas.

– É! – respondeu o pai, um tanto pensativo. – Só que ele nunca modifica a forma de construção que faz. Nós, homens, não: estamos sempre criando novas formas, novos produtos e novas técnicas.

– Hum! – exclamou o filho. – Então, ele não é realmente um construtor como o senhor!

O filho do mestre de obras estava certo. A ação do joão-de-barro é muito diferente da ação dos seres humanos.

Vamos conversar sobre isso?

Roda de conversa

Observe as duas imagens a seguir. Depois, converse com seus colegas sobre o que se pede:

Trator

Ferramentas primitivas

1. Para que servem esses instrumentos?
2. Quem os criou?
3. O que deve ter ocorrido com os criadores desses instrumentos?
4. Os criadores dos instrumentos da segunda imagem são exatamente iguais aos da primeira?

Para a maioria dos cientistas, o homem atual é resultado desenvolvimento de algumas espécies de primatas. Os primatas surgiram na Terra há milhões de anos. Pela necessidade de sobrevivência, eles foram se transformando, passaram a andar sobre dois pés, a usar cada vez mais as mãos e o cérebro.

Esses primeiros homens criaram os seus primeiros instrumentos. Eram de pau, pedra ou osso.

Assim, eles foram, cada vez mais, aperfeiçoando seus instrumentos e a si mesmos à medida que utilizavam sua capacidade intelectual para aperfeiçoar os instrumentos já criados e criar novos.

Evolução humana.

Ao mesmo tempo, os homens primitivos iam também se organizando em grupos.

Os homens quase sempre se dedicavam à caça, à pesca e à defesa do grupo contra outros grupos ou animais. As mulheres se dedicavam à coleta de frutos, folhas e raízes.

Homens das cavernas.

Todos trabalhavam, não para seu interesse individual ou de sua família, mas para o interesse de todos da tribo. Todos eram iguais. Nenhum grupo se considerava superior aos outros.

A necessidade da pesca, coleta e caça fazia com que essas tribos se deslocassem constantemente de uma região para a outra. Isso tornava nômades esses povos. Faziam também importantes descobertas, como a do fogo, que transformou profundamente suas vidas.

História

Tentando dominar a natureza, extraindo dela o que precisavam e organizando a sua produção, os homens, usando sua capacidade intelectual, foram inventando novos meios de produção, tais como: a roda; a agricultura; a pecuária; a metalurgia; o arado; a alavanca, e outros produtos.

Para facilitar a produção, variados grupos humanos passaram a habitar os vales férteis dos rios, aumentando assim a produção agrícola. Em muitas tribos, a agricultura permaneceu uma atividade feita pelas mulheres; em outras, todas as pessoas da tribo trabalhavam coletivamente e usufruíam o fruto da produção também coletivamente.

Humanos primitivos caçando.

Comunidade humana primitiva.

Aos poucos, o aumento da produção foi gerando sobra de produtos, ocasionando o surgimento da troca de mercadorias entre os povos vizinhos e criando a necessidade de armazenamento.

Para a maioria dos povos, o direito de uso coletivo da terra era sagrado. Não havia propriedade particular.

Lentamente, porém, essa comunidade primitiva foi se transformando, fazendo surgir pequenos grupos que passaram a controlar a produção, os produtos e a vida da comunidade.

Esses grupos dominantes passaram a ter, então, o poder em suas mãos. A comunidade foi se dividindo: alguns passaram a mandar na comunidade e a maioria ficou trabalhando na produção.

Aqueles que dominavam também se tornaram proprietários de terra, surgindo, então, a propriedade particular.

Somente a posse da terra, porém, não bastava a essa classe. Quem iria trabalhar nela?

No decorrer dos tempos, com a desagregação da comunidade primitiva, surgiram outros modos de produção, que transformaram a humanidade até os nossos dias.

Responda em seu caderno:

1. Como teria surgido o homem atual, segundo alguns cientistas?

2. Quais os principais instrumentos técnicos e produtos inventados pelos povos primitivos?

3. O que aconteceu quando o excesso de produção gerou sobra de produtos?

Ao mesmo tempo, os homens foram aprendendo a conhecer e a dominar a natureza, construindo assim o conhecimento. E fazemos isso até hoje.

Esse conhecimento passou a ser acumulado, guardado, transmitido e transformado pelos seres humanos no decorrer dos tempos.

Discuta com seus colegas

1. O ato de criar conhecimento, acumular, transmitir e transformar também é realizado pelos animais da mesma forma que nós fazemos?

2. Isso é ato de um só homem?

3. É possível os homens se transformarem e evoluírem sem esse conhecimento?

Analise a figura e responda no seu caderno

1. Essa trabalhadora nasceu sabendo fazer o seu trabalho? Com quem ele poderá ter aprendido?

2. Que elementos da figura demonstram que essa trabalhadora precisa do trabalho de outros?

3. Que pessoas provavelmente irão usar o que essa trabalhadora produz?

Mulher no trabalho de mecânica de carro.

História

4. Copie as afirmativas, escrevendo para cada uma delas "verdadeira" ou "falsa", justificando sua resposta.

    a) Os seres humanos podem perfeitamente viver isolados uns dos outros.

    b) Por aquilo que usamos hoje e por aquilo que somos, todos nós, de alguma maneira, nos relacionamos com os homens que nos antecederam.

    c) Os homens de um lugar não se relacionam, de forma alguma, com os homens de espaços mais distantes.

5. Analise com seus colegas a imagem.

    a) O que ela expressa?

    b) Porque existe pobreza no mundo?

Pobreza.

Com seus colegas, tente responder à pergunta da Mafalda. Anote suas conclusões no caderno.

Os historiadores e pesquisadores concluíram que desde os primeiros tempos até os dias atuais os homens foram e se tornaram o que são porque vivem em coletividade. Essa convivência coletiva, no entanto, não se deu e não se dá sempre da mesma forma.

Nos povos que viviam de forma tribal, geralmente predominavam as relações de maior igualdade, baseado no trabalho cooperativo. Embora houvesse divisão do trabalho — por exemplo, os homens caçavam e pescavam, as mulheres teciam, plantavam e cuidavam das crianças —, o fruto do trabalho tanto de um como do outro era usufruído por todos.

Com o passar dos tempos, foram surgindo outras formas de sociedade, nas quais o sentido do coletivo e da cooperação, em alguns lugares, foi dando lugar às relações de exploração, manifestadas pelo individualismo, pela ganância, pela competição e pela dominação.

É comum as pessoas pensarem e agirem de forma individualizada e segregacionista, impedindo, assim, a busca de uma sociedade coletiva, justa e igualitária.

Muitas vezes, as pessoas vivem num mesmo espaço, como numa cidade, por exemplo; num mesmo tempo; com as mesmas leis; com o mesmo governo, mas, normalmente, sem a noção do coletivo, sem a preocupação com o outro. São pessoas tão juntas e, ao mesmo tempo, tão distantes.

Entreviste um morador antigo de sua comunidade, perguntando:

1. Como era a relação entre as pessoas que viviam ali?

2. O que mudou, com o passar dos tempos? Por quê?

3. Quantos habitantes sua comunidade tem atualmente?

4. As pessoas se conhecem? Elas se cumprimentam ao andarem na rua?

5. Se ocorreram mudanças, por que elas aconteceram?

Converse com seus colegas e professor sobre as respostas dadas pelos entrevistados. Dê também sua opinião. Você também pode escrever no seu caderno sobre o tipo de sociedade em que você vive.

É lógico que as relações entre os homens se manifestam na forma como a sociedade está organizada. Assim, a miséria, a fome, o analfabetismo, a falta de condições dignas de moradia e de saúde são algumas das manifestações de sociedades nas quais predominam relações individualistas.

Você pôde concluir, portanto, que existem duas formas de relações sociais: as relações de exploração e as relações de cooperação.

As relações de exploração ocorreram de várias formas na História da humanidade:

- na Antiguidade, na forma de trabalho escravizado, usado por vários povos que tornavam escravizados os vencidos nas guerras;

- na Idade Média, quando senhores de terras exploravam os servos, trabalhadores que, em troca do seu trabalho, ganhavam uma pequena parte do que produziam, já que não tinham propriedade alguma;

- na atualidade, na forma de vida em que vivem muitos trabalhadores assalariados de baixo salário, muitas pessoas que trabalham em subempregos e muitos desempregados.

História

1. Debata com seus colegas os conceitos de: escravizado, servo, assalariado e subempregado.

2. Escreva, em seu caderno, o resultado do debate mostrando a diferença entre as várias formas de trabalho discutidas.

3. Responda:

    a) Em que época da História prevaleceu o trabalho escravizado, o servil e o assalariado?

    b) O que acontece nos dias de hoje? Existem ainda todas essas formas de trabalho? Justifique.

O trabalho modifica o mundo

Você estudou que os seres humanos se diferenciam dos demais seres vivos porque desenvolveram a capacidade de responder às suas necessidades de forma criativa e não instintiva, e observou que essa ação é o trabalho, entendida como uma ação planejada pela mente humana e transformada em criatividade. No entanto, o mundo do trabalho é bastante complexo.

Leia esses versos do compositor Zé Ramalho.

CIDADÃO

Tá vendo aquele edifício moço
Ajudei a levantar
Foi um tempo de aflição
Eram quatro condução
Duas pra ir, duas pra voltar
Hoje depois dele pronto
Olho pra cima e fico tonto
Mas me vem um cidadão
E me diz desconfiado
"Tu tá aí admirado?
Ou tá querendo roubar?"
Meu domingo tá perdido
Vou pra casa entristecido
Dá vontade de beber
E pra aumentar meu tédio
Eu nem posso olhar pro prédio
Que eu ajudei a fazer...

BARBOSA, Lucio. Cidadão. Intérprete: Zé Ramalho. In: ZÉ RAMALHO. **Frevoador**. [s.l.]: Columbia, 1992. 1 CD. Faixa 6.

Você conhece o restante da letra? Que tal pesquisar e depois lerem todos juntos?

Roda de conversa

Em grupo, analisem a imagem e concluam:

1. Qual a importância do trabalho dessas pessoas para a vida em nossa sociedade?

2. Existe algum trabalho que você não ache importante? Qual? Justifique.

3. Você pode afirmar que o trabalho modifica o mundo? Por quê?

Agricultores plantando arroz, China, 2010.

Não se pode afirmar que o animal produz a sua própria existência. Ele apenas a conserva, agindo instintivamente ou, no caso de certas espécies de animais, buscando soluções de maneira inteligente para os seus problemas de sobrevivência, sem, no entanto, acumular o conhecimento e transmitindo-o.

Assim, não devemos pensar que o joão-de-barro que constrói a sua casa e a abelha que produz o mel estejam de fato "trabalhando". Eles estão fazendo apenas uma ação que seu instinto natural exige que o façam.

Ora, o conceito de trabalho é a ação consciente transformadora da realidade. Por ser uma ação consciente, é também uma ação criativa, projetada e planejada na mente. Assim, na verdade, o animal não trabalha, pois sua ação não é consciente, planejada e intencional.

A ação humana, dirigida por finalidades conscientes, é uma resposta aos desafios da natureza e à luta pela sobrevivência. O ser humano é a única espécie animal que reproduz técnicas que outros homens criaram e, ao usarem, transformam novas técnicas.

Isto é possível pelo fato de o homem poder expressar sua visão de mundo por meio da linguagem oral e escrita.

Conclui-se, então, que as diferenças entre o homem e o animal não são apenas de grau, pois, enquanto o animal permanece envolvido na natureza, o homem é capaz de transformá-la, criando a cultura.

Porém, o trabalho, ao mesmo tempo em que transforma a natureza, adaptando-a às necessidades humanas, também transforma o próprio homem, desenvolvendo suas faculdades.

História

O problema, porém, é que o trabalho tem sido exercido pelos seres humanos nem sempre de forma justa; isto é, que atenda às necessidades de todos.

No decorrer da História da humanidade, são muitos os exemplos de trabalho explorado e injusto, desde a Antiguidade até os nossos dias.

No passado, era comum os povos mais fortes militarmente dominarem outros povos, transformando-os em escravizados. Isso foi comum entre os gregos e romanos antigos. Essa forma de exploração do trabalho braçal também foi muito utilizada nas Américas e na África no período colonial.

O escravizado é um sujeito cujo corpo não lhe pertence. Ele é propriedade de outro indivíduo, que o torna uma mercadoria, podendo ser vendida, doada ou mesmo destruída.

Em outras épocas e em outras culturas, prevaleceu o trabalho servil, no qual o trabalhador era dono do seu corpo, mas não do fruto do seu trabalho. Isso ocorreu bastante num período da História denominado Feudalismo, na Idade Média.

Com a grande riqueza gerada pelas Grandes Navegações dos séculos XV e XVI, e pela exploração das Américas no período colonial, ocorreu na Europa e nos Estados Unidos um grande desenvolvimento tecnológico, que ficou conhecido como "Revolução Industrial".

A sociedade mudou profundamente. Novas máquinas, novas invenções, novas tecnologias fizeram também surgir uma nova sociedade, uma nova identidade humana no planeta: a sociedade industrial.

Discuta com seus colegas

1. Que mudanças significativas ocorreram para a humanidade com os inventos das tecnologias de que dispomos hoje?

2. As novas tecnologias alteraram a vida dos seres humanos? Cite aspectos positivos e aspectos negativos dessas mudanças.

3. A vida dos trabalhadores mudou obrigatoriamente para melhor com o fim da escravidão e do trabalho servil?

4. Que direitos trabalhistas vocês conhecem que devem garantir vida mais digna aos trabalhadores?

Anote suas conclusões no caderno.

O texto a seguir demonstra o quanto os trabalhadores eram explorados no início da era industrial.

Seu professor fará a leitura para vocês e, depois, discutirá com a turma ponto a ponto para o melhor entendimento.

Ouvi dizer num ônibus da Quinta Avenida (em Nova Iorque): — "Meu Deus! Mais piquetes! Já estou cansada desses grevistas andando de um lado para outro em frente de lojas e fábricas, com seus cartazes de protesto. Por que o governo não mete todos eles na cadeia"? A senhora indignada que fez essa observação não conhecia bem a história. Pensava ter uma solução fácil para um problema simples. Mas estava totalmente errada. Sua solução fora tentada repetidas vezes, sem que se resolvesse nada. Na Inglaterra, há mais de cem anos um magistrado comunicou ao Ministério do Interior seus planos para esmagar uma greve: — "As medidas que proponho são simplesmente prender esses homens e mandá-los ao trabalho forçado". Exatamente o que sugeria a senhora e, no entanto, essa proposta foi feita em 1830. Com que resultados? Deixemos que a senhora responda. O magistrado do século XIX e a senhora do século XX parecem não compreender que os trabalhadores não fazem piquetes porque gostem de andar de um lado para outro carregando cartazes, e não fazem greve porque não desejem trabalhar. As causas são mais profundas. Para descobri-las, devemos voltar à história inglesa, porque ali ocorreu primeiro a Revolução Industrial. Nessa época, os patrões passaram a ter enormes lucros, enquanto a maioria dos trabalhadores vivia em condições difíceis. Um autor mostrou isso num livro publicado em 1836: "Mais de um milhão de seres humanos estão realmente morrendo de fome, e esse número aumenta constantemente. É uma nova era na história que um comércio ativo e próspero seja índice não de melhoramento da situação das classes trabalhadoras, mas sim de sua pobreza e degradação: é a era a que chegou a Grã-Bretanha". Se um marciano tivesse caído naquela ocupada ilha da Inglaterra teria considerado loucos todos os habitantes da Terra. Pois teria visto de um lado a grande massa do povo trabalhando duramente, voltando à noite para os miseráveis e doentios buracos onde moravam, que não serviam nem para porcos; de outro lado, algumas pessoas que nunca sujaram as mãos com o trabalho, mas não obstante faziam as leis que governavam as massas, e viviam como reis, cada qual num palácio individual. Essa divisão não era nova. Mas com a chegada das máquinas e do sistema fabril, a linha divisória se tornou mais acentuada ainda. Os ricos ficaram mais ricos e os pobres, desligados dos meios de produção, mais pobres. Particularmente ruim era a situação dos artesãos, que ganhavam antes o bastante para uma vida decente e que agora, devido à competição das mercadorias feitas pela máquina, viram-se na miséria. Temos uma ideia de como era desesperada sua situação pelo testemunho de um deles, Thomas Heath, tecelão manual: — Tem filhos? — Não. Tinha

História

dois, mas estão mortos, graças a Deus! — Expressa satisfação pela morte de seus filhos? — Sim. Agradeço a Deus por isso. Estou livre do peso de sustentá-los, e eles, pobres criaturas, estão livres dos problemas desta vida mortal. O leitor há de concordar que, para falar desse modo, o homem devia realmente estar deprimido e na miséria. O que acontecia aos homens que, reduzidos ao estado de fome absoluta, já não podiam lutar contra a máquina, e finalmente iam buscar emprego na fábrica? Quais eram as condições de trabalho nessas primeiras fábricas? As máquinas, que podiam ter tornado mais leve o trabalho, na realidade o fizeram pior. Elas eram muito eficientes e, em funcionamento constante, exigiam, do trabalhador mais horas de trabalho. Isto para os proprietários significava altos lucros. Por isso os dias de trabalho eram longos, de 16 horas. Quando conquistaram o direito de trabalhar em dois turnos de 12 horas, os trabalhadores consideraram tal modificação como uma bênção. Mas os dias longos, apenas, não teriam sido tão maus. Os trabalhadores estavam acostumados a isso. Em suas casas, no sistema doméstico, trabalhavam durante muito tempo. A dificuldade maior foi adaptar-se à disciplina da fábrica. Começar numa hora determinada, para, noutra, começar novamente, manter o ritmo dos movimentos da máquina — sempre sob as ordens e a supervisão rigorosa de um capataz — isso era novo. E difícil. Perante uma comissão do Parlamento em 1816, o Sr. John Moss, antigo capataz de aprendizes numa fábrica de tecidos de algodão, prestou o seguinte depoimento sobre as crianças obrigadas ao trabalho fabril: — Eram aprendizes órfãos? — Todos aprendizes órfãos. — E com que idade eram admitidos? — Os que vinham de Londres tinham entre 7 e 11 anos. Os que vinham de Liverpool, tinham 8 a 15 anos. — Até que idade eram aprendizes? — Até 21 anos. — Qual o horário de trabalho? — De 5 da manhã até 8 da noite. — Quinze horas diárias era um horário normal? — Sim. — Quando as fábricas paravam para reparos ou falta de algodão, tinham as crianças, posteriormente, de trabalhar mais para recuperar o tempo parado? — Sim. — As crianças ficavam de pé ou sentadas para trabalhar? — De pé. — Durante todo o tempo? — Sim. — Havia cadeiras na fábrica? — Não. Encontrei com frequência crianças pelo chão, muito depois da hora em que deveriam estar dormindo. — Havia acidentes nas máquinas com as crianças? — Muito frequentemente.

HUBERMAN, Leo. **História da riqueza do homem**. 18. ed. Rio de Janeiro: Zahar, 1982. p. 187-191. (Adaptado)

Converse com seus colegas sobre as propostas a seguir e anote suas conclusões no caderno:

1. Situações parecidas com essas ainda ocorrem nos dias de hoje?

2. Que atitudes os trabalhadores tiveram e ainda têm para exigir seus direitos?

3. Que leis servem para garantir os direitos dos trabalhadores?

Muitas foram as lutas pelos direitos, desde a Antiguidade, que os seres humanos travaram para garantir a identidade da espécie, baseadas no conceito de igualdade.

Se temos todos a mesma genética, temos a mesma identidade de espécie. Se os seres humanos, no decorrer de sua história, construíram formas desiguais de convivência, é possível se planejar e lutar por uma humanidade mais justa, fraterna, cooperativa e igualitária.

Fruto dessas lutas, surgiram alguns documentos importantes que servem para anunciar esse desejo humana e tentar garantir a construção de uma nova sociedade.

Dentre esses documentos está a Declaração Universal dos Direitos Humanos, proclamados pela ONU (Organização das Nações Unidas), em 1948.

Leia um trecho dela:

> Considerando que o reconhecimento da dignidade inerente a todos os membros da família humana e de seus direitos iguais e inalienáveis é o fundamento da liberdade, da justiça e da paz no mundo; Considerando que o desprezo e o desrespeito pelos direitos humanos resultaram em atos bárbaros que ultrajaram a consciência da Humanidade e que o advento de um mundo em que os homens gozem de liberdade de palavra, de crença e da liberdade de viverem a salvo do temor e da necessidade foi proclamado como a mais alta aspiração do homem comum; Considerando essencial que os direitos humanos sejam protegidos pelo Estado de Direito, para que o homem não seja compelido, como último recurso, à rebelião contra tirania e a opressão; Considerando essencial promover o desenvolvimento de relações amistosas entre as nações; Considerando que os povos das Nações Unidas reafirmaram, na Carta, sua fé nos direitos humanos fundamentais, na dignidade e no valor da pessoa humana e na igualdade

História

→ de direitos dos homens e das mulheres, e que decidiram promover o progresso social e melhores condições de vida em uma liberdade mais ampla; Considerando que os Estados-Membros se comprometeram a desenvolver, em cooperação com as Nações Unidas, o respeito universal aos direitos humanos e liberdades fundamentais e a observância desses direitos e liberdades; Considerando que uma compreensão comum desses direitos e liberdades é da mais alta importância para o pleno cumprimento desse compromisso; A Assembleia Geral proclama a presente Declaração Universal dos Diretos Humanos como o ideal comum a ser atingido por todos os povos e todas as nações, com o objetivo de que cada indivíduo e cada órgão da sociedade, tendo sempre em mente esta Declaração, se esforce, através do ensino e da educação, por promover o respeito a esses direitos e liberdades, e, pela adoção de medidas progressivas de caráter nacional e internacional, por assegurar o seu reconhecimento e a sua observância universais e efetivos, tanto entre os povos dos próprios Estados-Membros, quanto entre os povos dos territórios sob sua jurisdição. Artigo I – Todas as pessoas nascem livres e iguais em dignidade e direitos. São dotadas de razão e consciência e devem agir em relação umas às outras com espírito de fraternidade. Artigo II – Toda pessoa tem capacidade para gozar os direitos e as liberdades estabelecidos nesta Declaração, sem distinção de qualquer espécie, seja de raça, cor, sexo, língua, religião, opinião política ou de outra natureza, origem nacional ou social, riqueza, nascimento, ou qualquer outra condição.

ONU. **Declaração Universal dos Direitos Humanos**. 1948.

Discuta com seus colegas:

1. Vocês conhecem outros documentos que garantam direitos às pessoas?

2. O que as pessoas devem fazer para que seus direitos sejam respeitados?

3. No seu dia a dia, você lê em jornais, revistas ou assiste nos telejornais a fatos que violam os direitos humanos? Cite alguns.

ANDRADE, Aécio. **Pescadores no Sul do Brasil**. Óleo sobre tela, 50 cm x 70 cm. Acervo particular.

Unidade 2 — Identidade social: formas de participação

Nesta unidade, você aprenderá a
- Reconhecer a necessidade de os seres humanos se organizarem em sociedades.
- Identificar a família como o primeiro e importante grupo social.
- Analisar as mudanças ocorridas na sociedade brasileira.
- Interpretar documentos históricos.

História

Organizações sociais

Primeira organização

A organização e o relacionamento são necessidades humanas. Você já estudou que desde os tempos mais remotos os homens organizavam-se em grupos. Essa organização dava maior proteção e facilitava a busca de alimentos para garantir a sobrevivência. Dentre esses grupos, a família tornou-se um dos mais importantes porque passou a desempenhar as funções reprodutivas, econômicas e educacionais.

Vamos conversar sobre isso.

Roda de conversa

O retrato não responde

Ele me fita e se contempla

Nos meus olhos empoeirados.

E no cristal se multiplicam

Os parentes mortos e vivos.

Já não distingo os que se foram

Dos que restaram. Percebo apenas

A estranha ideia de família

Viajando através da carne.

Leiam o trecho do poema "Retrato de família", de Carlos Drummond de Andrade.

Com auxílio do professor, interpretem a poesia de Drummond.

1. O que o autor quer expressar?
2. A partir do poema, discutam por que a família é um grupo importante e decisivo para a formação do ser humano.
3. Que tipos de família vocês conhecem.
4. O que caracteriza realmente uma família?

ANDRADE, Carlos Drummond de. Retrato de família. In: **Antologia Poética**. Lisboa: Dom Quixote, 2001.

A família funciona como agente educador, ou seja, exerce a função de socializar, transmitindo a herança cultural e social, a linguagem, os usos e costumes, os valores, as crenças, preparando as crianças para ingressar na sociedade.

O texto a seguir nos apresenta a organização familiar no Brasil no início do século XX. Leia-o com o auxílio do professor.

A família era tudo, nada menos. Seguindo a tradição da época em que os portugueses se instalaram no Brasil, a família não se compunha apenas de marido, mulher e filhos. Era um verdadeiro **clã**, incluindo a esposa, eventuais (e disfarçadas) **concubinas**, filhos, parentes, padrinhos, afilhados, amigos, dependentes e ex-escravos. Uma imensa legião de agregados, submetidos à autoridade indiscutível que **emanava** da temida e venerada figura do **patriarca**. Temida porque possuía o direito de controlar a vida e as propriedades de sua mulher e filhos; venerada porque o patriarca encarnava, no coração e na mente de seus comandados, todas as virtudes e qualidades possíveis a um ser humano.

Enciclopédia Nosso Século: Brasil – 1900/1910. São Paulo: Abril, 1980.

Família no parque cerca de 1905.

GLOSSÁRIO

clã – tribo de pessoas com antepassados em comum.
concubinas – amantes.
emanava – originava-se, provinha.
patriarca – chefe de família: pessoa idosa, venerada, cercada da família numerosa.

A organização familiar foi se alterando conforme o tempo e o espaço.

As relações familiares sofrem modificações causadas pelo desenvolvimento: a impossibilidade de todos os membros da família permanecerem num pedaço de terra e dela tirarem seu sustento, o surgimento das cidades, de novas profissões, as grandes imigrações, o comércio, a necessidade de frequentar faculdades, os casamentos com pessoas de outras famílias. Esses e outros fatores provocaram significativas alterações na estrutura familiar do Brasil no início do século XX.

A estrutura atual das famílias retrata o momento histórico-social em que se vive. A necessidade de adaptações às exigências da vida moderna obriga cada um dos membros de uma família a se ajustar no desempenho de seus papéis. Na maioria das famílias brasileiras, há necessidade de que mais de um dos membros trabalhe fora de casa, ou seja, que ajude no orçamento doméstico.

História

Segundo o censo demográfico do IBGE, na maioria dos estados brasileiros, num grande número de famílias, a mulher deixa de ser apenas dona de casa e passa a chefiá-las, trabalhando fora como única provedora financeira, sendo que na região Nordeste esse número sobe para até 38%, superando a média nacional, que é de 36,3%. Este novo papel desempenhado pelas mulheres nas famílias brasileiras leva a outras mudanças; os cuidados com os filhos são transferidos para escolas e creches, o que diminui o tempo de convivência entre os membros da família.

Família de imigrantes italianos no início do século XX.

Tendo como referência as famílias que você conhece, discuta com seus colegas sobre algumas características da organização familiar atual:

1. Os vários tipos de famílias que temos na sociedade atual.

2. Os papéis sociais de cada membro familiar.

3. As dificuldades de uma família para que todos os seus membros vivam bem.

A origem da família vem de milhões de anos, tendo surgido, provavelmente, nos primórdios da povoação do mundo pelo homem.

Entre os povos primitivos e em muitas das civilizações da Antiguidade a família era chefiada pela mulher. Era o sistema familiar conhecido como matriarcado.

Em muitas delas a mulher era cultuada na figura de deusas, sacerdotisas, sábias, filósofas.

Vênus de Willendorf – Para alguns historiadores, a corpulência representa um elevado estatuto social numa sociedade caçadora-coletora, e considerar, ainda, que, além da possível referência à fertilidade, a imagem podia ser também um símbolo de segurança, de sucesso, bem-estar e proteção. Para os antigos, que viviam dependentes da agricultura e dos ciclos da natureza, a fertilidade proveniente da natureza era a ideia mais imediata da divindade generosa que fornecia frutos, e a fertilidade feminina é por isso associada à divindade.

Este culto insere-se dentro de um contexto social e religioso cujas raízes remontam aos registros pré-históricos do **Paleolítico** e do **Neolítico**, ou, ainda, a uma fase informe do mundo quando surgiu o primeiro sentimento religioso da humanidade, que era o de adoração à Deusa Mãe ou Mãe Terra: a religião se expressava pela adoração à Terra, às águas, à natureza, aos ciclos e à fertilidade.

Esta abordagem mítico-religiosa de uma religião matriarcal prevaleceu entre as civilizações antigas e nos respectivos **mitos**. Descobertas arqueológicas revelam a existência de arte **rupestre** e de estatuetas de culto ao corpo feminino, à fertilidade e, com isso, à noção de origem da vida e do mundo.

GLOSSÁRIO

Paleolítico – primeiro período da Idade da Pedra; Idade da Pedra Lascada.
Neolítico – diz-se do ou o Período da Pedra Polida.
Mitos – fábula, lenda.
Rupestre – relativo à rocha; gravação, inscrição na rocha.

Nesta sociedade matriarcal, o homem era considerado apenas como o "semea-dor", que lançava sua semente (sêmen) na terra fértil (a mulher), responsável pela procriação. Daí, a mulher percebida como sagrada, a gestora, a criadora divinizada. O homem, assim, é apenas o sujeito que dava início ao processo de criação.

Acredita-se que por volta de 3000 a.C., o matriarcado entrou em queda, oscilando de local para local. A História sabe pouco sobre essa transição. O crescimento populacional dentro de cada grupo ou povo provocou o aumento dos conflitos territoriais e a luta pela sobrevivência. Ao mesmo tempo, se fazia cada vez mais necessário dominar a natureza, que foi perdendo seu status sagrado.

Isso provocou mudanças na forma dos povos antigos se organizarem. Os homens passaram a se impor na proteção guerreira a seu povo, depois foram concretizando seu domínio sobre a natureza, a organização da sua sociedade e a vida familiar. Instituiu-se assim, gradativamente o patriarcado, ainda hoje reinante. Essa forma de agir tornou-se tão natural que se tem a impressão de que o homem sempre manteve a autoridade sobre tudo e todos.

Soldados egípcios do túmulo da princesa Misehti. 2.000 a.C. A necessidade de proteção militar, nas primeiras civilizações, produziu a força militar controlada pelos homens.

História

Entre muitos povos, como os hebreus e gregos, passou-se a usar o termo "pai" para denominar o que até então era a Deusa Mãe ou Mãe Terra. Desta forma, as divindades femininas foram perdendo forma nos cultos.

A sociedade patriarcal é, portanto, uma organização social na qual os homens detêm a autoridade suprema, devendo as pessoas serem subordinadas a eles, prestando-lhes obediência.

Isso faz com que as relações entre as pessoas, seja em uma família ou uma comunidade, sejam desiguais e hierarquizadas. Às mulheres ficou reservada a função de procriar, educar os filhos e cuidar dos afazeres domésticos.

Em muitas sociedades antigas, nas quais havia escravidão, como entre os gregos e os romanos, o patriarca era dono de escravos e passou também a deter a posse de todos os membros de sua família, principalmente das mulheres e crianças.

No decorrer dos séculos, ocorreram grandes mudanças na estrutura familiar, e, com o surgimento do cristianismo, a mulher passou a ser respeitada como companheira, mas mantinha-se submissa ao homem. Os filhos passaram a ser reconhecidos como seres humanos a quem cabem direitos e deveres.

Faraó Miquerinos e a família. 2.500 a.C.
Na medida em que a população crescia, os povos se organizavam em torno da autoridade masculina.

Apenas recentemente é que surgiram movimentos de valorização da mulher, com a luta pelos seus direitos e busca do reconhecimento da igualdade de oportunidades. Gradualmente, a sociedade foi reconhecendo a necessidade de mudanças nas leis, nas estruturas sociopolíticas e nas formas de gestão, possibilitando às mulheres reais condições de participação.

Em grupo, discutam sobre:

1. Por que a mulher era considerada uma divindade entre os povos primitivos?

2. Deem exemplos de mulheres que ocupam cargos de comando e demonstram eficiência.

3. Capacidade intelectual, artística e de gestão dependem do sexo da pessoa?

4. Como está estruturada nossa sociedade hoje, com relação ao papel do homem e o da mulher?

5. Analisem as duas imagens, com auxílio do professor:

   a) Qual divindade, dentre as cultuadas pelos gregos, representava a ideia de criação?

   b) Por que Geia era representada com crianças de colo?

   c) Lendo o texto das duas imagens, a que conclusão se pode chegar?

   d) O que se pode concluir ao analisar os semblantes dos dois personagens, Geia e Júpiter?

   e) O que o autor da tela "Júpiter e Tétis" quis expressar?

INGRES, Jean Auguste Dominique. **Júpiter e Tétis**. 1811. Óleo sobre tela, 327 cm x 260 cm. Museu Granet (França).

FEUERBACH, Anselm. **Gaea**. 1875. Óleo sobre tela, 113 cm x 80 cm. Museu Hamburger Kunsthalle, Hamburgo, Alemanha.

História

Saber mais

A submissão da mulher ao homem tem sido uma situação histórica conforme você estudou. Em muitas situações essa subordinação foi, e ainda é comum nos dias de hoje, de forma violenta. No entanto, atualmente ocorre uma luta pela dignidade da mulher na maioria dos países, como é o caso do Brasil.

Com auxílio do seu professor, leia o texto que segue.

Segundo o artigo 7º, da Lei nº 11.340/2006, são formas de violência doméstica e familiar contra a mulher, entre outras:

I- a violência física, entendida como qualquer conduta que ofenda sua integridade ou saúde corporal;

II- a violência psicológica, entendida como qualquer conduta que lhe cause dano emocional e diminuição da autoestima ou que lhe prejudique e perturbe o pleno desenvolvimento ou que vise **degradar** ou controlar suas ações, comportamentos, crenças e decisões, mediante ameaça, constrangimento, humilhação, manipulação, isolamento, vigilância constante, perseguição **contumaz**, insulto, chantagem, ridicularização, exploração e limitação do direito de ir e vir ou qualquer outro meio que lhe cause prejuízo à saúde psicológica e à autodeterminação;

III- a violência sexual, entendida como qualquer conduta que a **constranja** a presenciar, a manter ou a participar de relação sexual não desejada, mediante intimidação, ameaça, **coação** ou uso da força; que a induza a comercializar ou a utilizar de qualquer modo, a sua sexualidade, que a impeça de usar qualquer método contraceptivo ou que a force ao matrimônio, à gravidez, ao aborto ou à prostituição, mediante coação, chantagem, suborno ou manipulação; ou que limite ou anule o exercício de seus direitos sexuais e reprodutivos;

IV- a violência patrimonial, entendida como qualquer conduta que configure retenção, **subfração**, destruição parcial ou total de seus objetos, instrumentos de trabalho, documentos pessoais, bens, valores e direitos ou recursos econômicos, incluindo os destinados a satisfazer suas necessidades;

V- a violência moral, entendida como qualquer conduta que configure calúnia, difamação ou injúria.

CARVALHO, Gilda Pereira de. **Cartilha Lei Maria da Penha & Direitos da Mulher**. Ministério Público Federal / Procuradoria Federal dos Direitos Do Cidadão (PFDC). Brasília. 2011. P 10.

> **GLOSSÁRIO**
>
> **Degradar** – destruir, corromper.
> **Contumaz** – persistente, constante.
> **Constranja** – obrigue.
> **Coação** – imposição.
> **Subfração** – divisão, diminuição.

Discuta com seus colegas:

1. Essa lei já era conhecida por todos do grupo?

2. Que formas de violência contra a mulher essa lei combate?

3. O que pode ocorrer com aqueles que infligem essa lei? Se não souberem, pesquisem.

Essa cartilha está disponível na internet em:

<https://www12.senado.leg.br/institucional/procuradoria/proc-publicacoes/cartilha-lei-maria-da-penha-2022>.

Fazendo conexão com... Geografia

Com o auxílio do seu professor, leia e discuta o texto a seguir.

> Quando o assunto é desigualdade salarial, o Brasil se encontra em uma posição pouco confortável. Estamos entre as últimas posições do ranking internacional de igualdade salarial, segundo o relatório Global Gender Gap Report de 2020. No entanto, essa diferença salarial foi diminuindo ao longo dos anos. Por exemplo, em 2009, as mulheres ganhavam 25% a menos que os homens. Oito anos depois, em 2017, essa diferença caiu para 20,7%. A gente estava no caminho certo, mas a situação voltou a piorar no ano de 2021, quando a diferença salarial entre homens e mulheres aumentou para 22%.
>
> Disponível em: <///www.fundobrasil.org.br/blog/como-estamos-combatendo-a-desigualdade-salarial>

O que você entendeu do texto? Registre em seu caderno.

História

A família e sua organização

Quando pensamos em família, logo nos vem à mente pessoas que nos são queridas e com as quais convivemos quase todos os dias.

A família é o primeiro grupo social no qual vivemos e que nos dá suporte para nosso crescimento e desenvolvimento.

Todos nós nascemos de um pai e uma mãe biológicos, mas nem todas as pessoas convivem com eles, por vários fatores.

Vamos conversar um pouco sobre isso?

Roda de conversa

Observe a imagem ao lado e discuta com seus colegas:

1. O que ela representa?
2. Esse modelo de família é comum a todas as famílias que você conhece?
3. Existem famílias diferentes dessa que aparece na imagem?
4. Dê exemplos de outros tipos de família.

A família é um grupo de pessoas. Forma, portanto, uma comunidade.

Ela é a primeira comunidade na qual nós aprendemos a conviver. Normalmente, é formada por pessoas que descendem umas das outras. Seus irmãos e você descendem das mesmas pessoas. No entanto, a família também pode ser formada por outras pessoas, como o filho adotivo ou famílias formadas por pessoas que não têm descendências uma das outras, mas que de alguma forma passaram a viver juntas.

Existem famílias pequenas e famílias grandes. Famílias formadas pelo casamento civil ou religioso e famílias organizadas por outras formas de união. O que faz com que uma família seja completa não é o número de pessoas que a constitui ou a forma como ela foi formada, mas é, sobretudo, o modo como as pessoas que a compõem se relacionam.

O amor, a cooperação, o entendimento e o respeito mútuo unem os membros da família. Sua finalidade não é apenas a procriação, mas, principalmente, possibilitar que as pessoas possam crescer e viver sadiamente, tanto no sentido físico quanto no psicológico.

As pessoas que criam e educam as crianças não são as responsáveis por elas, independente de serem ou não seus pais sanguíneos, irmãos, avós ou pessoas que as adotaram.

Infelizmente, também existem crianças sem o convívio da família. Vivem, muitas vezes, nas ruas: são as crianças e jovens de rua. Outras crianças vivem em orfanatos, porque não possuem família natural ou porque sua família é muito pobre e não as pode sustentar. As crianças de um orfanato e as pessoas responsáveis por elas formam também uma família, quando nelas houver carinho, amor e entendimento. O mesmo ocorre com pessoas idosas e as doentes.

Assim, você percebe que existem diferentes famílias.

Algumas famílias são pobres. Outras são ricas. E outras, muito ricas. Algumas são bem estruturadas; outras com maior dificuldade de organização. Cada vez mais, nos dias atuais, a família tradicional, formada por pais e filhos, está passando por grandes transformações.

Em muitas famílias pobres, todos trabalham, até mesmo as crianças, embora a lei proíba o trabalho infantil formal. Em muitos países, crianças chegam a abandonar a escola para trabalhar como vendedores de doces, jornaleiros, engraxates, lavadores de carros, empacotadores em supermercados e outros serviços. Elas abandonam a escola não porque sejam preguiçosas, mas porque precisam ajudar a sustentar a família.

Na maioria das famílias não é só o pai que trabalha para o sustento da casa, mas também a mulher e os filhos.

Em muitas famílias não é só a mãe a responsável pela educação dos filhos e pelos serviços domésticos: o casal, marido e mulher, é responsável de modo igual, tanto pela educação dos filhos como pelos serviços caseiros.

Vamos analisar o texto

1. Por que a família é uma pequena comunidade?

2. Quem deve ser responsável pelos serviços caseiros?

3. A única finalidade da família é sustentar os filhos?

4. O que mais é necessário para um bom relacionamento na família?

História

Responda em seu caderno

1. Quais são as pessoas que compõem a sua família?

2. Quem trabalha fora de casa em sua família?

3. Em que momento ou momentos toda a sua família se encontra?

4. Você trabalha fora de casa para ajudar no sustento de sua família?

E como surgiu e se desenvolveu a família na História?

Em tempos bem distantes, na época pré-histórica, na Antiguidade e na Idade Média, as famílias organizavam-se de maneira bem diferente em relação ao que ocorre na atualidade.

No início da história da humanidade, era comum uma forma de organização denominada de clã. Era um agrupamento composto de cem a trezentas pessoas, aproximadamente, reunidas por laços de parentesco, sendo todas descendentes do mesmo antepassado e tendo um mesmo chefe ou patriarca.

Na maioria das civilizações antigas, a família era formada por pai, mãe, filhos e escravos.

Nas sociedades indígenas, existiam diferentes formas na estrutura da família, por exemplo: em algumas sociedades, os filhos eram criados pelos tios; em outras, os cunhados eram obrigados a casar com a viúva do irmão falecido e, assim, dar continuidade à descendência. Os homens e as mulheres tinham funções bem definidas: os homens protegiam a tribo, as mulheres, as crianças e as pessoas idosas caçavam, pescavam e preparavam a terra para o plantio. As mulheres também coletavam os frutos e raízes, preparavam os alimentos e cuidavam dos filhos.

SCHOLLES, Flávio. **Família**. 2012. Óleo sobre tela, 90 cm x 90 cm. Acervo Particular.

Leia o texto a seguir, com o auxílio de seu professor:

Todo mundo tem família e ela é a mais velha instituição da sociedade. Mas, se formos examinar nossa história, veremos que, diferentemente de uma família ideal, congelada em padrões, tivemos, em nosso passado, famílias, no plural. E que diferentes tipos se constituíram, ao sabor de conjunturas econômicas ou culturais.

O europeu trouxe para o Novo Mundo uma maneira particular de organizar a família. Esse modelo, constituído por pai e mãe "casados perante a Igreja", correspondia aos ideais definidos pelo catolicismo. Apenas dentro desse modelo seria possível educar os filhos, movimentando uma correia de transmissão pela qual passariam, de geração em geração, os valores do Ocidente cristão.

Mas será que o europeu conseguiu impor esse tipo de família ao Novo Mundo? (...)

DEL PRIORE, Mary. Família na colônia, um conceito elástico. **Revista História Viva**. ed setembro de 2006. Disponível em: <www2.uol.com.br/historiaviva/reportagens/familia_na_colonia_um_conceito_elastico_imprimir.html>.

[...]"O conjunto de servos de um sobrado patriarcal compunha-se, no Brasil dos meados do século XIX, de cozinheiros, copeiros, amas-de-leite, carregadores d'água, moleques de recado, mucamas. Estas dormiam nos quartos de suas amas, ajudando-as nas pequenas coisas da *toilette*, como catar piolhos, por exemplo. Às vezes, havia negros escravizados em exagero." Mas era sobretudo no trabalho rural que eles eram empregados em grande quantidade. Seu número oscilava entre duzentos e trezentos nos engenhos de açúcar e era pouco maior nas fazendas de café.

Essa dependência para com o trabalho escravizado imprimiu, nos senhores rurais e mesmo nos urbanos, um acentuado desprezo pelas atividades manuais, levando-os a cultivar o ócio. Os donos de terra passavam o dia inteiro na rede gritando ordens para os criados.

Acostumados a mandar e ser obedecidos, os donos de escravos cultivaram também a atitude arbitrária diante da vida e das condições de existência de seus trabalhadores. A mão-de-obra não era livre, era sua propriedade e eles sentiam-se no direito de fazerem dela o que quisessem. [...]

O ócio dos senhores e a convivência diária com mucamas no interior da casa-grande conduziram à intimidade sexual entre o homem branco e a negra escravizada, que resultou na multiplicação de mestiços, também eles escravizados. [...]

História

→ Mas a degradante condição de pessoas escravizadas não impediu que os negros cativos conseguissem preservar sua cultura: como sua religião fosse considerada bárbara, adoravam seus deuses sob as imagens dos santos das casas-grandes. Iansã assumiu as feições de Santa Bárbara; Ogum, de São Jorge. Assim nasceram religiões híbridas: candomblé e umbanda. As comidas e temperos africanos também chegaram a influir nos hábitos alimentares do brasileiro: o vatapá, a feijoada, o azeite-de-dendê, o acarajé, o complexo do leite de coco foram introduzidos na mesa das casas-grandes pelos escravos domésticos.

(Enciclopédia **Nosso Século:** Brasil – 1900/1910, I, p. 20)

GLOSSÁRIO

Sinhá – tratamento dado pelos escravos à sua senhora e proprietária.
Toilette – higiene pessoal.
Imprimiu – fixou; marcou; gravou.
Ócio – descanso do trabalho; tempo que se passa despreocupado.
Arbitrária – que independe de lei ou regra, somente do capricho de alguém.
Degradante – tornado desprezível, rebaixado, sem dignidade.
Cativos – presos em cativeiro.
Híbridas – resultadas da mistura, do cruzamento de elementos diversos.

Em grupo, discutam sobre as questões a seguir:

1. A família indígena e a portuguesa no início do Brasil Colonial eram semelhantes?

2. Não havendo mulheres europeias aqui, como ocorreu a constituição de novas famílias no Brasil?

3. De quem era constituída a família no Brasil Colonial?

4. Ainda temos, no Brasil atual, famílias semelhantes às do Brasil Colonial?

5. Qual o resultado do acasalamento entre portugueses, índias e/ou negras?

Anote no seu caderno, algumas das conclusões a que chegaram.

Produção de texto

Com o auxílio do professor, escrevam um texto coletivo em forma de um título de manchete que caracterize a família atual.

Fazendo conexão com... Geografia e Matemática

Com o auxílio do seu professor, analise os dados a seguir.

Segundo o Instituto Brasileiro de Geografia e Estatística (IBGE), o último censo foi realizado no ano de 2010 e o próximo estava previsto para acontecer em 2020, porém, a coleta de dados só começou no fim de 2022 em decorrência da Pandemia de COVID-19. O Censo 2010 indicava algumas mudanças significativas na família brasileira:

a) 36,4% das pessoas casadas vivem em união consensual, contra 28,6% em 2000.

b) 42,9% dos casais vivem unidos através do casamento civil e religioso, contra 49,4% em 2000.

c) 14,6% de pessoas separadas, contra 11,9% em 2000.

d) 1,9% de taxa de fecundidade, contra 2,38% em 2000.

O Censo 2010 constatou ainda o crescimento das uniões entre cônjuges do mesmo sexo.

Observem os dados acima, agora transformados em gráfico.

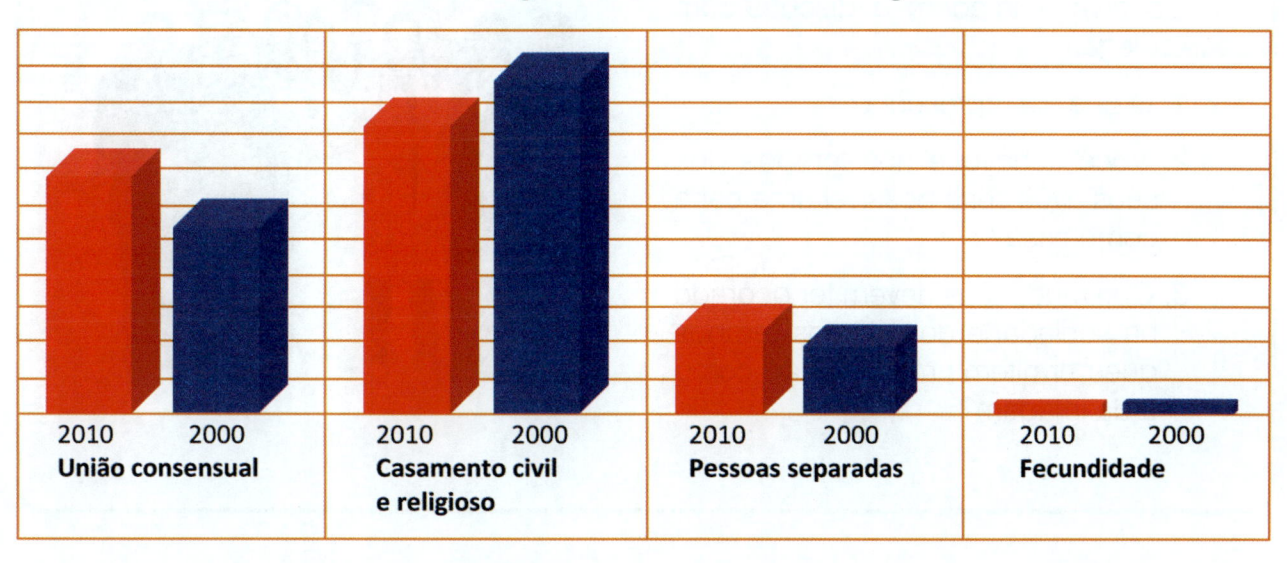

Escreva, no seu caderno, os verbetes abaixo, anotando ao lado de cada um deles a palavra "aumentou" ou "diminuiu" referente ao índice de 2010 com relação ao que era em 2000:

União – _____

Casamento civil e religioso – _____

Pessoas separadas – _____

Fecundidade – _____

História

Mudanças na sociedade brasileira

Um telejornal anunciou que políticos discutem mudanças na legislação brasileira sobre a família.

Uma pessoa idosa que ouvia a notícia exclamou:

– Bobagem! Mudanças na família. Família são todas iguais. Sempre foram assim e assim sempre serão! Esse pessoal está sempre inventando moda!

Um dos jovens da família, presente na sala, retrucou:

– É! Família é família, mas existem muitas formas diferentes de família e a lei precisa proteger todas elas.

O silêncio se fez na sala.

Vamos conversar um pouco sobre isso?

Roda de conversa

Observe a imagem e discuta com seus colegas:

1. O que ela representa?

2. Você acha que nos tempos dos seus avós seria possível uma cena como essa?

3. Que mudanças devem ter ocorrido na sociedade dos últimos tempos que permitem uma situação como a da imagem?

Você estudou anteriormente que, na época do Brasil colonial, a família de "senhor de engenho" era composta pelos seus descendentes, agregados e negros escravizados. Ele exercia autoridade total sobre todas as pessoas que habitavam a fazenda de cana-de-açúcar. As mulheres viviam no interior da casa-grande e exerciam o poder sobre as mucamas, orientavam o serviço na casa e o cuidado com os filhos pequenos. Os escravos, mesmo os que trabalhavam na casa-grande, viviam nas senzalas.

Ao longo do tempo, outras atividades econômicas, como a criação de gado, foram surgindo para ajudar ainda mais na produção dos engenhos, na engrenagem do caldo que era transformado em açúcar.

A criação de gado expandiu-se, trazendo lucro para os boiadeiros que vendiam os animais nas feiras. Esses aglomerados de pessoas, ao longo do tempo, tornaram-se vilas e cidades, como Caruaru, em Pernambuco; Sorocaba, em São Paulo; Ponta Grossa, no Paraná; e tantas outras pelo Brasil.

Ao mesmo tempo, ao longo do litoral brasileiro, os portugueses passaram a edificar fortes para defenderem seus domínios contra o ataque e a ocupação de estrangeiros. Ao redor de alguns desses fortes também se formaram vilas e depois cidades. Foi assim que surgiram cidades como Rio de Janeiro, Salvador, Florianópolis, Fortaleza.

Já nas regiões de mineração, principalmente no interior de São Paulo, Minas Gerais, Bahia e Goiás, os núcleos de mineradores deram origem a muitas cidades como Ouro Preto, Mariana, São João Del Rei, Goiás Velho e Cuiabá.

Podemos afirmar que o Brasil Colonial passou por sensíveis transformações sociais em função dessas atividades econômicas: a criação de gado e a mineração. Nessas regiões deu-se início e se desenvolveram as relações comerciais inter-regionais, criando um mercado interno e fazendo surgir uma nova vida social, diferente daquela das fazendas de cana-de-açúcar.

Essa nova sociedade era essencialmente urbana. As atividades desenvolvidas nas vilas e cidades eram de serviços e ofícios representados por comerciantes, artesãos, advogados, médicos, entre outros. No entanto, ela também era escravagista, desenvolvendo a sociedade urbana à custa da exploração da mão de obra escravizada.

DEBRET, Jean-Baptiste. **Um jantar brasileiro**. 1827. Aquarela sobre papel, 15,9 cm x 21,9 cm. Museus Castro Maya, Rio de Janeiro (RJ).

Lentamente, essa sociedade urbana foi moldando uma nova família, na qual o poder do patriarca já não era tão forte quanto o dos senhores de engenhos.

Na época do império, uma nova riqueza possibilitou maior desenvolvimento da vida urbana: o café. Nas ricas regiões cafeeiras, principalmente no vale do rio Paraíba e no interior do estado de São Paulo, surgiram cidades ricas, que passaram também a ter grande desenvolvimento cultural.

História

A riqueza do café possibilitou aos "barões do café" (como eram chamados os donos das grandes fazendas) e aos comerciantes exportadores de café o acúmulo de muito capital (dinheiro). Ao mesmo tempo, sentia-se necessidade de modernizar o país com o desenvolvimento de novas tecnologias criadas pela chamada Revolução Industrial, iniciada na Europa e nos Estados Unidos.

O Brasil ainda utilizava a mão de obra escravizada até o final do século XIX e isso representava um atraso para o desenvolvimento econômico. A mão de obra assalariada era mais barata e rentável do que a escrava. Manter negros escravizados custava caro ao dono da fazenda.

De 1760 a 1850, a revolução se restringe à Inglaterra. A preponderância é de produção de bens de consumo, especialmente têxteis e a energia a vapor.

A abolição da escravatura representava, ao mesmo tempo, uma mudança na sociedade brasileira e um avanço econômico.

Negros escravizados libertos, sem posse alguma e sem trabalho, lotaram as periferias das cidades. Proprietários de fazendas e industriais preferiam adotar a mão de obra assalariada dos imigrantes, que então vinham em massa para o Brasil.

A sociedade brasileira se alterou completamente.

Pai de uma família atual cuidando de seu filho.

Em grupo, discutam:

1. Qual é a diferença entre a sociedade das fazendas de açúcar e a sociedade que surgiu nas cidades?

2. Com o surgimento e desenvolvimento das cidades, seus moradores viviam todos com boa qualidade de vida?

3. Qual a origem da cidade em que você mora?

4. Que heranças nós podemos perceber na nossa sociedade atual fruto da abolição da escravatura?

5. Baseados na imagem do "Pai de uma família atual cuidando de seu filho", discuta sobre o papel do pai na família atual.

Saber mais

Os autores Ariane Penha e Gilberto Ligero apresentam uma boa análise da situação da família brasileira atual, fruto das transformações porque a nossa sociedade passou e ainda está passando.

Leia o texto com auxílio do professor. Depois, discuta com os colegas sobre as principais ideias que o texto destaca.

> "Entidade familiar é todo grupo de pessoas que constitui uma família".
>
> Assim, de acordo com a lei, a família pode ser composta: pelo casamento civil, pela união estável, pela relação **monoparental** entre ascendente e qualquer de seus descendentes, de acordo com a Constituição Federal, no seu Art. 226 e parágrafos (leia abaixo do texto).
>
> A primeira entidade familiar, o casamento civil, é constituída por pessoas físicas de sexos opostos, realizado de modo solene e formal, e no início **indissolúvel**. Esta instituição, que por muitos anos foi a única forma de constituição da família, **hodiernamente** não é mais a única forma legítima, mas tem a mais vasta normatização dentre as outras entidades familiares. (...)
>
> A segunda entidade familiar, a união estável, é composta informalmente por pessoas de sexos diferentes, de forma pública, contínua e duradoura com o intuito de estabelecer uma família, naturalmente submetida à regulamentação legal.
>
> Por fim, há a relação monoparental, que é aquela formada por qualquer dos pais, que não mantém vínculo matrimonial com outrem, e seus descendentes.
>
> Existem ainda outras famílias naturais que podem ser admitidas, uma vez que o fato do legislador prever expressamente três tipos de entidades familiares não impede a possibilidade de existência de outras, tais como: uniões **homoafetivas**, outras relações monoparentais etc..
>
> PENHA, Ariane Rafaela Brugnollo; LIGERO, Gilberto Notário. Teoria Geral da família. Disponível em: <www.intertemas.unitoledo.br/revista/index.php/ETIC/article/viewFile/1634/1557>. Segundo Roberto Senise Lisboa (2004, p. 44).

História

CONSTITIUIÇÃO BRASILEIRA

Art. 226. A família, base da sociedade, tem especial proteção do Estado.

§ 1º - O casamento é civil e gratuita a celebração.

§ 2º - O casamento religioso tem efeito civil, nos termos da lei.

§ 3º - Para efeito da proteção do Estado, é reconhecida a união estável entre o homem e a mulher como entidade familiar, devendo a lei facilitar sua conversão em casamento.

§ 4º - Entende-se, também como entidade familiar a comunidade formada por qualquer dos pais e seus descendentes.

§ 5º - Os direitos e deveres referentes à sociedade conjugal são exercidos igualmente pelo homem e pela mulher.

§ 6º - O casamento civil pode ser dissolvido pelo divórcio.

§ 7º - Fundado nos princípios da dignidade da pessoa humana e da paternidade responsável, o planejamento familiar é livre decisão do casal, **competindo** ao Estado propiciar recursos educacionais e científicos para o exercício desse direito vedada qualquer forma **coercitiva** por parte de instituições oficiais ou privadas.

§ 8º - O Estado assegurará a assistência à família na pessoa de cada um dos que a integram, criando mecanismos para coibir a violência no **âmbito** de suas relações.

GLOSSÁRIO

Monoparental – formada por um dos genitores.
Indissolúvel – inseparável.
Hodiernamente – nos dias de hoje.
Homoafetivas – entre pessoas do mesmo sexo.
Competindo – cabendo, sendo dever.
Coercitiva – uso da força.
Âmbito – meio, campo.

FURTADO, Sonia. **Festa Junina**. 1996. Acrílica sobre tela, 70 cm x 50 cm. Acervo particular.

Unidade 3
Diversidade cultural – a sociedade brasileira

Nesta unidade, você aprenderá a:
- Analisar como o Brasil se tornou uma nação.
- Estabelecer relações entre o Brasil do passado e o Brasil de hoje.
- Opinar sobre as mudanças ocorridas na sociedade brasileira.
- Interpretar documentos históricos.

História

Estrutura político-administrativa brasileira

Assim começou nossa história

O Brasil é um dos maiores países do mundo em extensão territorial.

Ocupa praticamente a metade da América do Sul.

Mas, no começo da nossa história a área do Brasil era bem menor. Como ele aumentou sua extensão?

Vamos conversar sobre isso.

Roda de conversa

Este é o mapa da América do Sul, o nosso continente. Nele estão representados o Brasil e seus vizinhos.

Com auxílio do professor, interprete-o junto com seus colegas.

1. Identifique a cor que corresponde ao mapa do Brasil.
2. Você saberia dizer o nome do oceano que banha o nosso litoral?
3. Você saberia apontar no mapa o local onde você vive?
4. Cite alguns países que são nossos vizinhos, tentando identificá-los no mapa.

Fonte: Adaptado do Atlas geográfico escolar. Rio de Janeiro: IBGE, 2009.

Você já estudou que os portugueses vieram para cá à procura de riquezas.

Porém, no início, Portugal não se interessou muito por isso. Interessava-se, porém, pelos produtos do Oriente, as especiarias.

Enquanto isso, outros povos passaram a se interessar pelo Brasil, desejando ocupá-lo. Portugal, então, para não perder a terra, resolveu colonizá-la.

No início, o Brasil que pertencia a Portugal não era do tamanho que é hoje. Espanha e Portugal fizeram um tratado, o Tratado de Tordesilhas, que dividia a América entre os dois países.

A maior riqueza que os portugueses retiravam daqui naquela época era o pau-brasil.

Como essa árvore era abundante no nosso litoral, os portugueses vinham até aqui apenas para cortá-la. Não precisavam morar aqui.

Mas essa riqueza acabou atraindo também outros povos, que a roubavam do nosso litoral.

Diante disso, Portugal, que já havia mandado várias expedições para explorar as riquezas do litoral, resolveu mandar expedições para vigiar os ataques de outros povos.

Não deu certo.

O governo de Portugal resolveu então dar início à colonização do Brasil. Mandou a expedição colonizadora de Martim Afonso de Souza. Após navegar ao longo do litoral brasileiro, escolheu um lugar para fundar uma vila. Ela foi a primeira vila do Brasil: São Vicente, no litoral de São Paulo, fundada em 1532.

Assim, começava a colonização e a ocupação efetiva do Brasil pelos portugueses. Era preciso fundar mais vilas e fortes para a defesa do litoral. Desta forma, foram surgindo outras vilas: Santos, Olinda, Salvador, Natal, Fortaleza, e outras, ao longo do litoral.

Mas, mesmo assim, a colonização estava muito difícil.

O governo português tomou então outra atitude: dividiu o Brasil em Capitanias Hereditárias, conforme você já estudou. Mas, apenas duas das Capitanias Hereditárias deram certo: a de São Vicente (São Paulo) e a de Pernambuco.

Para tentar organizar melhor a colonização e a ocupação das terras brasileiras, o governo português criou, em 1549, o Governo-Geral. O Governador--Geral morava em Salvador, na Bahia, e de lá administrava todo o Brasil.

Os moradores da capitania de São Vicente estavam na pobreza, já que a lavoura de cana-de-açúcar dava pouco lucro. A saída foi, então, fazer expedições para o interior do continente à busca de riquezas: as bandeiras. O caminho de penetração era o rio Tietê. Mas existiam dificuldades: a reação dos indígenas e as dificuldades naturais (a floresta muito fechada da Serra do Mar).

Muitas expedições que partiram para o interior do Brasil nunca mais voltaram.

Mais tarde, muitos portugueses passaram a organizar expedições para todo o interior: na Amazônia, na Bahia e no Sul. Essas expedições foram denominadas de "bandeiras".

Os bandeirantes foram, a princípio, procurar indígenas para escravizar. Depois, descobriram riquezas no interior: ouro e pedras preciosas. Então, fundaram vilas, que logo se transformaram em cidades.

Tropeirismo.

História

Com o tempo, os portugueses trouxeram o gado bovino para a Capitania de São Vicente, para movimentar os engenhos de cana-de-açúcar e depois para a obtenção de leite, carne e couro.

A criação de gado foi, depois, se espalhando para todo o Sul do Brasil e em áreas do sertão nordestino.

No Sul, duas regiões se destacavam: a região dos pampas gaúchos e os campos de Vacaria. Dessas regiões, o gado era levado a São Paulo. Nesse trajeto, o gado bovino e o muar (mulas) fizeram nascer muitas cidades.

No Nordeste, o gado não teve espaço para se criar na área do litoral porque lá, ou era região de floresta ou era área de plantio de cana-de-açúcar. Assim, o gado foi penetrando pelos vales dos rios à procura de pastagens. O rio São Francisco ficou famoso, sendo até chamado de "o caminho dos currais", porque por meio dele o gado penetrava no interior do sertão nordestino.

Fonte: Com base cartográfica do IBGE OLIVEIRA, Cêurio. Revista Brasileira de Geografia 1940 e do Atlas Histórico Escolar. Rio de Janeiro: Fename, 1977.

Os portugueses tiveram muito trabalho para defender boa parte do litoral no Nordeste. Lá estavam acontecendo vários ataques de invasores.

Portugal, então, resolveram fundar uma série de fortes para a defesa da região.

Muitos desses fortes, com o tempo, transformaram-se em cidades, como foi o caso de Natal (no Rio Grande do Norte), Fortaleza (no Ceará) e Belém (no Pará).

Do Forte do Presépio (hoje Belém, no Pará) saíram as primeiras excursões para o interior da Floresta Amazônica.

Durante um período da nossa história (de 1580 a 1640), Portugal e Espanha passaram a ser um país só. E, portanto, desaparecia o limite de Tordesilhas. Todas as terras da América do Sul eram da Espanha. Isso facilitou a entrada de portugueses naquela região, que iam à procura de produtos que, na época, eram chamados de drogas de sertão, como o cacau, o urucum, o guaraná, a castanha do Pará, o látex (resina da seringueira).

Assim, gradativamente, os portugueses foram ocupando a região.

Mesmo nos tempos mais próximo e nos dias atuais a Região Amazônica continua a se ocupada.

E assim o Brasil ficou enorme. Portugal e Espanha tiveram várias disputas por causa das terras da América do Sul.

Após todas essas conquistas e ocupações, as duas Nações fizeram o Tratado de Madri, que aumentava o ta-manho do Brasil. Posteriormente, foram feitos ainda novos tratados até que o Brasil ficou do tamanho que conhecemos hoje.

Laércio de Mello com base cartográfica do IBGE OLIVEIRA, Cêurio. Revista Brasileira de Geografia 1940 e do Atlas Histórico Escolar. Rio de Janeiro: Fename, 1977.

História

Em grupo, discutam e respondam:

1. A quem pertencia a maior parte das terras do Brasil?
2. Qual era a maior riqueza que os portugueses retiravam do litoral do Brasil? E para que ela servia?
3. Qual foi a primeira vila fundada no Brasil?
4. Que outras vilas os portugueses fundaram no litoral brasileiro?
5. O que eram as bandeiras?
6. Qual o rio que os paulistas usavam para entrar no interior do Brasil?
7. Onde se introduziu o gado pela primeira vez no Brasil e para onde se espalhou?
8. Por que no litoral do Nordeste não havia espaço para a criação de gado?
9. Quais as "drogas do sertão" mais procuradas na Amazônia?

Saber mais

Com auxílio do seu professor, leia o texto de biografia sobre Domingos Jorge Velho

No século XVII, prevalecia no Brasil as expedições de bandeirantes para conquistar territórios indígenas que ainda não haviam sido tomados pelos colonizadores portugueses. Na segunda metade deste século, Domingos Jorge Velho seria o bandeirante que mais se destacaria nesta função. Natural da cidade de Vila de Parnaíba em 1641, São Paulo, trinta anos mais tarde já era conhecido como um fervoroso caçador de indígenas.

Sua fama espalhara-se pelo Brasil adentro. Francisco Garcia d'Ávila, um grande proprietário da Bahia, chegou a contratar Jorge Velho para exterminar os indígenas da região do rio São Francisco. Eles queriam tomar o espaço ocupado pelos indígenas para criar uma estância de gado, algo que de certa forma também agradava Jorge Velho, pois ele também tinha uma fazenda ao oeste de Pernambuco, onde fundou a povoação de Sobrado.

Entre 1671 e 1674, o mercenário lutou ao lado de Domingos Afonso Sertão contra os indígenas das regiões do Piauí, Maranhão e Ceará, espalhando a hegemonia do homem branco no território brasileiro.

O governador de Pernambuco, João da Cunha Souto Maior, fez um apelo em 1687 para que Jorge Velho apesar de ser conhecido apenas como exterminador de indígenas, juntasse seus homens e destruísse os escravos dissidentes que formaram o Quilombo dos Palmares. Sob liderança de Zumbi dos Palmares, os negros escravizados revoltosos fugiram para o estado de Alagoas.

SILVA, Tiago Ferreira da. *Domingos Jorge Velho.*

CALIXTO, Benedito. **Domingos Jorge Velho**. 1903. 140 cm x 100 cm. Museu do Ipiranga, São Paulo (SP).

Fazendo conexão com... *Geografia*

Desenhe ou cole um mapa do Brasil no seu caderno e pinte nele as áreas que foram povoadas:

- pela criação de gado;
- pelo plantio de cana-de-açúcar;
- pelas exploração das "drogas do sertão".

Compare seu trabalho com o de seus colegas e discutam suas conclusões.

GLOSSÁRIO

fervoroso – ardente, forte.
exterminador – matador.
estância – fazenda.
hegemonia – domínio.

O nascimento de uma nação

Todos os anos a nação comemora o seu dia: o dia da Independência, representado por hino, bandeiras, marcha, fogos, festa, etc.

É o dia da Pátria.

Que emoções sentimos quando nos dizemos brasileiros?

Vamos conversar sobre isso.

Roda de conversa

Essa imagem é uma obra de arte do pintor brasileiro Pedro Américo.

Troque ideias com seus colegas:

1. O que ela representa?
2. Qual é a figura principal da tela?
3. Por que essa obra se encontra no Museu Paulista (ou Museu do Ipiranga)?

AMÉRICO, Pedro. Independência ou Morte! (O Grito do Ipiranga). 1888. Óleo sobre tela, 415 cm x 760 cm. Museu do Ipiranga (SP).

História

Você já sabe que a história da colonização do Brasil começou em 1500.

De lá para cá, a sociedade brasileira passou por muitas transformações.

Costumamos dividir a nossa história em dois grandes períodos: o Brasil Colônia e o Brasil independente.

O período do Brasil Independente também está dividido em dois períodos: o Brasil Monarquia e o Brasil República.

Você também já estudou que os portugueses vieram para cá em busca de riquezas.

No início, a grande riqueza era o pau-brasil. Mas depois, para não perder a terra, Portugal resolveu ocupá-la e explorá-la. Daí, foi preciso plantar. E uma riqueza muito apreciada na Europa era o açúcar. Mas ele não podia ser produzido lá.

Aqui, o clima e o solo são bons para a cana-de-açúcar, mas quase não havia mão de obra. Por isso, Portugal resolveu, em primeiro lugar, escravizar os indígenas, mas não deu certo; depois, resolveu trazer negros escravizados da África.

Ao mesmo tempo, Portugal percebia que a venda de negros escravizados era muito lucrativa. Por isso, passou a usar a mão de obra escravizada no Brasil.

Para cá vieram muitos portugueses, que conseguiram enormes áreas de terras (latifúndios) para plantar cana-de-açúcar. O trabalho era feito por negros escravizados vendidos, comprados e maltratados.

Para favorecer os produtores de açúcar, foi feita uma legislação que dava a eles todo o direito de lucro. E para vender esse açúcar na Europa, Portugal fez outra legislação pela qual ele se enriquecia à custa do Brasil.

Nada daqui poderia ser vendido para outros lugares, pois tudo deveria ser vendido, a preço baixo, exclusivamente para Portugal.

A riqueza produzida pelo açúcar era tanta que atraía, com frequência, invasores e piratas, como os holandeses. Desejando controlar a área de maior produção no Brasil, eles dominaram quase todo o litoral do Nordeste durante vários anos. Os holandeses chegaram até mesmo a negociar com Portugal, que lhes cedeu parte do litoral nordestino. Acreditando que poderiam ficar com aquelas terras, eles desenvolveram a cultura na região e aumentaram a produção do açúcar. Porém, mais tarde acabaram sendo expulsos.

Você também já estudou que os bandeirantes iam para o interior à procura de riquezas. Encontraram minas de ouro e de pedras preciosas. Mas o governo português logo resolveu controlar a região e a produção de ouro.

Isso descontentava a muitos mineradores que, com frequência, se organizavam em revoltas. Uma das mais importantes revoltas estava sendo organizada em Minas Gerais, quando foi denunciada. Por isso, ela não chegou a acontecer. Foi então chamada de Inconfidência Mineira. Seus líderes eram mineradores, militares, fazendeiros, padres e intelectuais revoltados com a política de exploração de Portugal.

Um dos participantes mais famosos da Inconfidência Mineira foi Joaquim José da Silva Xavier — o Tiradentes. Portugal costumava agir com muito rigor contra quem quisesse qualquer mudança por aqui. Prendeu vários líderes do movimento. Exilou alguns. E decretou morte na forca para Tiradentes.

O que queriam os inconfidentes de Minas Gerais? Queriam libertar parte do Brasil (e se possível, todo o Brasil); acabar com a escravidão; abrir fábricas de tecidos no Brasil, pois Portugal não permitia que elas funcionassem aqui. O lema deles era *Libertas quae sera tamen* (Liberdade ainda que tardia).

Ao lado deste movimento, vários outros aconteceram em Minas Gerais, na Bahia, em Pernambuco. Todos eram reprimidos à força. Não só os brancos reagiam contra Portugal. Também os negros escravizados tentavam reagir contra a exploração a que os brancos os submetiam. Os negros faziam "corpo mole" como forma de protesto contra a escravidão. Fugiam, mas eram caçados e reescravizados.

Saber mais

Com auxílio do seu professor, leia o texto

Quando conseguiam formar um bando de fugitivos, organizavam-se em aldeias no meio da mata, dando origem aos quilombos. De todos eles, o mais importante foi o Quilombo dos Palmares. Organizado no interior do Estado de Alagoas, ele resistiu durante mais de 60 anos! Chegou a ter perto de 20 mil negros fugitivos sob a liderança de dois grandes chefes: Ganga-Zumba e Zumbi. Lá, eles viviam em liberdade, longe dos castigos dos senhores. Faziam suas plantações e praticavam livremente suas danças e sua religião. De lá saíam para atacar algumas fazendas e libertar outros negros escravizados. Porém, após várias incursões militares, as autoridades portuguesas e os fazendeiros acabaram dominando e exterminando os negros do Quilombo dos Palmares.

PARREIRAS, Antonio. **Zumbi** 1927 Óleo sobre tela, 115,5 cm x 87,4 cm. Museu Antônio Parreiras, Niterói (RJ).

Ao mesmo tempo, lá na Europa ocorriam muitas mudanças, revoluções e guerras, provocadas pela disputa de riquezas, de terras e de mercado consumidor.

Por causa destas guerras, o governo português foi forçado pela Inglaterra a se deslocar para o Brasil.

História

Em 1808, chegava aqui o príncipe regente D. João VI, com todo o seu governo.

A cidade do Rio de Janeiro passou a ser então a capital do Império Português.

Com o governo português vieram também as elites de Portugal. Para favorecer essa elite, D. João VI fez uma série de obras e ações que, de alguma forma, foram benéficas para o Brasil, como: liberdade de se abrir indústrias; criação de cursos de Ensino Superior e de uma série de instituições culturais, como museu, biblioteca, jardim botânico; além disso trouxe cientistas e artistas estrangeiros.

A cultura do Brasil Colônia era realmente bastante pobre.

Em 1821, D. João VI voltou para Portugal.

SÍMPLICIO DE SÁ, Rodrigues. **Dom Pedro I**. [c. de 1830]. Óleo sobre tela. Museu Imperial de Petrópolis (RJ).

Seu filho, D. Pedro, ficou governando parte do Brasil em nome do seu pai. Isto é, como regente. A crise entre as elites portuguesas e brasileiras aumentou a partir daí.

Atendendo aos apelos de parte das elites do Brasil e no meio de uma grave crise entre portugueses e brasileiros, D. Pedro, em 7 de setembro de 1822, declarava a separação de Portugal: foi a independência do Brasil. Dom Pedro tomou essa atitude quando estava em São Paulo, às margens do riacho Ipiranga.

Discuta com seus colegas e responda oralmente:

1. Quais os dois períodos nos quais se pode dividir a História do Brasil?
2. E o Brasil Independente, como pode ser dividido?
3. Por que na Europa não se produzia cana-de-açúcar?
4. Qual foi o principal povo que atacou o Nordeste por causa do açúcar?
5. Por que no Brasil aconteceram tantas revoltas?
6. Como Portugal reagia para dominar as revoltas?
7. O que queriam os inconfidentes de Minas Gerais?
8. O que eram os quilombos?

Produção de texto

Redija uma carta a um colega seu, contando como os negros escravizados resistiam à escravidão. Depois, leia-a aos colegas, em pequenos grupos. Com auxílio do professor e juntando as ideias de todos os colegas de sala, escrevam uma carta coletiva endereçada a colegas de outra turma.

Fazendo conexão com... Língua Portuguesa

Com auxílio do professor, analise o Hino Nacional Brasileiro.

Escreva no seu caderno as palavras que aparecem nele e que você não conhece, anotando ao lado o seu significado.

Faça um exercício de memorização, decorando a letra do Hino para depois cantar com seus colegas.

Ouviram do Ipiranga as margens plácidas
De um povo heroico o brado retumbante,
E o sol da liberdade, em raios fúlgidos,
Brilhou no céu da pátria nesse instante.

Se o penhor dessa igualdade
Conseguimos conquistar com braço forte,
Em teu seio, ó liberdade,
Desafia o nosso peito a própria morte!

Ó pátria amada,
Idolatrada,
Salve! Salve!

Brasil, um sonho intenso, um raio vívido,
De amor e de esperança à terra desce,
Se em teu formoso céu, risonho e límpido,
A imagem do Cruzeiro resplandece.

Gigante pela própria natureza,
És belo, és forte, impávido colosso,
E o teu futuro espelha essa grandeza.

Terra adorada
Entre outras mil
És tu, Brasil,
Ó pátria amada!
Dos filhos deste solo
És mãe gentil,
Pátria amada,
Brasil!

Deitado eternamente em berço esplêndido,
Ao som do mar e à luz do céu profundo,
Fulguras, ó Brasil, florão da América,
Iluminado ao sol do Novo Mundo!

Do que a terra mais garrida
Teus risonhos, lindos campos têm mais flores,
Nossos bosques têm mais vida,
Nossa vida no teu seio mais amores.

Ó pátria amada,
Idolatrada,
Salve! Salve!

Brasil, de amor eterno seja símbolo
O lábaro que ostentas estrelado,
E diga o verde-louro dessa flâmula
Paz no futuro e glória no passado.

Mas se ergues da justiça a clava forte,
Verás que um filho teu não foge à luta,
Nem teme, quem te adora, a própria morte.

Terra adorada
Entre outras mil
És tu, Brasil,
Ó pátria amada!
Dos filhos deste solo
És mãe gentil,
Pátria amada,
Brasil!

Letra: Joaquim Osório Duque Estrada
Música: Francisco Manoel da Silva

História

O império brasileiro

Todos os anos, comemoramos o Dia da Pátria: o 7 de setembro, o Dia da Independência!

O que realmente significou esse dia?

Se antes o Brasil era colônia de Portugal, como ela passou a ser organizado após se libertar?

Foi tarefa fácil para os brasileiros?

Vamos conversar sobre isso.

Roda de conversa

Essa foi a primeira bandeira do Brasil Independente.

Com auxílio do professor, interprete a imagem junto com seus colegas.

1. Por que há uma coroa representada dentro dela?

2. Quais as duas cores que prenominam nela?

3. De que plantas são os dois ramos representados nela?

O Brasil se libertou de Portugal. Agora era formado por um povo livre, soberano.

Teria que caminhar por si mesmo. Organizar-se como uma nação.

Discuta com seus colegas e exponha suas ideias oralmente:

O que significou aquele dia de 7 de setembro para milhões de brasileiros que aqui viviam como escravizados ou como homens livres, porém pobres?

D. Pedro se declarou então rei do Brasil, com o nome de D. Pedro I.

Assim, o Brasil Independente se tornou uma monarquia.

Nem todas as províncias do Brasil aceitaram a independência. Algumas, porque eram governadas por portugueses que preferiam ficar ligados a Portugal; outras, porque os brasileiros não queriam a independência nas mãos de um estrangeiro, já que D. Pedro era um português.

Isso provocou muita revolta interna e muitas mortes em várias partes do Brasil. A nossa independência não foi pacífica.

Mas, também, organizar o novo país não foi fácil.

D. Pedro I queria um governo no qual ele tivesse bastante poder e em que seus amigos portugueses mantivessem seus privilégios. Assim, ele acabou impondo uma Constituição que lhe dava muitos poderes e tornou-se um governante autoritário.

Contra esse seu autoritarismo, estourou uma revolução no Nordeste: a Confederação do Equador. Um dos seus líderes era Frei Caneca. D. Pedro não perdoou. Prendeu alguns dos revoltosos e decretou pena de morte para eles. Frei Caneca foi fuzilado, o que revoltou muitos brasileiros.

D. Pedro não fez um bom governo. Percebendo que perdia apoio das elites brasileiras, preferiu renunciar ao governo do Brasil e voltou para Portugal, após nove anos de governo.

Deixou seu filho como herdeiro, que tinha apenas cinco anos de idade.

Por isso, enquanto ele não chegasse à maioridade, o Brasil passou a ser governado por regentes; isto é, governantes provisórios em nome de outra pessoa.

Esse foi um período difícil para o Brasil. Ocorreram muitas revoltas, como a do Rio Grande do Sul: a Guerra dos Farrapos, que durou 10 anos.

Com apenas 15 anos de idade, D. Pedro II foi coroado rei do Brasil.

De início, seu governo também enfrentou várias revoltas espalhadas pelo território brasileiro. Com o tempo, conseguiu pacificar o país.

AMÉRICO, Pedro. **Fala do Trono (Dom Pedro II na Abertura da Assembléia Geral)**. 1872. Óleo sobre tela. 288 cm x 205 cm. Museu Imperial de Petrópolis (RJ).

Durante algumas décadas, o país teve um bom desenvolvimento graças à produção do café, que se tornou a grande riqueza nacional. Além dele, a cana-de-açúcar, o tabaco, a pecuária geravam riqueza para a exportação. D. Pedro II também estimulou o desenvolvimento da cultura nacional, estimulando as artes e a literatura.

O Brasil procurava garantir o seu desenvolvimento como a mais importante nação da América do Sul. Isso fez aumentar a rivalidade com países vizinhos.

A Inglaterra tinha também interesses econômicos na região sul das Améri-

História

cas. Dessas rivalidades e desses interesses surgiu a maior guerra da América do Sul: a Guerra do Paraguai. Durou de 1864 a 1870. Para o Paraguai, essa guerra foi uma desgraça: ao ser derrotado, ficou numa enorme pobreza.

Já para o final do governo de D. Pedro II, novas crises

MEIRELLES, Vitor. **A Batalha Naval do Riachuelo**. 1832 -1903. Óleo sobre tela, 2 m x 1,15 m. Museu Histórico da Cidade do Rio de Janeiro (RJ).

começaram a mexer com a sociedade brasileira. A economia exigia mudanças, principalmente com a necessidade da industrialização.

Uma questão muito séria era a manutenção ou não da escravatura. Sustentar uma família de negros escravizados estava custando muito caro para os fazendeiros. Era melhor libertá-los e pagar a eles um salário qualquer. Os fazendeiros se uniram ao governo para trazerem trabalhadores da Europa: os imigrantes.

Em 13 de maio de 1888 foi assinada a Lei Áurea pela Princesa Izabel, que governava o Brasil em nome do seu pai, D. Pedro II, que estava em tratamento de saúde fora do Brasil.

Deixando de ser escravizado, o negro era transformado em cidadão sem poder viver a cidadania; homem livre sem poder participar da vida nacional; trabalhador braçal sem poder usufruir dos bens que produz. Ficou marginalizado.

De um modo geral, a situação do negro não melhorou com a Lei Áurea. Para muitos, piorou. Os negros se viram sem garantia de trabalho, sem instrução, sem assistência, sem terra para cultivar, sem casa para morar, sem dinheiro.

A maior parte foi para as cidades, pensando que lá viveriam melhor. Foram discriminados de todo jeito. Muitos se tornaram escravos do desemprego, da fome, da miséria. Por isso, muitas comunidades negras de hoje não comemoram o dia 13 de maio. Preferem comemorar o dia 20 de novembro, dia da morte de Zumbi, símbolo da luta do negro pela liberdade.

Discuta com seus colegas sobre a frase a seguir e escreva o resultado no seu caderno:

O negro foi libertado, mas não passou a ser verdadeiramente um cidadão.

O número de imigrantes continuava a aumentar. Trazidos principalmente para o trabalho na agricultura do café e na indústria que iniciava no Brasil.

Realmente, o Brasil havia mudado. Com as mudanças na economia e a vinda de imigrantes europeus, surgiram novas ideias, apoiadas por militares e por parte das elites. Era melhor uma nova forma de governo, pensavam. Uma forma de governo igual a dos Estados Unidos, onde não havia rei. Uma forma de governo com presidente eleito pelo povo, mas não por todo o povo, conforme o desejo das elites.

Imigrantes italianos chegando ao Brasil.

Essa nova forma de governar era chamada de República. E assim foi feito.

Em 15 de novembro de 1889 um golpe (ato de força) proclamava a República do Brasil. Seu líder foi Marechal Deodoro da Fonseca. O povo não participou.

Em grupo

Justifique oralmente as afirmativas, trocando ideias com seus colegas:

1. Logo após a independência do Brasil, todas as províncias brasileiras aceitaram a independência.

2. A independência do Brasil foi um movimento pacífico.

3. Na época da Regência aconteceram muitas revoltas no Brasil.

4. A maior riqueza no Brasil na época do Império foi o café.

5. Por querer garantir o seu desenvolvimento econômico, o Brasil passou a ter rivalidade com seus países vizinhos.

6. Com a Lei Áurea, muitos negros ex-escravizados passaram a viver dignamente nas grandes cidades.

História

Copie em seu caderno completando a frase com suas palavras:

1. Contra o governo autoritário de D. Pedro I, estourou uma revolução no Nordeste chamada...
2. Os dois reis que governaram o Brasil foram...
3. A principal riqueza do Brasil na época do Império foi o...
4. A lei que libertava negros escravizados foi chamada de...
5. A Proclamação da República foi feita no dia...

Pesquisa

Com o auxílio do professor, pesquise sobre o seu Estado e anote o resultado no seu caderno:

- Como ele se chamava na época do Brasil Colônia?
- E na época do Brasil Império?
- Ele se separou de alguma outra Província ou Estado?
- Em que data é comemorado o "dia" do seu estado?
- Quais foram as maiores riquezas que fizeram o Estado se desenvolver?
- Desenhe um mapa do seu Estado, anotando nele as principais cidades.

Fazendo conexão com... Geografia

Em grupo, analisem a imagem, com o auxílio do professor.

Respondam às questões propostas:

1. O que ela representa?
2. Existem muitas situações como essa da imagem espalhadas pelo Brasil?
3. Que dificuldades passam as pessoas que vivem nessa situação?
4. Já se passaram quase duzentos anos da nossa independência e por que ainda temos brasileiros vivendo assim?
5. Que soluções deveriam e devem ser tomadas para melhorar essa situação?

Favela da Rocinha.

ALMEIDA, Katia. **Metrópole** (2011). Acrílico sobre tela. 70 cm x 70 cm. Acervo particular.

Unidade 4

Relações sociais, culturais e de produção

Nesta unidade, você aprenderá a:
- Analisar como o Brasil formou sua República até os dias atuais.
- Reconhecer os principais direitos constitucionais dos cidadãos brasileiros.
- Opinar sobre as mudanças necessárias na sociedade brasileira.
- Interpretar documentos históricos.

História

O Brasil República

República Velha

Você já estudou que o Brasil se libertou de Portugal em 7 de setembro de 1822.

Já sabe também que teve duas formas de governo: o Império, ou Monarquia, e a República.

O que significa "república" e como está organizada a República brasileira?

Vamos conversar sobre isso.

Roda de conversa

Brasão é um símbolo de uma família, de uma região ou de uma nação. O Brasil já teve dois brasões, representados nas figuras ao lado.

Com o auxílio do professor, interprete-as junto com seus colegas.

1. O que eles representam?

2. Que símbolos eles têm em comum?

3. Que data está assinalada no segundo brasão e qual o porquê dessa data?

4. Em que documentos, normalmente, podemos encontrar o segundo brasão?

Proclamação da República

As ideias republicanas no Brasil surgiram de uma hora para a outra e culminaram com o ato da Proclamação, no dia 15 de novembro de 1889.

Os ideais da Revolução Francesa (de 1789 a 1799), inspiraram as ideias republicanas de intelectuais e políticos brasileiros.

Em 1792, morre Tiradentes, hoje símbolo da luta por um Brasil livre do jugo português.

O projeto para instituir uma república federativa já estava presente nas questões políticas desde o início do Império brasileiro, que durou por sessenta e sete anos. Bem antes, portanto, de 15 de novembro de 1889, quando ocorreu a Proclamação da República, mudando o governo brasileiro. Na verdade, não houve participação do povo brasileiro, pois foi um golpe militar.

CALIXTO, Benedito. **Proclamação da República** 1893. Óleo sobre tela, 123,5 cm x 200 cm. Pinacoteca Municipal de São Paulo (SP).

Saber mais

'República', do latim **res publica**, que significa 'coisa pública', é uma forma de governo em que a constituição e a organização política são exercidas durante um tempo limitado por um ou mais indivíduos eleitos, direta ou indiretamente pela nação e investidos de determinadas responsabilidades.

GRANDE Enciclopédia Larousse Cultural. São Paulo: Nova Cultura, p. 5003. v. 20.

A ideia de república pressupõe democracia e participação do povo, tanto na administração pública quanto na garantia dos direitos do cidadão.

Alguns povos da Antiguidade, como os romanos, já haviam adotado essa forma de governo, porém, foi na França, com a Revolução Francesa (de 1789), que surgiu a noção de república que temos atualmente. Os revolucionários franceses utilizaram o barrete (gorro) vermelho, denominado "barrete frígio", como símbolo da liberdade e, ao mesmo tempo, símbolo da participação popular no governo.

Ainda hoje, muitos países e estados utilizam esse símbolo em suas bandeiras, brasões e moedas.

Barrete frígio, símbolo da liberdade.

História

A Família Real deixou o poder e foi exilada do Brasil.

Um grupo de militares e de civis, comandados pelo Marechal Deodoro da Fonseca, assumiu o governo.

Uma nova Constituição foi feita. Mas nem todos os brasileiros podiam participar como verdadeiros cidadãos. As mulheres, os analfabetos e os soldados não podiam votar ou serem eleitos. Isto é, a maioria da população ficava fora das decisões políticas.

Na realidade, boa parte dos eleitores também não era livre para votar, pois tinha que votar em público. O voto não era secreto.

Última foto de D. Pedro II e a família imperial antes da proclamação da república. Da esquerda para a direita: imperatriz Tereza Cristina (esposa), D. Antônio (neto), princesa Isabel (filha), imperador Pedro II, D. Pedro Augusto (neto), D. Luiz (neto), conde D'Eu (genro, marido da princesa Isabel) e D. Pedro de Alcântara (neto).

Isso fazia com que os patrões, principalmente os grandes latifundiários apelidados de coronéis, forçassem eleitores a votarem em quem eles (patrões) quisessem.

E assim foi por muito tempo. Até 1930.

O que mudou no Brasil com a República

Para a sociedade brasileira em geral, a Proclamação da República não trouxe grandes mudanças, uma vez que o processo não envolveu a população como um todo. A classe aristocrática rural teve seus interesses favorecidos com a mudança que eliminava os obstáculos representados pela centralização da Monarquia.

A Constituição da República de 1891, a primeira do governo republicano, estabelecia o sistema federativo, o direito à liberdade, à segurança e à propriedade.

A Constituição também estabeleceu o direito ao voto para todos os homens de 21 anos e alfabetizados. Ficaram excluídos desse direito as mulheres, os mendigos, os soldados, os analfabetos e os religiosos. Como o voto não era obrigatório e o número de eleitores era restrito, o controle da situação permanecia nas mãos da elite econômica do País.

Infelizmente, no entanto, mesmo tendo eleições, o Brasil ficou sendo governado pelo poder de homens poderosos, conhecidos como "coronéis". Os eleitores eram manipulados, o voto era comprado e a maioria dos cidadãos não tinha voz. Era o chamado "voto de cabresto".

A proibição do voto às mulheres permaneceu por algum tempo. Além disso, elas eram desfavorecidas em algumas situações do dia a dia. Para se ter uma ideia, basta ler o trecho a seguir, que retrata um pouco a situação da mulher.

Mulher no início do século XX

Por mais enaltecido que fosse o papel da mãe, um obscuro destino esperava as mulheres. Uma senhora de elite, envolta numa aura de castidade e resignação, devia procriar e obedecer. Com os filhos mantinha poucos contatos, uma vez que os confiava aos cuidados de amas de leite, preceptoras e governantas. Sobravam-lhe as amenidades, as parcas leituras e a supervisão dos trabalhos domésticos. Até mesmo as linhas de parentesco, tão caras à sociedade patriarcal, só se tornavam "efetivas" quando provinham do homem. Desse modo, a mulher perdia a consanguinidade de sua própria família de origem, para adotar a do esposo.

ENCICLOPÉDIA Nosso Século: 1900/1910, São Paulo: Abril Cultural, p.112. v. s.

Operárias da tecelagem Mariangela, das Indústrias Reunidas F. Matarazzo. São Paulo, anos 1920.

GLOSSÁRIO

aristocracia – elite que detém o poder.
federativo – composto por estados autônomos.
obscuro – escuro, escondido.
resignação – submissão.

História

O Brasil continuava sendo o país do café, mandado pelos barões do café. Os Estados, em sua maioria, eram mandados pelos coronéis.

Isso provocou vários movimentos de descontentamento em muitas regiões do Brasil.

Ao mesmo tempo, alguns Estados aumentavam sua industrialização, principalmente nas capitais. Entre as cidades que mais se industrializaram estão São Paulo e Rio de Janeiro.

Industrialização e movimentos operários

Com o crescimento do número de indústrias, surgiu a classe operária, alteraram-se os contratos de trabalho, surgiram os bairros operários próximos às fábricas. Os trabalhadores viviam em condições precárias de trabalho e moradia. A jornada diária variava entre 10 e 14 horas. Mulheres e crianças também trabalhavam como operárias, porém com remuneração inferior à do trabalhador masculino adulto. Com isso, ficavam evidentes as diferenças sociais, e os trabalhadores se organizavam em sindicatos para garantir seus direitos, uma vez que não existia uma legislação trabalhista que estabelecesse normas de trabalho.

Os operários ainda não tinham um conjunto de leis trabalhistas que garantisse os seus direitos.

As mulheres também começaram a trabalhar nas indústrias, principalmente nas tecelagens. Só que o trabalho delas era menos valorizado do que o trabalho dos homens. Elas ganhavam salário mais baixo do que os homens, por exemplo.

A exploração da mão de obra do trabalho infantil e a discriminação do trabalho da mulher deviam-se à não existência de leis que protegessem o trabalhador.

Era preciso mudar essa prática. Assim, no início do século XX, surgiram jornais como *A Terra Livre*, *O Libertário* e *O Amigo do Povo*, que funcionavam como porta-vozes das reivindicações dos operários.

Com o crescimento do número de indústrias nas grandes cidades, o movimento pelos direitos dos trabalhadores começou a ganhar força e surgiram as primeiras greves. A maioria delas reivindicava aumento salarial e redução da jornada de trabalho para oito horas diárias.

Isso tudo levou os trabalhadores a se organizarem e a exigirem seus direitos. Surgiram, então, vários movimentos, como a famosa greve dos operários de São Paulo em 1917, que praticamente fez São Paulo parar.

A greve começou nas fábricas de tecidos Crespi e alastrou-se por toda a cidade, com a participação de cerca de 35 mil trabalhadores. Depois, o movimento atingiu o interior de São Paulo e o Estado do Rio de Janeiro. O movimento se fortaleceu e os trabalhadores passaram a reivindicar jornada diária de oito horas, semana de trabalho de cinco dias e meio, fim do trabalho do menor, segurança no trabalho e pontualidade no pagamento dos salários. Além dessas, surgiram outras reivindicações feitas ao governo, como redução dos preços dos aluguéis e do custo dos alimentos, respeito ao direito de sindicalização, libertação dos operários presos e recontratação dos grevistas. O governo e os industriais foram obrigados a negociar com os operários, que tiveram algumas de suas reivindicações atendidas, tais como aumento salarial, pagamento de salários fixos a cada mês, recontratação dos grevistas e promessa quanto à melhoria de condições de vida dos operários.

Greve geral. Grevistas descem ladeira do Carmo, em direção ao Brás. São Paulo, 1917.

Nos campos, no interior do Brasil, também surgem movimentos de descontentamento.

Grupos de militares igualmente se manifestavam descontentes, sendo que muitos se revoltavam.

As elites brasileiras também estavam divididas. Algumas desejavam manter a situação que estava e que lhes interessava, outras, porém, queriam mudanças que pudessem permitir o seu desenvolvimento. Eram principalmente as elites ligadas à indústria.

Leiam juntos o texto.

> O papel da mulher na sociedade brasileira: da sociedade colonial aos dias atuais
> A Revolução Industrial trouxe uma série de transformações para a humanidade algumas boas e, outras ruins. Um dos aspectos negativos foi a corrida imperialista entre as potências industrializadas, tendo como consequência as guerras geradas pelas disputas de territórios. O aspecto positivo é que, com as guerras, a mulher passou a ser novamente uma personagem importante nas nações beligerantes, já que foi ela que, durante anos, sustentou a família com seu trabalho que, infelizmente, produziu as armas para a destruição em massa e, sem dúvida nenhuma, foi ela quem reergueu os Estados destruídos por anos de guerras.
>
> No século XX, vimos a mulher retomar seu antigo papel, voltando a ter participação ativa na sociedade, encontrando seu espaço por meio de muita luta para adquirir seus direitos como cidadã, como trabalhadora, como mulher, como companheira, como mãe. Passando a ser vista, a ser retratada por ela e como ela é, procurando sa-

História

ber, questionando e não apenas aceitando passivamente o que o homem dizia. Transformando-se em cientista, em romancista, em historiadora, mantendo-se em qualquer profissão e demonstrando ser tão capaz quanto o homem. Só que temos de ressaltar: não deixou, em nenhum momento, de fazer o que era exigido, ou seja, continuou exercendo seu papel de mãe, esposa, amante e amiga.

Disponível em: www.monteirolobato.com.br/material/palestra_miriam.doc.

Em grupo, discutam as questões propostas:

1. Se a mulher não votava, ela não era considerada cidadã? Qual a sua opinião?

2. Algumas mulheres também foram para a guerra e exerciam papéis importantes. O que elas faziam lá?

3. Como os homens adultos foram para a guerra, às mulheres cabia o papel de produção de material bélico. Qual a sua opinião sobre isso?

4. Você conhece alguma profissão hoje, século XXI, que só o homem pode exercer? Justifique.

Saber mais

No dia 1º de maio é comemorado o Dia do Trabalho na maioria dos países industrializados. A data homenageia oito líderes trabalhistas norte-americanos que foram julgados por dirigirem manifestações, em Chicago, contra a exploração dos trabalhadores. Eles receberam uma pena cruel: foram enforcados em 1888, sem direito a um julgamento decente. E, em 1889, a Segunda Internacional, uma associação mundial de trabalhadores socialistas, aprovou em seu congresso a escolha do dia 1º de maio como o Dia do Trabalhador. No Brasil, a data foi fixada em 1925, quando o presidente Artur Bernardes instituiu, por meio de decreto, o 1º de maio como feriado nacional.

Discutam em grupo sobre a situação do trabalhador:

1. Discutam com os colegas e professor, sobre o que é CLT.

2. O que são sindicatos de trabalhadores?

3. Você é trabalhador sindicalizado? Sim? Não? Por quê?
A que conclusão chegaram? Anote suas conclusões no caderno.
Pesquise quais são os direitos dos operários atualmente.

Brasil: de 1930 aos dias atuais

Você já estudou que "república" quer dizer coisa pública, democracia; e que uma das ideias básicas da república é a liberdade. Estudou também que a república brasileira foi proclamada sem a participação do povo, pois, na verdade, foi um golpe militar.

Realmente, uma sociedade democrática é bastante complexa e está sempre em construção. A vida democrática de um povo nunca está plenamente terminada.

Na história de qualquer país existem momentos mais democráticos e outros de grandes tensões. Em alguns momentos, inclusive, ocorreram governos ditatoriais.

Vamos conversar sobre isso.

Roda de conversa

A imagem ao lado é uma gravura que faz uma crítica a certas situações que podem ocorrer numa nação.

Com o auxílio do professor, interprete-a junto com seus colegas.

1. Explique o que o autor quer dizer com ela.
2. O que ocorre numa nação quando os cidadãos são obrigados a uma situação como essa?
3. Isso já teria ocorrido no Brasil?

Em 1930, aconteceu uma eleição que provocou o estouro de uma revolução. Ela foi chamada de Revolução de 30. O Brasil já vinha passando por crises políticas há mais de vinte anos e teve sua economia comprometida com uma grave crise internacional que provocou a queda da exportação do café, nosso principal produto econômico.

As eleições de 1930 foram fraudulentas a favor do governo que estava no poder, representando, sobretudo, os dois estados mais fortes do país: São Paulo e Minas Gerais. Reações contra essa situação se formaram no Nordeste e no Sul do Brasil. Em outubro, tropas rio-grandenses marcharam em direção à capital da República (Rio de Janeiro), sob a liderança de Getúlio Vargas.

História

No Rio de Janeiro, uma junta militar forçava a renúncia do presidente Washington Luís, que, em seguida, passou o poder para Vargas. Durante o seu governo, foram feitas duas novas Constituições, várias leis trabalhistas e uma grande mudança na economia brasileira. O Brasil teve, então, um bom desenvolvimento industrial.

Algumas mudanças importantes no funcionamento da sociedade brasileira foram:

- o voto passou a ser secreto;
- as mulheres passaram a ter o direito de votar;
- foi criada a CLT (Consolidação das Leis do Trabalho), que estabelecia alguns dos direitos do trabalhador;
- foi estimulada a industrialização do Brasil;
- o Brasil deixou de ser o país apenas do café para também valorizar a produção de outros produtos agrícolas;
- diminui-se o poder dos "coronéis".

Mas o governo de Getúlio Vargas durou quinze anos, tornando-se, com o tempo, uma ditadura violenta. Por isso mesmo foi também um governo de muitas dificuldades políticas.

Durante o governo Vargas ocorreu a Segunda Guerra Mundial (de 1939 a 1945), que mexeu com toda a humanidade. O Brasil teve participação nessa guerra mandando soldados para lutarem na Itália.

Terminada a guerra, o mundo passou a reconstruir e a buscar forma de combater as ditaduras, como o Nazismo de Hitler, na Alemanha, e a do Mussolini, na Itália. Era preciso reordenar as políticas nacionais e o mundo em bases mais democráticas.

Getúlio Vargas. Governou de 1930 a 1945.

Discuta com seus colegas

1. O que se entende por democracia?

2. Pode-se aceitar democracia somente como participação política?
   Anote suas conclusões no caderno.

Após o governo de Getúlio foi feita outra Constituição, bem mais democrática. Foi a primeira Constituição de cuja elaboração representantes das camadas populares puderam participar.

Assim, o Brasil passaria a ter um novo funcionamento. Agora bem mais democrático.

Ao mesmo tempo, as nações do mundo inteiro se reuniam para criar uma superorganização na qual fosse possível se discutir os grandes problemas da humanidade e criar soluções para eles. Essa organização foi chamada de ONU – Organização das Nações Unidas.

Um dos documentos mais importantes que ela fez foi a Declaração dos Direitos Humanos, que deve ser respeitada por todos os povos.

Saber mais

A seguir, você encontra dois dos mais importantes artigos da Declaração dos Direitos da ONU. Leia-o com o auxílio do professor.

Declaração Universal dos Direitos Humanos

Artigo XXIII

1. Toda pessoa tem direito ao trabalho, à livre escolha de emprego, a condições justas e favoráveis de trabalho e à proteção contra o desemprego.
2. Toda pessoa, sem qualquer distinção, tem direito a igual remuneração por igual trabalho.
3. Toda pessoa que trabalhe tem direito a uma remuneração justa e satisfatória, que lhe assegure, assim como à sua família, uma existência compatível com a dignidade humana, e a que se acrescentarão, se necessário, outros meios de proteção social.
4. Toda pessoa tem direito a organizar sindicatos e neles ingressar para proteção de seus interesses.

Artigo XXIV

Toda pessoa tem direito a repouso e lazer, inclusive limitação razoável das horas de trabalho e férias periódicas remuneradas.

Após a ditadura de Vargas, o Brasil teve vários presidentes que continuaram a modernização e o desenvolvimento do país, como Eurico Dutra, Getúlio Vargas (então eleito democraticamente), Juscelino Kubitschek, Jânio Quadros e João Goulart.

História

Discutam em grupo e depois anotem suas conclusões no caderno.

1. De qual ou quais desses desses governantes vocês já ouviram falar?

2. Que cidade importante foi construída no governo de Juscelino Kubitschek para ser a nova capital do país?

3. O que representa essa cidade hoje para o País?

4. Que obras arquitetônicas vocês conhecem dessa cidade, por imagens ou por visita?

No entanto, esse período da nossa história também foi bastante tumultuado, sobretudo porque, com o desenvolvimento industrial, os operários passaram também a reivindicar seus direitos e maior participação na vida nacional.

Novas disputas aconteceram na sociedade brasileira. Enquanto isso, governantes manipulavam o povo de várias maneiras.

Crescem novas ideias e novos grupos exigindo reformas básicas para o país. A classe trabalhadora organizou-se e mobilizou-se melhor, colocando em risco o poder das elites que estavam no poder.

Por isso, um grupo que representava tais classes resolveu dar ordens. Mandou todo mundo se silenciar, propondo um governo forte para desenvolver o Brasil: foi mais um golpe militar que ocorreu na História da sociedade brasileira.

Instalou um governo militar ditatorial. Muita gente concordou. Muita gente discordou. Ocorreram práticas de repressão e de autoritarismo. Houve muito progresso econômico de um lado, mas, ao mesmo tempo, aumentou o nível de pobreza de boa parte da população.

Para crescer, o País aumentou a sua dívida com outros países, pois passou a pedir emprestado o dinheiro que não tinha e queria. É isso que chamamos de dívida externa. Ocorreu também um bom desenvolvimento econômico, mas, ao mesmo tempo, a classe trabalhadora ficou mais empobrecida com a desvalorização do seu salário. A cidades cresceram bastante com o aumento do êxodo rural. Isso significou maior quantidade de pessoas vivendo em áreas de favelas, com baixa qualidade de vida.

O povo ficou novamente sem participar.

Por algum tempo, apenas...

Em grupos e com o auxílio do professor, analisem e discutam a charge ao lado.

Passados vinte anos de governo autoritário, as pessoas voltaram a se organizar e foram para as ruas com o grito de "Diretas-já!" e "O povo unido jamais será vencido!"

"Diretas já!" era a expressão que exigia a volta de eleições livres e democráticas, pois o governo miliitar havia acabado com elas. Era o povo querendo participar.

O regime militar não resistiu e o país voltou à democracia. Foi preciso fazer uma nova Constituição, que permitisse uma maior participação do povo e garantisse novos direitos. Os novos governos tiveram e têm até hoje a árdua tarefa de desenvolver o país econômica e socialmente.

Hoje, o País tenta encontrar o seu caminho buscando soluções para seus problemas econômicos e sociais com planos de estabilidade econômica e de desenvolvimento social.

Mas há muito ainda a ser feito.

O Estado de São Paulo, 5/10/88 - ed.historica, p.3.

Discuta com seus colegas, em grupo

1. Compensa para um país ter um governo autoritário para desenvolver-se?

2. Que problemas vocês acham que ainda são sérios na sociedade brasileira e precisam ser sanados?

3. Que soluções, vocês enquanto cidadãos, sugerem para sanar tais problemas?

História

Produção de texto

Com o auxílio do professor e em pequenos grupos:

1. Escolham um dos temas propostos a seguir

    a) "BRASIL: ESSE PAÍS TEM JEITO!"

    b) "O BRASIL QUE QUEREMOS!"

    c) "ISSO TEM QUE ACABAR NO BRASIL!"

2. Coletem imagens de revistas, jornais, internet, etc. que dizem respeito ao tema escolhido.

3. Construam um cartaz, colando nele as imagens coletadas e escrevendo textos de manchete ou pequenos textos de reportagens sobre o tema.

4. Apresentem seu trabalho para os demais grupos, justificando e explicando o sentido do cartaz que vocês criaram.

Fazendo conexão com... Língua Portuguesa e Arte

O compositor e cantor Ivan Lins compôs esse belo poema e o musicou, expressando a esperança que um povo deve ter quanto ao seu país.

Em grupo, leiam e interpretem o poema, com o auxílio do professor. Depois, cantem a música.

Desesperar Jamais
Ivan Lins

Desesperar jamais

Aprendemos muito nesses anos

Afinal de contas não tem cabimento

Entregar o jogo no primeiro tempo

Nada de correr da raia

Nada de morrer na praia

Nada! Nada! Nada de esquecer

No balanço de perdas e danos

Já tivemos muitos desenganos

Já tivemos muito que chorar

Mas agora, acho que chegou a hora

De fazer valer o dito popular

Desesperar jamais

Cutucou por baixo, o de cima cai

Desesperar jamais

Cutucou com jeito, não levanta mais.

Brasil dos cidadãos

Hoje o Brasil vive uma democracia.

Mas, diz-se "democracia" somente porque o cidadão pode votar?

O que realmente é uma sociedade democrática?

Vamos conversar sobre isso.

Roda de conversa

A imagem ao lado é um cartaz. Ele foi utilizado pala Associação dos Docentes da Universidade Federal de Sergipe. No alto do cartaz tem um *slogan* que representa o que deseja o movimento.

Com o auxílio do professor, interprete-o junto com seus colegas.

1. Qual é o *slogan* escrito no cartaz?

2. Por que o movimento pede garantia de direitos?

3. Que direitos vocês acham que o cidadão brasileiro precisa ter garantidos?

Direitos adquiridos

A Constituição de 1934, feita no governo de Getúlio Vargas, trouxe avanços para a sociedade brasileira e para a classe trabalhadora. Ela instituiu o salário mínimo, a jornada de trabalho de oito horas diárias, o repouso semanal e as férias anuais remuneradas.

Infelizmente, porém, logo após ela, Getúlio impôs outra constituição, em 1937, que restringia os direitos políticos dos cidadãos e instituía uma ditadura que durou por oito anos.

Após seu governo ditatorial, uma nova constituição reorganizou o governo democrático no Brasil, até que o regime militar instituído no Brasil impôs nova constituição e fez várias alterações quanto aos direitos políticos dos brasileiros.

História

A atual Constituição, promulgada em 1988, após o governo militar, também trouxe um acréscimo de vários direitos sociais e trabalhistas.

Analise alguns artigos importantes da nossa Constituição:

Art. 1º - A República Federativa do Brasil, formada pela união indissolúvel dos Estados e Municípios e do Distrito Federal, constitui-se em Estado democrático de direito e tem como fundamentos:

I - a soberania;

II - a cidadania;

III - a dignidade da pessoa humana;

IV - os valores sociais do trabalho e da livre iniciativa;

V - o pluralismo político.

Parágrafo único. Todo o poder emana do povo, que o exerce por meio de representantes eleitos ou diretamente, nos termos desta Constituição.

GLOSSÁRIO

Soberania – independência.
Livre iniciativa – iniciativa particular, não governamental.
Pluralismo político – que tem vários partidos políticos

Outro importante artigo da atual Constituição brasileira é o artigo sétimo, que estabelece os direitos dos trabalhadores. Leia-o e interprete cada item do artigo, com o auxílio do professor.

Art. 7º - São direitos dos trabalhadores urbanos e rurais, além de outros que visem à melhoria de sua condição social.

I- relação de emprego protegida contra despedida arbitrária ou sem justa causa, nos termos de lei complementar, que preverá indenização compensatória, dentre outros direitos;

II- seguro-desemprego, em caso de desemprego involuntário;

III- fundo de garantia do tempo de serviço;

IV- salário mínimo fixado em lei, nacionalmente unificado, capaz de atender às suas necessidades vitais básicas e às de sua família, como moradia, alimentação, educação, saúde, lazer, com reajustes periódicos que lhe preservem o poder aquisitivo, sendo vedada sua vinculação para qualquer fim;

V- piso salarial proporcional à extensão e à complexidade do trabalho;

VI- irredutibilidade do salário salvo o disposto em convenção ou acordo coletivo;

VII- garantia de salário, nunca inferior ao mínimo, para os que recebem remuneração variável;

VIII- décimo terceiro salário com base na remuneração integral ou no valor da aposentadoria;

IX- remuneração do trabalho noturno superior à do diurno;

X- proteção do salário na forma da lei, constituindo crime sua retenção dolosa;

XI- participação nos lucros ou resultados, desvinculada da remuneração e, excepcionalmente, participação na gestão da empresa, conforme definido em lei;

XII- salário família pago em razão do dependente do trabalhador de baixa renda nos termos da lei;

XIII- duração do trabalho normal não superior a oito horas diárias e quarenta e quatro semanais, facultada a compensação de horários e a redução da jornada, mediante acordo ou convenção coletiva de trabalho;

XIV- jornada de seis horas para o trabalho realizado em turnos ininterruptos de revezamento, salvo negociação coletiva;

XV- repouso semanal remunerado, preferencialmente aos domingos;

XVI- remuneração do serviço extraordinário superior, no mínimo, em cinquenta por cento à do normal;

XVII- gozo de férias anuais remuneradas com, pelo menos, um terço a mais do que o salário normal;

XVIII- licença à gestante, sem prejuízo do emprego e do salário, com a duração de cento e vinte dias;

XIX- licença-paternidade, nos termos fixados em lei;

XX- proteção do mercado de trabalho da mulher, mediante incentivos específicos, nos termos da lei;

XXI- aviso prévio proporcional ao tempo do serviço, sendo no mínimo de trinta dias, no termos da lei;

XXII- redução dos riscos inerentes ao trabalho, por meio de normas de saúde, higiene e segurança;

XXIII- adicional de remuneração para as atividades penosas, insalubres ou perigosas, na forma da lei;

XXIV- aposentadoria;

XXV- assistência gratuita aos filhos e dependentes desde o nascimento até seis anos de idade em creches e pré-escolas;

XXVI- reconhecimento das convenções e acordos coletivos de trabalho;

XXVII- proteção em face da automação, na forma da lei;

XXVIII- seguro contra acidentes de trabalho, a cargo do empregador, sem excluir a indenização a que este está obrigado, quando incorrer dolo ou culpa;

XXIX- ação, quanto aos créditos resultantes das relações de trabalho, com prazo prescricional de cinco anos para os trabalhadores urbanos e rurais, até o limite de dois anos após a extinção do contrato de trabalho;

XXX- proibição de diferença de salários, de exercícios de funções e de critério de admissão ou motivo de sexo, idade, cor ou estado civil;

XXXI- proibição de qualquer discriminação no tocante a salário e critérios de admissão do trabalhador portador de deficiência;

XXXII- proibição de distinção entre trabalho manual, técnico e intelectual ou entre os profissionais respectivos;

XXXIII- proibição de trabalho noturno, perigoso e insalubre a menores de dezoito anos e de qualquer trabalho a menores de dezesseis anos, salvo na condição de aprendiz, a partir de quatorze anos;

XXXIV- igualdade de direitos entre o trabalhador com vínculo empregatício permanente e o trabalhador avulso.

Parágrafo único. São assegurados à categoria dos trabalhadores domésticos os direitos previstos nos incisos: IV, VI, VIII, XVIII, XIX, XXI e XXIV, bem como a sua integração à previdência social.

História

Seu professor dividirá a turma em vários grupos. Cada grupo discutirá alguns dos direitos previstos no artigo sétimo da Constituição. Depois, cada aluno contará para outros grupos as conclusões a que chegaram.

Em conjunto com seu professor e com toda a turma, respondam:

1. Quais as condições de vida das pessoas que recebem o salário mínimo mensal?

2. Qual a importância da carteira de trabalho?

3. O que é FGTS?

4. O que ainda precisa ser feito para melhorar as condições do trabalhador no Brasil?

5. De que forma os trabalhadores podem reivindicar melhorias e lutar por seus direitos, quando eles não são respeitados?

Pesquise qual o valor do salário mínimo atual. Compare o valor do salário mínimo com o salário que você ganha ou da pessoa que sustenta sua família.

Fazendo conexão com... Matemática

Depois, com o auxílio do professor, faça cálculos dos gastos que sua família tem com água, luz, moradia, saúde, alimentação, transporte, educação.

Note os cálculos no seu caderno.

Direitos à educação

Em 1990 foi promulgado o Estatuto da Criança e do Adolescente, que estabelece direitos especiais que o governo e a sociedade devem ter para zelar pelo crescimento saudável de nossas crianças e adolescente. O Artigo 53 diz que:

> *A criança e o adolescente têm direito à educação, visando ao pleno desenvolvimento de sua pessoa, preparo para o exercício da cidadania e a qualificação para o trabalho, assegurando-se lhes:*
> *I - igualdade de condições para o acesso e permanência na escola;*
> *II - direito de ser respeitada por seus educadores.*

Mas, atualmente, há também uma grande preocupação no mundo todo com a educação de jovens e adultos que não puderam entrar para a escola ou não puderam completar seus estudos quando eram crianças.

Em março de 1990, foi realizada uma conferência mundial de educação com 157 países. Ela criou um documento com algumas considerações importantes.

Leia, com o auxílio do professor.

> Há mais de quarenta anos, as nações do mundo afirmaram, na Declaração Universal dos Direitos Humanos, que toda pessoa tem direito à educação. No entanto, apesar de esforços realizados por países do mundo inteiro para assegurar o direito à educação para todos, persistem as seguintes realidades:
>
> - [...] mais de 960 milhões de adultos – dois terços dos quais são mulheres – são analfabetos, e o analfabetismo funcional é um problema significativo em todos os países industrializados ou em desenvolvimento;
>
> - mais de um terço dos adultos do mundo não têm acesso ao conhecimento impresso, às novas habilidades e tecnologias, que poderiam melhorar a qualidade de vida e ajudá-los a perceber e a adaptar-se às mudanças sociais e culturais.
>
> - mais de 100 milhões de crianças e incontáveis adultos não conseguem concluir o ciclo básico, e outros milhões, apesar de concluí-lo, não conseguem adquirir conhecimentos e habilidades essenciais.
>
> Declaração Mundial Sobre Educação Para Todos UNESCO - 1998. Disponível em: <http://unesdoc.unesco.org/imagem/0008/000862/>.

Ao final da Conferência, os países participantes assinaram um documento em que se comprometiam a desenvolver ações para atender a essa situação. Em encontros posteriores, os governos se comprometeram a tomarem novas medidas para erradicar o analfabetismo entre adultos e lhes dar melhores condições na busca do conhecimento.

Produção de texto

Com o auxílio do professor, escreva uma carta a um colega de sua sala, com os seguintes assuntos:

– Quando você começou sua alfabetização.

– Por que se afastou da escola.

– Quais direitos à educação você já conhecia.

– Como você se sente hoje com o que já aprendeu na escola.

História

Concluindo a unidade

Dividam-se em pequenos grupos. Cada grupo irá criar uma pequena peça de teatro. Pode ser do gênero drama ou comédia, conforme o grupo desejar.

Escolha uma situação da vida cotidiana que se refira aos assuntos estudados nesta unidade para ser representada. Seu professor auxiliará seu grupo a se organizar.

- Discutam o enredo da peça.
- Distribuam os papéis.
- Redijam as falas que cada personagem irá dizer.
- Busquem indumentárias e objetos que forem necessários.
- Ensaiem a peça.
- Apresentem aos colegas de sala.
- Após cada apresentação, façam um pequeno debate sobre o assunto representado.
- Utilize o espaço a seguir para escrever o roteiro da peça.

_____
_____
_____
_____
_____
_____
_____
_____
_____
_____
_____
_____
_____

Unidade 1
Os seres humanos e o ambiente

Nesta unidade, vamos compreender, refletir e debater acerca das seguintes questões:
- A convivência homem-paisagem sob o aspecto das transformações daí decorrentes.
- A diferença existente entre os termos "tempo" e "clima".
- Os principais tipos climáticos brasileiros e sua distribuição.
- O elemento "água", sua importância e preservação para a vida no planeta.
- A diversidade da vegetação brasileira; suas características e as relações com o ser humano.

Geografia

Ambiente Terra

Clima: fascínio e preocupações

Roda de conversa

- Você costuma consultar a previsão do tempo? Em quais ocasiões?
- Qual é a estação do ano que mais lhe agrada? Por quê?
- Você relembra algum fato, referente a fenômenos atmosféricos, que tenha lhe causado temor? Descreva para seu professor e colegas.

Observe estas imagens e discuta com seus colegas e professor as impressões que elas lhes causam. A primeira retrata o desabamento causado por fortes chuvas ocorrido em abril de 2012, na cidade de Teresópolis, no Rio de Janeiro, e a segunda mostra uma cena da devastação provocada pelo furacão Katrina na cidade de Nova Orleans, no estado de Louisiana, nos Estados Unidos, em agosto de 2005, submergindo aproximadamente 90% da cidade.

Descreva para a sua classe algumas informações que você já observou ou se inteirou, por meio de notícias, a respeito das mudanças climáticas que ocorrem atualmente na sua região e no mundo.

Desabamento causado por fortes chuvas em abril de 2012, em Teresópolis (RJ).

Devastação causada pelo furacão Katrina na cidade de Nova Orleans (EUA), em agosto de 2005.

Desde os tempos remotos, o homem sempre foi fascinado por obter conhecimentos prévios a respeito dos fenômenos atmosféricos.

Em determinadas regiões esses fenômenos, que traziam prejuízos às populações e que se repetiam de tempos em tempos, como neve em excesso, secas e furacões, eram vistos com temor.

Para conhecer as condições do tempo e clima de sua região, pessoas como os agricultores e pescadores, cujas atividades dependiam fortemente dessas condições, acreditavam na tradição contada através dos ditos populares. Veja alguns exemplos:

– *Lua Nova trovejada, trinta dias é molhada.*
– *Após a tempestade vem a bonança.*
– *Em fevereiro chuva, em agosto uva.*
– *Se queres ser bom ervilheiro, semeia na crescente de janeiro.*
– *Chuva em janeiro e sem frio, vai dar riqueza ao estio.*
– *Se chover no oitavo dia de junho, tal prediz uma colheita molhada...*

Na França, afirma-se que as condições climáticas durante o banquete feito no dia de Saint Medard (8 de junho) determinam se as próximas semanas serão molhadas ou secas.

Na Inglaterra, o dia de referência é 15 de julho (dia de Saint Swithin), quando as pessoas observavam os fenômenos atmosféricos que se apresentavam e que, segundo a tradição, se manteriam durante os próximos quarenta dias.

Atualmente a questão climática é bastante discutida. Ela interessa ao ser humano porque ele está diretamente ligado a ela. As catástrofes que hoje ocorrem, sejam elas naturais ou provocadas, são objeto de muita atenção por parte da ciência. As questões de desequilíbrio da natureza comprometem a estabilidade do Planeta e, consequentemente, a nossa vida. É desse equilíbrio que depende a qualidade de vida que temos e teremos em um futuro próximo

Os agradáveis e belos momentos que o Planeta nos oferece estão se modificando e essas alterações negativas se multiplicam, visíveis ou silenciosas. Cientistas se dividem em opiniões: uns acreditam que é apenas um dos ciclos vitais pelo qual o Planeta passará. Outros alertam

Praia em Barra do Santo Antônio. (AL).

Geografia

que é resultado das ações negativas que o ser humano pratica contra a natureza e que, à medida que se aceleram, diminuem a vida da Terra.

Em grupo

"Atribuir exclusivamente ao clima a responsabilidade sobre deslizamentos de terra, como os que ocorrem nas encostas de morros de cidades brasileiras, é esconder a causa principal do problema."

A partir dessa afirmação, aponte e debata, com os colegas, outros fatores envolvidos. Após, exponha as reflexões surgidas para o seu professor e sua classe.

Saber mais

IPCC – Painel Intergovernamental sobre Mudança do Clima

Criado pelo Programa das Nações Unidas para o Meio Ambiente para a Organização Meteorológica Mundial com o fim de estudar fenômenos ligados às mudanças climáticas, o painel agrega 2,5 mil proeminentes cientistas de mais de 130 países. [...] Uma das descobertas mais importantes dos relatórios produzidos pelo grupo é a de que a Terra está sofrendo aumentos de temperatura além dos parâmetros conhecidos pela ciência e que existe uma concentração de gases do efeito estufa que ultrapassa os padrões históricos. O anúncio destas descobertas soou como um alerta para a humanidade.

De acordo com o quarto relatório, publicado em 2007, há 95% de certeza científica de que as alterações climáticas vêm sendo causadas por atividades humanas. Isto faz com que seja essencial que as nações concordem em reduzir suas emissões de gases do efeito estufa e que se ponham no rumo de uma economia de baixo carbono.

Disponível em: <www.brasil.gov.br/cop17/panorama/painel-intergovernamental-sobre-mudancas-climaticas-ipcc>.

Tempo e clima: qual é a diferença?

Roda de conversa

Costumamos usar indistintamente as palavras "tempo "e" clima". E você, sabe usá-las corretamente? O que quer dizer um e outro termo? Como saber o momento de utilizar a palavra "tempo" quando nos referimos às condições atmosféricas? E o termo "clima", também pode ser utilizado da mesma forma?

Responda

O diálogo fornece a você dados que lhe permitem estabelecer a diferença entre tempo e clima? Por quê?

_____
_____
_____
_____
_____

Geografia

Inicialmente, o primeiro personagem está falando em "clima". O clima é o estudo médio do tempo para um determinado período, meses ou anos que se repete continuamente em certa localidade. O clima abrange maior número de dados e eventos possíveis das condições de tempo para uma determinada localidade ou região. A resposta do segundo personagem fala em clima, predominante na maior parte do Brasil, que é o tropical.

Quando o primeiro personagem pergunta sobre o tempo, está falando sobre as condições meteorológicas de local e momento determinados – no caso, na cidade de Curitiba, mas naquele dia específico – que pode variar muito durante a semana.

Por exemplo, ao acordar você observa que está chovendo e vai para o trabalho munido de um guarda-chuva. Na hora do almoço está um "sol de rachar" e o guarda-chuva só atrapalha.

Todos os dias, o noticiário dos jornais e da TV nos informa a previsão do tempo. Em um mapa do país ou de uma região aparecem desenhos de sol, nuvem, chuva e faixas coloridas que indicam a temperatura dos diferentes lugares. Geralmente, esses dados são colhidos por fotos de satélite e analisados por meteorologistas.

Procure mapas, em jornais, que indicam a previsão do tempo durante várias semanas e em datas consecutivas. Analise esses mapas e conclua como foi o tempo no local e datas pesquisados. Houve estabilidade ou instabilidade? Quantos dias na semana? Você pode afirmar que isso ocorre comumente nesse lugar? Por quê?

Saber mais

Consulte seu professor sobre as diferenças entre as ciências Climatologia e Meteorologia. Posteriormente, analise novamente o diálogo e fique atento para as frases que indicam tratar-se do clima e as que indicam tratar-se do tempo.

Após, escreva outros diálogos onde os personagens conversem sobre os dois termos (tempo e clima), usando-os corretamente.

Leitura

Leia os versos da canção "As quatro estações do ano" e estabeleça a relação que o autor faz entre o clima e as estações do ano e sua influência nas atividades humanas.

As quatro estações do ano

A natureza fica toda envaidecida,

Por ter criado nossa terra colorida,

Vamos sentir as vibrações,

Nesse desfile sobre as quatro estações.

É pleno verão, convite à praia,

É carnaval.

Quando o outono chegar,

Vai trazer a fartura que a própria natura,

Vai se orgulhar.

Festa junina, em nosso inverno é tradição,

Prenúncio da mais bela estação,

A primavera vai chegar.

SOUZA, Gilson de. As quatro estações do ano. Interpreta: Jair Rodrigues. In: RODRIGUES, Jair. Orgulho de um sambista [s.l.]: Philips, 1973. 1 CD, faixa 5. Disponível em: < http://letras.mus.br/jair-rodrigues/577438/>.

As estações do ano são boas referências para nós observarmos as variações do clima e a vida que elas abrigam. No Brasil, na região que se localiza próxima da linha do Equador e suas imediações, a temperatura tem pouca variação durante o ano e as estações são bem definidas. No sul do país, porém, onde predomina o clima subtropical, as diferenças de temperatura no inverno e verão são acentuadas.

No geral, o clima sofre a interferência das condições locais, variando, por exemplo, conforme a presença ou não de rios, montanhas, tipo de cobertura vegetal, relevo, proximidade de oceano, condição média dos ventos, entre outros.

Geografia

Para pesquisar

Busque em jornais, revistas, TV ou internet notícias sobre previsão do tempo e responda.

a) Qual é a instituição(ões) responsável(eis) pelas informações?

_____

_____

_____

b) A previsão, geralmente é feita para quantos dias?

_____

_____

_____

c) Qual é o clima na cidade onde você mora?

_____

_____

_____

d) As estações do ano são estáveis, isto é, apresentam as mesmas particularidades de ano para ano?

_____

_____

_____

Brasil: um só país... diversos tipos climáticos

Roda de conversa

Você conhece mapas com temas diversos? Cite alguns. Conhece também todas as possibilidades que a leitura de um mapa apresenta? Sabe como eles são produzidos?

Existe outra forma de orientação, mais informal, semelhante a um mapa, que, mesmo não sendo confeccionada por um cartógrafo, nós podemos elaborar? Qual é?

Climas Brasileiros

LEGENDA
Climas
- Equatorial úmido
- Litorâneo úmido
- Verão úmido e inverno seco
- Tropical semiárido
- Subtropical úmido

ESCALA APROXIMADA 1:40 000 000
Projeção Policônica

Fonte: Adaptado do Atlas geográfico escolar. Rio de Janeiro: IBGE, 2009.

Com a ajuda do seu professor, responda a estas questões:

1. Qual é a principal informação que esse mapa vai lhe oferecer?
   _____

2. Cite outras informações que você pode obter da leitura desse mapa.
   _____
   _____

3. Você conheceu, utilizou, manuseou ou leu algum outro tipo de mapa que foi muito importante para a sua vida pessoal? Qual foi? Em qual ocasião?
   _____
   _____
   _____

Geografia

O mapa de climas do Brasil apresenta as divisões do clima de acordo com a temperatura média e a quantidade de meses secos. A classificação mais utilizada assemelha-se à criada pelo estudioso Arthur Strahler. De acordo com ela, os tipos de clima do Brasil são os seguintes:

- Equatorial: quente e superúmido, com chuvas durante o ano todo. Ocorre na região Amazônica.

- Tropical: quente e úmido ou subúmido, com chuvas no verão e estiagens (secas) no inverno. Ocorre na maior parte do Brasil Central.

- Semiárido: apresenta características de altas temperaturas, com chuvas escassas e mal distribuídas. Predomina no sertão do Nordeste.

- Subtropical: possui as menores temperaturas do País. Sofre a interferência da massa tropical atlântica, que provoca muita chuva. Pode apresentar a ocorrência de alguma precipitação de neve e geadas no inverno. Predomina nos estados da Região Sul: Paraná, Santa Catarina e Rio Grande do Sul.

- Tropical litorâneo ou Tropical atlântico: clima exposto às massas de ar tropicais marítimas. Engloba estreita faixa do litoral leste e nordeste.

- Tropical de altitude: apresenta temperaturas quentes suavizadas pela altitude. Ocorre pincipalmente no Sudeste.

Leitura

Analise um trecho de entrevista feita tempos atrás com o então diretor da Organização Mundial de Meteorologia (OMM), Dieter Schiessl, e publicada pelo Jornal da Ciência, órgão da SBPC (Sociedade Brasileira para o Progresso da Ciência) que já comentava sobre a influência do clima nas pessoas.

"O clima influencia todas as pessoas", afirma diretor da Organização Mundial da Meteorologia."

As informações meteorológicas influenciam decisões sociais e econômicas do dia a dia?

O clima influencia todas as pessoas de todas as maneiras possíveis. Fortes chuvas têm impacto sobre a vida do cidadão comum e consequências sobre a agricultura. Os problemas da sociedade se agravam e se tornam muito sérios quando o clima provoca extremos. Todos sofremos com os desastres. As informações permitem que se façam planos ou se desenvolvam mecanismos de proteção. Ajudam a reduzir os impactos sobre a vida das pessoas. Cerca de 90% de todos os desastres naturais que assolam o mundo são causados por fenômenos relacionados ao tempo. Fortes chuvas, ciclones, secas extremas, ressacas...

Quais foram os impactos nos últimos anos?

Durante a década de 1990, se estima que até 500 mil pessoas tenham morrido de fome em função de fenômenos naturais como a seca. Ciclones tropicais podem ter matado entre 200 mil e 300 mil cidadãos no mesmo período, assim como as cheias dos rios teriam provocado 100 mil mortes. Tempestades fortes e raios provocaram entre 10 mil e 15 mil óbitos. Deve-se ter em mente que o número de mortes foi reduzido nos últimos 15 anos devido a medidas de proteção tomadas pelos países.

Disponível em: <www.jornaldaciencia.org.br/Detalhe.jsp?id=45576>.

Cientistas afirmam que os desastres naturais são determinados a partir da relação entre o homem e a natureza. A ciência climatológica tem alertado para as possíveis consequências dessa intervenção. Dentre os principais fatores que contribuem para desencadear estes desastres nas áreas urbanas, destacam-se a impermeabilização do solo, o adensamento das construções, a conservação de calor e a poluição do ar. No campo, ressalta a compactação dos solos, o assoreamento dos rios, os desmatamentos e as queimadas.

Mas... quais seriam as atitudes a serem tomadas para minimizar o problema?

Sugira algumas, escrevendo nas linhas abaixo.

Geografia

Escrevendo texto

Após a leitura da entrevista, produza no seu caderno um pequeno texto sobre como o clima influi nas atividades da sua família, seja no aspecto profissional ou pessoal.

Não se esqueça de abordar aspectos como alimentação, saúde, educação, construção de moradia, financeiro, entre outros.

Saber mais

Pesquise sobre o Novo Código Florestal Brasileiro e o que ele fala em relação às APPS – Áreas de Preservação Permanente – como as matas ciliares, que atuam como proteção ao assoreamento das margens de rios, lagos, várzeas, provocados por desmatamento, poluição e chuvas excessivas.

Analise esse assunto, que gerou muita polêmica entre ambientalistas e ruralistas no Congresso Nacional, e exponha sua opinião crítica concluindo se irá prejudicar o produtor rural, embora pretenda proteger mais o meio ambiente.

Água, riqueza líquida

Cataratas do Iguaçu – Unidade de conservação do Brasil. Foz do Iguaçu (PR).

Roda de conversa

- De onde vem a água que chega até a sua casa? Ela é necessária para você?
- Você já passou por um racionamento de água na sua cidade?
- Já sofreu um longo período de seca na sua região?
- A tubulação de água que chega até a sua casa já apresentou problemas e o fornecimento ficou paralisado por algumas horas?
- No lugar onde você mora existe água encanada? Se a resposta for negativa, aponte as dificuldades que isso gera para a sua família.

Se respondeu "sim" para alguma dessas perguntas, você deve estar percebendo como a água é importante para você, para sua família e para todos.

Fazendo conexão com... Ciências

Conheça e analise o que é a "Pegada Hídrica da Humanidade".

Os autores e pesquisadores Hoekstra e Mekonnen, da Universidade de Twente, na Holanda, permitem, com seu estudo, o cálculo de quanta água é utilizada para fabricar determinado produto.

Observando a tabela, escreva uma conclusão, indicando qual o benefício que esse estudo poderá trazer ao planejamento governamental.

Médias globais	
1 taça de vinho	120 litros
1 xícara de café	140 litros
1 kg de açúcar refinado	1,5 mil litros
100 g de chocolate	2,4 mil litros
1 hambúrguer	2,4 mil litros
1 kg de carne bovina	15,5 mil litros

Geografia

Conheça um pouco sobre essa riqueza, a qual temos em abundância em nosso planeta.

Se dividirmos a Terra em quatro partes, verificamos que cerca de três estão cobertas por água. Os oceanos e mares correspondem a 97% de toda a água do Planeta e têm uma importância significativa na regulação climática da Terra.

Essa água contém grande quantidade de sais dissolvidos, em especial o cloreto de sódio (popularmente conhecido como sal de cozinha), e não serve para consumo humano a não ser que seja devidamente aplicado o processo de dessalinização, que é a retirada total do sal contido na água, tornando-a potável.

Apenas 3% da água existente na Terra é água doce, isto é, aquela que serve para o consumo humano. Ela é encontrada nas geleiras, lençóis subterrâneos, lagos, rios, represas, em forma de vapor, etc.

A água não está distribuída igualmente no Planeta. Enquanto no Brasil, de um modo geral há bastante, em outras regiões há escassez. Nesses lugares, o povo está consciente de que é preciso economizá-la, armazenar e reaproveitar.

O bem-estar humano depende da conservação do ambiente onde vivemos e é preciso ter consciência da importância e da conservação da água existente no Planeta.

Roda de conversa

Observando o infográfico, podemos perceber a quantidade de água necessária na produção industrial mundial de itens que fazem parte da nossa alimentação. Discuta com seus colegas a respeito da necessidade familiar desse consumo. Escrevam uma conclusão e partilhem com seu professor e classe.

A ÁGUA QUE VOCÊ NÃO VÊ

Você consome sem perceber. Veja o quanto de água potável é necessário para produzir itens do seu cotidiano.

- Cerveja 1L: 5,5 Litros
- Arroz 1Kg: 2.500 Litros
- Manteiga 1Kg: 18.000 Litros
- Leite 1L: 712,5 Litros
- Queijo 1Kg: 5.280 Litros
- Batata 1Kg: 132,5 Litros
- Carne de boi 1Kg: 15.500 Litros
- Banana 1Kg: 499 Litros
- Carne de frango 1Kg: 3.700 Litros

Fonte: Instituto Natura / adaptada.

Saber mais

O ano de 2013 foi declarado na Assembleia Geral das Nações Unidas (ONU) como o Ano Internacional das Nações Unidas de Cooperação da Água. [...] O objetivo deste Ano Internacional foi aumentar a conscientização e o potencial para uma maior cooperação entre os países e povos, e alertar sobre os desafios da gestão da água em função do aumento da demanda por acesso à água, distribuição e serviços. [...]

Também foi uma oportunidade para aproveitar a dinâmica criada na Conferência das Nações Unidas sobre Desenvolvimento Sustentável (Rio+20), e apoiar a formulação de novos objetivos que vão contribuir para o desenvolvimento dos recursos hídricos de forma verdadeiramente sustentável.

Disponível em: <www.rededasaguas.org.br/>

SUGESTÃO DE SITE

<www.gov.br/ana/pt-br/panorama-das-aguas/qualidade-da-agua/rnqa>

A Rede das Águas, programa de mobilização e monitoramento dos recursos hídricos da Fundação SOS Mata Atlântica, dedica-se a promover a mobilização social para a gestão participativa e integrada entre água e florestas, com atuação focada em bacias hidrográficas.

Fazendo conexão com... Matemática

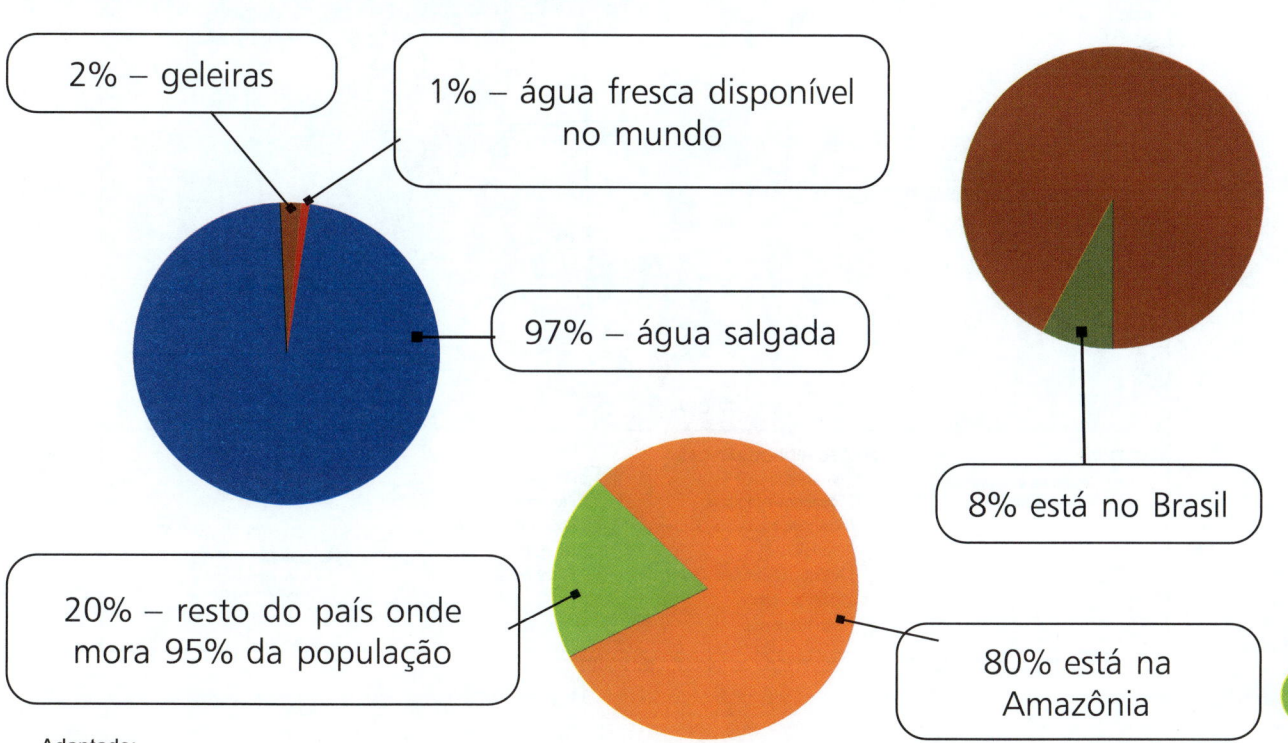

- 2% – geleiras
- 1% – água fresca disponível no mundo
- 97% – água salgada
- 8% está no Brasil
- 20% – resto do país onde mora 95% da população
- 80% está na Amazônia

Adaptado:
http://site.sabesp.com.br/site/interna/default.aspx?secaoid=97
http://www.scielo.br/scielo.php?pid=s1415-43662000000300025&script=sci_arttext

Geografia

Em grupos, analisem o infográfico, juntamente com seu professor de Matemática, e façam uma reflexão a respeito.

Se 8% do total de água está no Brasil, sendo que 80% se concentra na Amazônia e 20% está no resto do país onde mora 95% da população, como os brasileiros devem proceder em relação ao consumo de água?

> Acredita-se que a falta de água será o principal problema ambiental deste milênio. Questione seus alunos sobre atitudes para atender às necessidades de consumo. É muito importante conscientizá-los, principalmente quanto à saúde, porque dados apontam que 80% das enfermidades no mundo são contraídas por causa das águas poluídas.

Nossas bacias hidrográficas

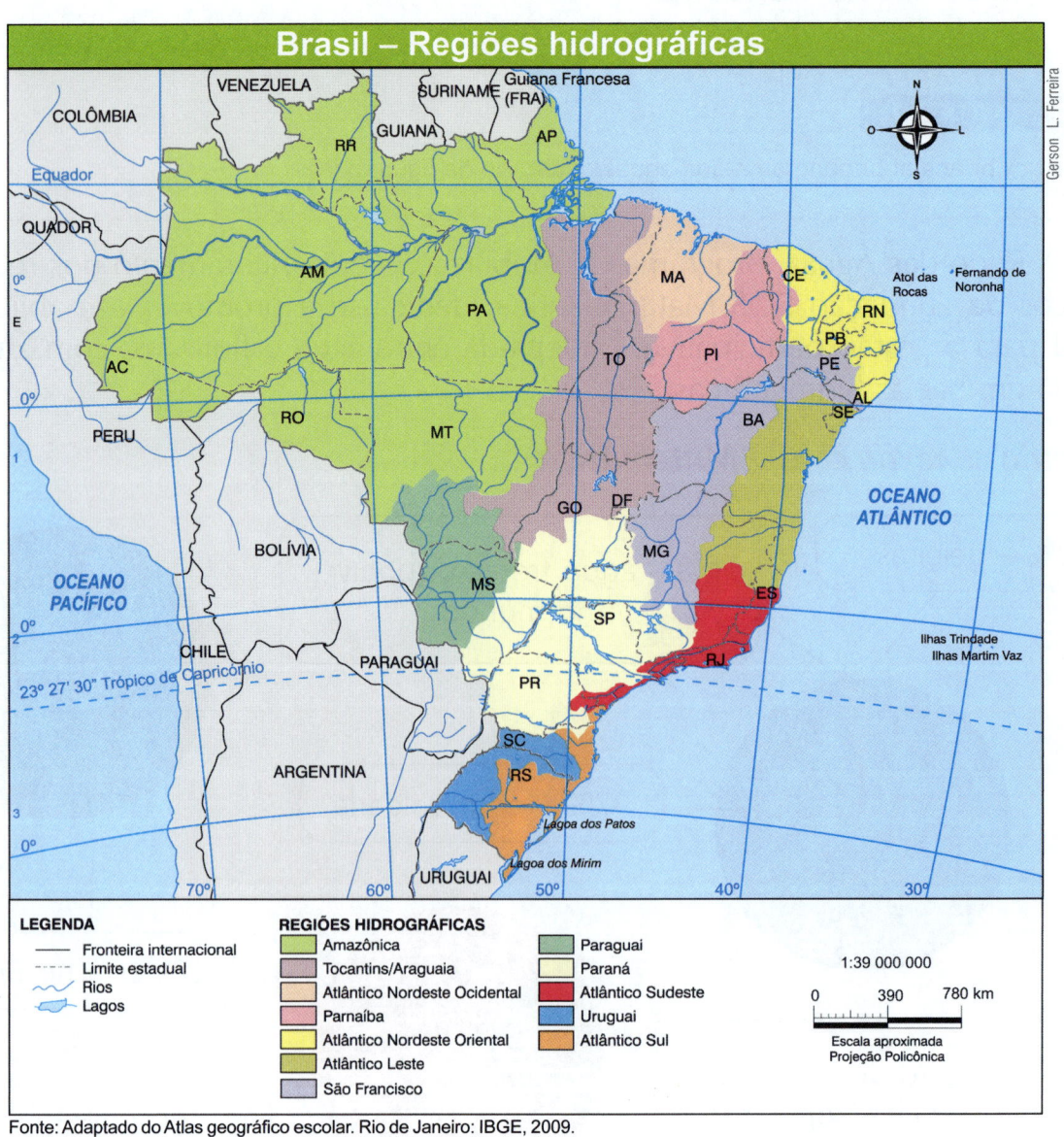

Brasil – Regiões hidrográficas

LEGENDA
— Fronteira internacional
--- Limite estadual
~ Rios
~ Lagos

REGIÕES HIDROGRÁFICAS
- Amazônica
- Tocantins/Araguaia
- Atlântico Nordeste Ocidental
- Parnaíba
- Atlântico Nordeste Oriental
- Atlântico Leste
- São Francisco
- Paraguai
- Paraná
- Atlântico Sudeste
- Uruguai
- Atlântico Sul

1:39 000 000
0 — 390 — 780 km
Escala aproximada
Projeção Policônica

Fonte: Adaptado do Atlas geográfico escolar. Rio de Janeiro: IBGE, 2009.

Roda de conversa

Observe o mapa e, conversando com os colegas, respondam:

- Lendo as informações: que tipo de agrupamento de rios esse mapa apresenta?
- Vocês sabem o que é uma bacia hidrográfica?
- O estado brasileiro em que vocês moram é banhado por qual(is) bacia(s)?
- Se três partes da superfície terrestre estão cobertas por água, por que devemos nos preocupar com a quantidade de água disponível para o consumo humano?
- Citem algumas medidas que podem ser tomadas por vocês para consumir racionalmente a água utilizada em suas casas.

1. Observando o mapa, enumere, em seu caderno, todas as bacias hidrográficas que nele constam.

2. Identifique no mapa a bacia do rio São Francisco. O principal rio da bacia é perene (nunca seca). Embora nasça na Região Sudeste, no estado de Minas Gerais, atinge, em seu curso, regiões muito secas do Nordeste. O Governo Federal está fazendo um projeto denominado "Transposição do Rio São Francisco", que seria a solução para o grave problema da seca no Nordeste, pois distribuiria água a 390 municípios dos estados de Pernambuco, Ceará, Paraíba e Rio Grande do Norte.

Pesquise os prós e contras do projeto e discutam em grupo as conclusões levantadas.

Obras de transposição do Rio São Francisco.

Canal para irrigação construído pelo Exército Brasileiro, parte da obra de transposição do Rio São Francisco.

Geografia

Chamamos de bacia hidrográfica o conjunto de terras banhadas por uma rede hidrográfica composta pelo rio principal, seus **afluentes** e **subafluentes**.

Os rios menores que desaguam no rio principal são chamados de afluentes. Estes afluentes também recebem águas de outros rios, que então passam a ser chamados de subafluentes.

Cabeceira ou **nascente** é o local onde o rio nasce.

Foz ou **desembocadura** é o local onde ele deságua. Existem dois tipos de foz:

a) **estuário** – quando existe um único canal de escoamento das águas.

b) **delta** – quando ocorre um acúmulo de sedimentos ao desaguar, formando vários canais de escoamento.

As águas escoam dos lugares mais altos para os mais baixos, e podem desaguar formando um rio ou mesmo em outro rio maior. Podem também escoar e formar lagos ou terminar desaguando nas águas do mar.

As partes onde o relevo se torna mais alto, como os planaltos, as montanhas e serras, por exemplo, delimitam a área de uma bacia hidrográfica. Essas variações do relevo que separam uma bacia da outra são chamadas de **divisores de águas**.

Vegetação brasileira: um mundo de diversidades

Roda de conversa

Pense nos variados tipos de vegetação que temos no Brasil e escreva, no caderno, as cinco primeiras palavras que lhe vierem à mente. Leia para seus colegas e verifique se houve coincidência nas respostas.

Peça ao seu professor que escreva no quadro aquelas que se repetiram com mais frequência.

A seguir, exponha para o grupo o que você conhece a respeito das características das vegetações apontadas.

Em conjunto, elaborem uma conclusão e registrem nas linhas abaixo.

___
___
___
___

Observe e responda:

Cactus em São João do Sabugi (RN).

Floresta Amazônica.

Pantanal mato-grossense.

Rebanho bovino pastando em planície do pampa.

1. Quais são as principais diferenças observadas nos tipos de vegetação apresentados nas imagens?
   _____
   _____
   _____

2. A partir das imagens, o que é possível concluir sobre a vegetação brasileira?
   _____
   _____
   _____

Geografia

3. Observe, compare estes dois mapas e responda:

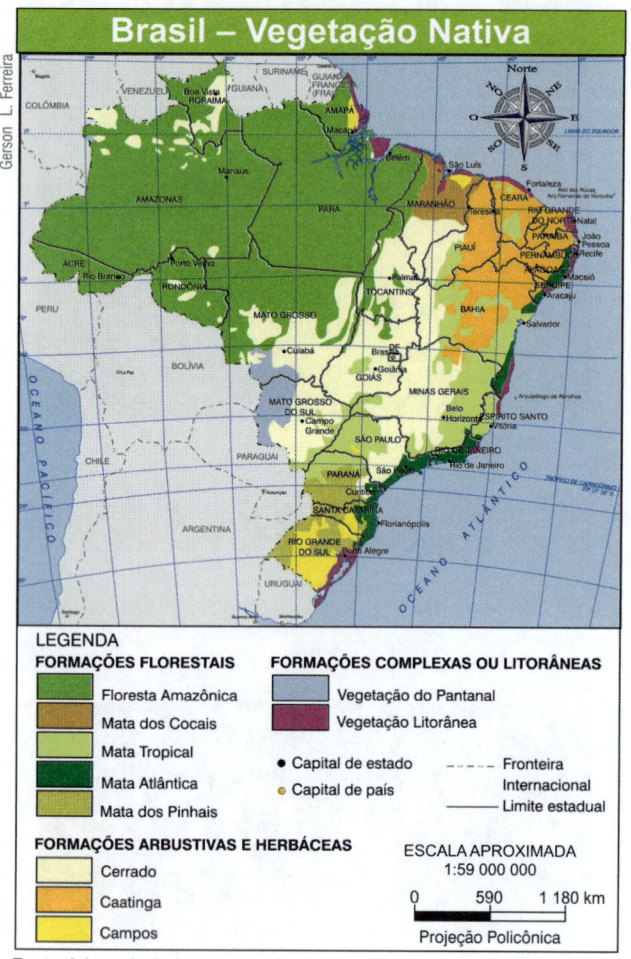

Brasil – Vegetação Nativa

LEGENDA
FORMAÇÕES FLORESTAIS
- Floresta Amazônica
- Mata dos Cocais
- Mata Tropical
- Mata Atlântica
- Mata dos Pinhais

FORMAÇÕES ARBUSTIVAS E HERBÁCEAS
- Cerrado
- Caatinga
- Campos

FORMAÇÕES COMPLEXAS OU LITORÂNEAS
- Vegetação do Pantanal
- Vegetação Litorânea

- Capital de estado
- Capital de país
- - - - Fronteira Internacional
- Limite estadual

ESCALA APROXIMADA
1:59 000 000
0   590   1 180 km
Projeção Policônica

Brasil – Vegetação Atual

LEGENDA
FORMAÇÕES FLORESTAIS
- Floresta
- Savana (Cerrado)
- Savana Estépica
- Campinarana (Campinas do Rio Negro)
- Estepe
- Áreas Pioneiras
- Área Antropizada
- Complexo do Pantanal

- Capital de estado
- Capital de país
- - - - Fronteira Internacional
- Limite estadual
- Rios

ESCALA APROXIMADA
1:59 000 000
0   590   1 180 km
Projeção Policônica

Fonte: Adaptado do Atlas geográfico escolar. Rio de Janeiro: IBGE, 2009.

a) Qual é a diferença que você notou entre eles?
_____
_____

b) Escreva uma das causas que motivaram a transformação ocorrida.
_____
_____

4. Como você classificaria a condição do seu estado em relação à ação antrópica – modificação provocada pelo homem – no meio ambiente?

a) Pouco alterado.   c) Muito alterado.
b) Alterado.   d) Preservado.

5. Leia e emita a sua opinião sobre este trecho da Constituição do Brasil de 1988.

"O meio ambiente passará a ser protegido por lei. Que essa lei seja respeitada pelo homem que estará, acima de tudo, respeitando a si próprio."

_____
_____
_____
_____
_____

Sistematizando

O espaço geográfico é um lugar muito diversificado e a vegetação é um dos elementos que mais se destacam nas paisagens. A paisagem vegetal brasileira e as relações que os seres humanos estabelecem com ela provocam várias transformações em nosso meio ambiente.

As características dos variados tipos de vegetação estão relacionadas diretamente ao clima, porém, essa regra se aplica somente para a vegetação natural ou nativa, como aquelas que ainda podemos encontrar na Região Amazônica. Cada tipo de vegetação diversificada encontrada no espaço geográfico depende também de outros elementos, como a extensão territorial, o solo, o relevo, a altitude, a latitude e a hidrografia.

Leia as principais características da vegetação brasileira e identifique com números as imagens apresentadas.

1. MATA ATLÂNTICA – É original do litoral brasileiro úmido e do interior do sudeste.

2. CAATINGA – Vegetação adaptada à escassez de água, típica do sertão nordestino.

3. FLORESTA AMAZÔNICA – É bastante úmida, apresentando cobertura vegetal muito densa e homogênea. Ocorre no norte do Brasil.

4. CERRADO – Formação típica do Brasil Central. Adaptada ao clima alternadamente quente e úmido. Suas formações vegetais são herbáceas e arbustivas.

5. MATA DAS ARAUCÁRIAS – Predominância da *araucaria angustifólia* ou pinheiro-do-paraná.

6. MATA DOS COCAIS – É uma vegetação de transição entre a Floresta Amazônica e a Caatinga. Predomina no meio-norte do Brasil.

7. VEGETAÇÃO LITORÂNEA – Predomina nas áreas alagadiças do litoral brasileiro (mangues).

Geografia

8. **CAMPOS** – Predominam no sul do Brasil e apresentam-se como vegetação baixa formada por gramíneas e arbustos.

9. **PANTANAL** – Ocorre na planície alagada do Pantanal mato-grossense. Apresenta-se como vegetação complexa adaptada à água.

As formações vegetais brasileiras são os primeiros elementos que o homem altera e, portanto, estão em constante transformação. A paisagem brasileira é fortemente marcada pela exuberância da vegetação natural, entretanto, esta vem sendo assustadoramente devastada desde a colonização do território, representando atualmente cerca da metade da formação original.

O avanço desordenado das cidades, empreendimentos e grandes obras de infraestrutura, bem como a mineração e a exploração madeireira, muito contribuem para a degradação da cobertura vegetal original. Isso ocorre tanto em razão da própria economia quanto em virtude da exploração irracional dos recursos naturais para inúmeros fins.

Unidade 2
Identidade social: formas de participação

Nesta unidade, iremos discutir a participação e atuação do ser humano na sociedade.

- A importância da identidade social gerada por meio da nossa participação em variados grupos.
- Os objetivos de grupos sociais constituídos legalmente para promoção de melhorias.
- A atuação e responsabilidade decorrentes da participação como membros de uma sociedade.
- A mensuração de nossa qualidade de vida por meio do Índice de Desenvolvimento Humano.
- A expectativa de vida do brasileiro e a qualidade de vida.

Geografia

Como, por que e para que participar?

Identidade social

Roda de conversa

Certamente quando uma pessoa pergunta sobre quem você é, as respostas mais comuns são as informações sobre o seu nome e sobrenome, a data do seu nascimento, o seu endereço e telefone. Essas e outras perguntas também são feitas quando da realização do censo no Brasil, que é feito de 10 em 10 anos. Somos questionados sobre a cor da pele, dos cabelos e olhos, a profissão, a escolarização, entre outras perguntas.

Mas... vamos aprofundar essas perguntas. Quais são as características de sua personalidade? Você é tímido? Gosta de futebol? Para qual time você torce? Gosta de cantar? Qual é o seu esporte preferido? Além dessas informações, você se auto descreve como pertencente a certas categorias ou grupos sociais, como grupos étnicos, grupos profissionais e outros?

Então converse com seus colegas a respeito dessas identidades. Fale principalmente sobre a sua identidade social: os grupos sociais aos quais você pertence atualmente e se você estabelece relações de "pertencimento" a variadas categorias. Qual é a sua atuação e participação nesses grupos? Comente se você ainda frequenta grupos a que pertenceu na sua infância ou adolescência. Você os influencia? É influenciado por eles? Desenvolve alguma espécie de trabalho para algum grupo? Conte qual é (era) a sua contribuição em cada grupo.

Você já viu e ouviu falar destas logomarcas?

Juntamente com seu professor, pesquise sobre os objetivos dos grupos citados a seguir (referentes às logomarcas), e sua atuação na melhoria da qualidade de vida das sociedades.

a) Fundação SOS Mata Atlântica.

b) Fundação Cultural Palmares.

As entidades que você pesquisou, citadas acima, são alguns exemplos de grupos pessoais que contribuem para melhorar a qualidade de vida das pessoas. Existem inúmeras. Que tal procurá-las e participar mais ativamente?

Quando você nasce, automaticamente passa a pertencer a um grupo familiar. Mesmo crianças adotadas, antes de passar pelo processo legal de adoção, são encaminhadas a entidades assistenciais que, por algum tempo, constituem a sua família.

Na medida em que nos tornamos adultos, os nossos grupos sociais vão se ampliando. Há o grupo da escola; o da "pelada" que você pratica no fim de semana; o grupo do seu bairro; o dos amigos que estudaram com você e que se reúnem de tempos em tempos; o grupo da sua igreja; entre outros.

Assim sendo, a construção de nossa identidade implica na construção gradativa da identidade pessoal e da identidade relacionada à sociedade a que pertencemos. Seria, em palavras simples, a junção do "eu" com o "nós".

Quando construímos o "eu", é importante o olhar orientador dos outros sobre nossa pessoa e vice-versa. Assim, para construirmos o "nós", é essencial a interação e participação com e em outros grupos.

Se queremos pertencer à uma sociedade mais justa, mais equilibrada, que nos ofereça a qualidade de vida tão necessária à cada um, devemos desempenhar um papel atuante e essencial nos grupos em que estamos inseridos.

Generalizando, pode-se dizer que identidade social é a posição da pessoa em relação à dos demais dentro da sociedade. Podemos fazer parte de grupos, indo além, buscando melhorar nossa forma de atuação participando de organismos que têm como objetivo promover a qualidade de vida das populações.

Também é de suma importância a participação de todos na vida pública de sua cidade, do seu país. Afinal, como membro de uma sociedade, temos responsabilidade sobre os rumos que ela vai tomar.

Geografia

1. Em duplas, escrevam no caderno cinco formas de como vocês poderão atuar na melhoria de sua cidade por meio de determinadas posturas que, de agora em diante, irão adotar.

2. Pesquisem, citem e debatam sobre outras entidades que participam da defesa de grupos excluídos pela sociedade e que buscam promover a integração e aceitação dos mesmos, seguindo o princípio da igualdade entre os seres. Exemplos: grupos GLTS e grupos de violência contra a mulher.

3. Se você participa de algum desses grupos, cite o nome e explique os objetivos dele.

Mensurar a qualidade de vida promove o desenvolvimento humano?

Roda de conversa

No tema anterior, falamos sobre participar para melhorar a qualidade de nossa vida em sociedade objetivando o desenvolvimento humano. Mas... o que você entende por "qualidade de vida"? O que você entende por "desenvolvimento humano"? Você já ouviu falar em IDH ou Índice de Desenvolvimento Humano? O Brasil garante esse desenvolvimento? Na sua cidade isso ocorre? Quais os setores na sua cidade que são inexistentes ou insuficientes para a promoção da qualidade e desenvolvimento?

Debata a respeito desse assunto com seus colegas e professor.

Analise as notícia e, depois, responda.

O que é desenvolvimento humano

O conceito de desenvolvimento humano nasceu definido como um processo de ampliação das escolhas das pessoas para que elas tenham capacidades e oportunidades de serem aquilo que desejam ser.

Diferentemente da perspectiva do crescimento econômico, que vê o bem-estar de uma sociedade apenas pelos recursos ou pela renda que ela pode gerar, a abordagem de desenvolvimento humano procura olhar diretamente para as pessoas, suas oportunidades e capacidades. A renda é importante, mas como um dos meios do desenvolvimento, e não como seu fim. É uma mudança de perspectiva: com o desenvolvimento humano, o foco é transferido do crescimento econômico, ou da renda, para o ser humano.

O conceito de desenvolvimento humano também parte do pressuposto de que para aferir o avanço na qualidade de vida de uma população é preciso ir além do viés puramente econômico e considerar outras características sociais, culturais e políticas que influenciam a qualidade da vida humana. [...]

Disponível em: <www.pnud.org.br/IDH/DesenvolvimentoHumano.aspx?indiceAccordion=0&li=li_DH>.

Discurso de Cristovam Buarque proferido no Senado em 18/03/2013.

"Imaginem se colocássemos a desigualdade na educação. As pessoas se esquecem. Temos as crianças na escola, temos qualidade e outro indicador, que é a desigualdade. Temos 7,2 anos de escolaridade, na média. Se formos destrinchar isso, vamos ver que a parcela rica do Brasil tem dos 4 anos aos 18 anos garantidos; então, são 14 anos. Se a média é de 7,2 anos, é porque muita gente não fica mais de três anos na escola.

A educação deveria ser medida pelo número de crianças na escola e pelo tempo que elas ficam em média na escola; na desigualdade que nós temos no país, [...], e na qualidade das escolas. Pioraria muito se nós considerássemos o problema da desigualdade.

E se a gente analisasse o índice de leitura? Somos um dos mais pobres. Se nós analisássemos a qualidade de edificações nas escolas públicas, os salários dos professores, se nós analisássemos, por exemplo, as formas degradantes de trabalho... Até hoje nós temos, inclusive, trabalho escravo.

E se nós analisássemos como enfrentamos as catástrofes naturais,[...]. Nós somos um país que não enfrenta bem as suas catástrofes, porque não tem a educação suficiente.

Se nós analisássemos o índice de analfabetismo, nós pioraríamos. [...]"

Disponível em: http://cristovam.org.br/portal3/index.php?option=com_content&view=article&id=5265:cristovam-lamenta-posicao-do-brasil-no-idh-e-critica-governo-por-nao-assumir-tragedia-na-educacao&catid=27&Itemid=100072

Qual é a sua opinião sobre as notícias? Elas se complementam ou se contradizem? Sim? Não? Por quê?

_____
_____
_____

Fazendo conexão com... *Matemática*

Observe as tabelas a seguir com IDH elevado e outros 10 com IDH muito elevado.

Elas apresentam 10 países classificados.

Geografia

O IDH (Índice de desenvolvimento humano) varia entre zero (0) e um (1) – quanto mais próximo de um (1), maior é o nível de desenvolvimento. Em 2021, os países da Organização para a Cooperação e Desenvolvimento Econômico (OCDE) apresentaram média de IDH de 0,899. Em seguida aparecem a Europa e Ásia Central (com 0,796), os países da América Latina e Caribe (0,754), os países do Leste asiático e Pacífico (0,749), os países Árabes (0,708), os países do Sul da Ásia (0,632) e, por fim, os países da África Subsaariana (com 0,547).

Pela primeira vez em 3 décadas, o Índice de Desenvolvimento Humano brasileiro caiu em função, principalmente, dos impactos negativos da pandemia da covid-19. O IDH caiu no Brasil, no mundo e em diversos países.

DESENVOLVIMENTO HUMANO ELEVADO NA AMÉRICA DO SUL		
42	Chile	0,855
47	Argentina	0,842
58	Uruguai	0,809
84	Peru	0,762
87	Brasil	0,754
88	Colômbia	0,752
95	Equador	0,740

DESENVOLVIMENTO HUMANO MUITO ELEVADO		
1	Suíça	0,962
2	Noruega	0,961
3	Islândia	0,959
4	Hong Kong	0,952
5	Australia	0,951
6	Dinamarca	0,948
7	Suécia	0,947
8	Irlanda	0,945
9	Alemanha	0,942
10	Países Baixos	0,941

Fonte: PNUD, ed. (8 de setembro de 2022). «Human Development Report 2021-22».

Saber mais

Leia o que o PNUD (Programa das Nações Unidas para o Desenvolvimento) fala sobre o assunto

> [...] Apesar de ampliar a perspectiva sobre o desenvolvimento humano, o IDH não abrange todos os aspectos de desenvolvimento e não é uma representação da "felicidade" das pessoas, nem indica "o melhor lugar no mundo para se viver". Democracia, participação, equidade, sustentabilidade são outros dos muitos aspectos do desenvolvimento humano que não são contemplados no IDH. Este índice tem o grande mérito de sintetizar a compreensão do tema, ampliar e fomentar o debate. [...] Desde 2010, quando o Relatório de Desenvolvimento Humano completou 20 anos, novas metodologias foram incorporadas para o cálculo do IDH. Atualmente, os três pilares que constituem o IDH (saúde, educação e renda) são mensurados da seguinte forma:
>
> - Uma vida longa e saudável (saúde) é medida pela expectativa de vida;
>
> - O acesso ao conhecimento (educação) é medido por: i) média de anos de educação de adultos, que é o número médio de anos de educação recebidos durante a vida por pessoas a partir de 25 anos; e ii) a expectativa de anos de escolaridade para crianças na idade de iniciar a vida escolar, que é o número total de anos de escolaridade que uma criança na idade de iniciar a vida escolar pode esperar receber se os padrões prevalecentes de taxas de matrículas específicas por idade permanecerem os mesmos durante a vida da criança;
>
> - E o padrão de vida (renda) é medido pela Renda Nacional Bruta (RNB) *per capita* expressa em poder de paridade de compra (PPP) constante, em dólar, tendo 2005 como ano de referência.
>
> Disponível em: <www.pnud.org.br/IDH/IDH.aspx?indiceAccordion=0&li=li_IDH>.

Quantos anos vou viver?

Roda de conversa

> Anteriormente, falamos em expectativa de vida e aprendemos que uma vida longa e saudável é um dos itens mensurados no IDH, ou Índice de Desenvolvimento Humano. A pergunta acima demonstra que a maioria das pessoas, sejam elas crianças, jovens, adultos ou pessoas idosas, costuma fazer essa pergunta.
>
> Converse com seus colegas e professor e discuta o porquê de não termos resposta para esta questão, embora a ciência médica esteja muito desenvolvida.
>
> Podemos conhecer alguns fatores que encurtam ou prolongam a vida das pessoas. Quais são eles? Quem são os principais envolvidos por termos uma vida longeva e de qualidade? Você investe (ou investirá) em atividades e posturas que lhe possibilitam (ou irão possibilitar) ter uma expectativa de vida longa e com qualidade?
>
> O que está ocorrendo em nosso país em relação à qualidade de vida?

Geografia

Pessoa idosa festejando seu aniversário.

Pessoa idosa sendo assistida em hospital.

Pessoa idosa sem moradia.

População à espera de atendimento no setor de pronto-socorro do Hospital Geral Doutor José Pedro Bezerra, conhecido como Hospital Santa Catarina, na Zona Norte.

Observando as imagens, estabeleça uma conclusão pessoal sobre as mesmas.

_____
_____
_____
_____

Leitura

Casal de pessoas idosas desabrigadas vive em McDonald's de shopping por dois anos

BUENOS AIRES – Tudo começou com uma foto de um casal idoso e bem vestido, aparentemente cochilando numa lanchonete, e duas perguntas: "Quem não viu alguma vez esses dois velhinhos? Como podem dormir assim?" Horas depois, o casal, que há dois anos vivia num *shopping*, foi resgatado pelo Ministério de Desenvolvimento Social.

A foto dos dois dormindo sentados não só foi publicada no Facebook, como mereceu uma página própria, com o nome: "Para todos os que viram os dois velhinhos que vivem no McDonald's do (shopping) Alto Palermo". [...] Apareceu outra página no Facebook, desta vez, pedindo ajuda para o casal anônimo. E o mistério virou notícia do jornal sensacionalista "Crônica" e primeira página do conservador La Nación. A repercussão foi tamanha que o casal assustou-se e buscou, pela primeira vez, ajuda de assistentes sociais.

Segundo Carolina Lascano, gerente de relações institucionais da empresa Irsa, dona do Alto Palermo, o casal frequentava o shopping há pelo menos dois anos. Em entrevista ao La Nación, ela contou que várias vezes ofereceu levá-los a um abrigo, mas eles nunca aceitaram. Sequer pareciam desabrigados. Não incomodavam, pagavam sua comida e passeavam pelo shopping.

Os dois só revelaram suas identidades quando buscaram ajuda do Ministério de Desenvolvimento Social, dias atrás. Ele chama-se Felix, é um arquiteto aposentado de 70 anos e trabalhou numa empresa de construção. Ela chama-se Elena e também é aposentada. Os dois tinham um apartamento no Bairro Norte – região de classe média alta de Buenos Aires – e uma filha de 36 anos. Não se sabe como, perderam a casa e mudaram-se para o Alto Palermo.

O McDonald's foi o lugar escolhido para dormir porque fica aberto 24 horas nos fins de semana. Felix costumava ler o jornal, enquanto tomava café, e Elena quase sempre carregava um livro. Eram sempre discretos e, possivelmente, jamais teriam sido descobertos, não fosse pela internet.

"Eu tinha visto este casal. Reconheci depois de ter visto a foto deles no Facebook. Me chamavam a atenção porque os vi antes de ir ao cinema, e quando saí do cinema estavam ainda lá, dormindo. Achei engraçado, e só. Nunca imaginei que fossem desabrigados", contou Julian Fragonardi, de 16 anos.

A família acabou aceitando ajuda, mas não quis ir para um abrigo. O governo prometeu um subsídio mensal de 700 pesos (menos de US$ 200), para complementar a aposentadoria.

Disponível em: <http://extra.globo.com/noticias/mundo/casal-de-idosos-desabrigados-vive-em-mcdonalds-de--shopping-de-buenos-aires-por-2-anos-131948.html>

Após a leitura da notícia, discuta com seus colegas e professor estas questões.

Pode-se dizer que a desatenção do governo com as pessoas idosas atinge apenas as classes mais pobres da população? Qual seria o motivo da recusa do casal em ser encaminhado para um abrigo de pessoas idosas? Considerando-se que o homem recebia uma renda mensal, qual seria o motivo de ter perdido a sua moradia? Por que mesmo as pessoas que possuem escolarização em nível elevado, quando se aposentam têm, muitas vezes, a sua qualidade de vida rebaixada?

Geografia

Saber mais

Em 2011, esperança de vida ao nascer era de 74,08 anos

Em 2011, a esperança de vida ao nascer, no Brasil, era de 74,08 anos (74 anos e 29 dias), um incremento de 0,31 anos (3 meses e 22 dias) em relação a 2010 (73,76 anos) e de 3,65 anos (3 anos, 7 meses e 24 dias) sobre o indicador de 2000. Assim, ao longo de 11 anos, a esperança de vida ao nascer, no Brasil, incrementou-se anualmente, em média, em 3 meses e 29 dias.

Esse ganho na última década foi maior para os homens, 3,8 anos, contra 3,4 anos para mulheres, correspondendo a um acréscimo de 5 meses e 23 dias a mais para os homens do que para a população feminina. Mesmo assim, em 2011, um recém-nascido homem esperaria viver 70,6 anos, ao passo que as mulheres viveriam 77,7 anos. Atualmente, a expectativa de vida dos homens passou de 72,8 para 73,1 anos e a das mulheres foi de 79,9 para 80,1 anos.

Disponível em: www.ibge.gov.br/home/presidencia/noticias/noticia_visualiza.php?id_noticia=2271&id_pagina=1>.

1. Segundo o texto, sintetize nas linhas abaixo o que está ocorrendo com a expectativa de vida dos brasileiros.

2. A que causas você atribui a maior expectativa de vida das mulheres?

3. Converse com seus colegas e pesquise nas famílias às quais vocês pertencem qual é a proporção entre homens e mulheres acima de 60 anos e que ainda estão vivos. Escreva o número de famílias pesquisadas e o percentual obtido por sexo (mais homens ou mais mulheres) e elabore um resumo a respeito, expondo posteriormente na sua sala de aula.

Uma visão contemporânea da velhice

Roda de conversa

Formem duplas e analisem a letra da canção interpretada por Roberto Carlos. Discutam sobre as características pessoais da pessoa retratada na letra. Você conhece ou conheceu alguma pessoa de idade que se assemelha à letra? Quem era ela? O que ela lhe ensinou ou ensina? Como você trata ou tratou as pessoas idosas que passam ou passaram pela sua vida? As pessoas idosas têm valores na sociedade a que hoje você pertence? Por quê?

Meu querido, meu velho, meu amigo

Roberto Carlos

Esses seus cabelos brancos, bonitos, esse olhar cansado, profundo
Me dizendo coisas, um grito, me ensinando tanto, do mundo...
E esses passos lentos, de agora, caminhando sempre comigo,
Já correram tanto, na vida, meu querido, meu velho, meu amigo
Sua vida cheia de histórias, e essas rugas marcadas pelo tempo,
Lembranças de antigas, vitórias ou lágrimas choradas, ao vento...
Sua voz macia, me acalma e me diz muito mais do que eu digo
Me calando fundo, na alma, meu querido, meu velho, meu amigo
Seu passado vive, presente, nas experiências, contidas,
Nesse coração, consciente, da beleza das coisas, da vida.
Seu sorriso franco, me anima, seu conselho certo, me ensina,
Beijo suas mãos e lhe digo, meu querido, meu velho, meu amigo
Eu já lhe falei de tudo,
Mas tudo isso é pouco diante do que sinto...
Olhando seus cabelos tão bonitos,
Beijo suas mãos e digo, meu querido, meu velho, meu amigo

CARLOS, Roberto. Meu querido, meu velho, meu amigo. Intérprete: _____. In:_____. **Roberto Carlos**. [s.l.]: CBS, 1979. Faixa 8.

A escritora Simone de Beauvoir, em seu livro *Velhice*, um clássico sobre o tema publicado em 1970, discorre sobre o tema. Analise o trecho a seguir:

Geografia

"Paremos de trapacear; o sentido de nossa vida está em questão no futuro que nos espera; não sabemos se ignoramos quem seremos; aquele velho, aquela velha: reconheçamo-nos neles."

Forme dupla com um colega e, conversando entre si, analisem as frases e debatam sobre a velhice.

A seguir, assinalem a opção que mais se assemelha ao pensamento comum da dupla. Se houver discordância, utilize as linhas para escrever o que você pensa a respeito.

1. Ao dizer a frase, Simone de Beauvoir quer alertar as pessoas que não pensam no futuro que as aguarda.

    ( ) sim   ( ) não

    _____
    _____
    _____

2. O respeito e o tratamento às pessoas idosas está relacionado à educação e cultura que possuímos.

    ( ) sim   ( ) não

    _____
    _____
    _____

3. A esperança ou expectativa de vida se caracteriza pela estimativa do número de anos que se espera que uma pessoa possa viver. Esse dado é um reflexo, entre outros fatores, das condições de vida e saúde dessa pessoa.

    ( ) sim   ( ) não

    _____
    _____
    _____

4. Uma pessoa idosa, embora aposentada, deve continuar ativa ou mesmo voltar a trabalhar, pois além do aspecto financeiro, ainda permanece com motivação para transmitir seus conhecimentos e cultura, contribuindo assim com a sociedade e garantindo uma continuidade de integração nessa mesma sociedade.

( ) sim   ( ) não

___

___

___

Em 1º de outubro de 2003, o então presidente da República do Brasil, Luís Inácio Lula da Silva, sancionou a lei n. 10 741, que instituiu o estatuto da pessoa idosa, o qual prevê severas penas para quem desrespeitar ou abandonar cidadãos da terceira idade.

Vamos ler e analisar alguns desses artigos:

> Art. 2º – O idoso goza de todos os direitos fundamentais inerentes à pessoa humana, sem prejuízo da proteção integral de que trata esta Lei, assegurando-se-lhe, por lei ou por outros meios, todas as oportunidades e facilidades, para preservação de sua saúde física e mental e seu aperfeiçoamento moral, intelectual, espiritual e social, em condições de liberdade e dignidade.
>
> Art. 3º – É obrigação da família, da comunidade, da sociedade e do Poder Público assegurar ao idoso, com absoluta prioridade, a efetivação do direito à vida, à saúde, à alimentação, à educação, à cultura, ao esporte, ao lazer, ao trabalho, à cidadania, à liberdade, à dignidade, ao respeito e à convivência familiar e comunitária.
>
> Art. 9º – É obrigação do Estado, garantir à pessoa idosa a proteção à vida e à saúde, mediante efetivação de políticas sociais públicas que permitam um envelhecimento saudável e em condições de dignidade.
>
> Art. 15. – É assegurada a atenção integral à saúde do idoso, por intermédio do Sistema Único de Saúde – SUS, garantindo-lhe o acesso universal e igualitário, em conjunto articulado e contínuo das ações e serviços, para a prevenção, promoção, proteção e recuperação da saúde, incluindo a atenção especial às doenças que afetam preferencialmente os idosos.
>
> Art. 21. – O Poder Público criará oportunidades de acesso do idoso à educação, adequando currículos, metodologias e material didático aos programas educacionais a ele destinados.

Geografia

Art. 34. – Aos idosos, a partir de 65 (sessenta e cinco) anos, que não possuam meios para prover sua subsistência, nem de tê-la provida por sua família, é assegurado o benefício mensal de 1 (um) salário-mínimo, nos termos da Lei Orgânica da Assistência Social – Loas.

Art. 37. – O idoso tem direito a moradia digna, no seio da família natural ou substituta, ou desacompanhado de seus familiares, quando assim o desejar, ou, ainda, em instituição pública ou privada.

Roda de conversa

Na sua classe existem pessoas idosas? Se a resposta for positiva, procure debater diretamente com eles a respeito do cumprimento ou não dos artigos enumerados. Em caso negativo, analise detalhadamente suas opiniões e promova discussões baseadas em experiências com pessoas idosas que vocês conhecem.

Peça ao professor que vá anotando no quadro, para posteriormente vocês emitirem uma opinião conclusiva e proporem formas de atuação para amparo e melhorias na qualidade de vida de pessoas idosas.

1. Entreviste uma pessoa idosa (de sua família ou não) seguindo este roteiro e, posteriormente exponha os resultados para seus colegas e professor.

   a) Ele(a) conhece o Estatuto da Pessoa Idosa e os direitos que possui?

   b) Quais são os principais benefícios que o envelhecimento pode trazer aos mais jovens?

   c) Quais os principais problemas enfrentados por pertencer à chamada "terceira idade"?

   d) A valorização da juventude e da estética física, que se vivência atualmente, contribui para marginalizar socialmente a pessoa idosa?

Saber mais

Você sabia que existe o *Guia Global das Cidades Amigas das Pessoas Idosas*? Foi lançado pela OMS (Organização Mundial de Saúde), por ocasião do Dia Internacional do Idoso, em 1º. de outubro de 2007.

Tem como finalidade auxiliar as cidades, à medida que se expandem, a adaptarem as estruturas e os serviços, tornando-as acessíveis e inclusivas às pessoas idosas.

Por meio de um estudo, pessoas idosas definiram as áreas que estas cidades devem considerar para se constituírem em "cidades amigas das pessoas idosas":

- Espaços exteriores e edifícios;
- Habitação;
- Participação social;
- Transportes;
- Respeito à inclusão social;
- Participação cívica;
- Emprego;
- Comunicação e informação;
- Apoio comunitário;
- Serviços sociais.

O conceito de envelhecimento ativo esteve presente na construção do modelo para o desenvolvimento dessas cidades amigas das pessoas idosas. Observe estas cidades no mapa-múndi.

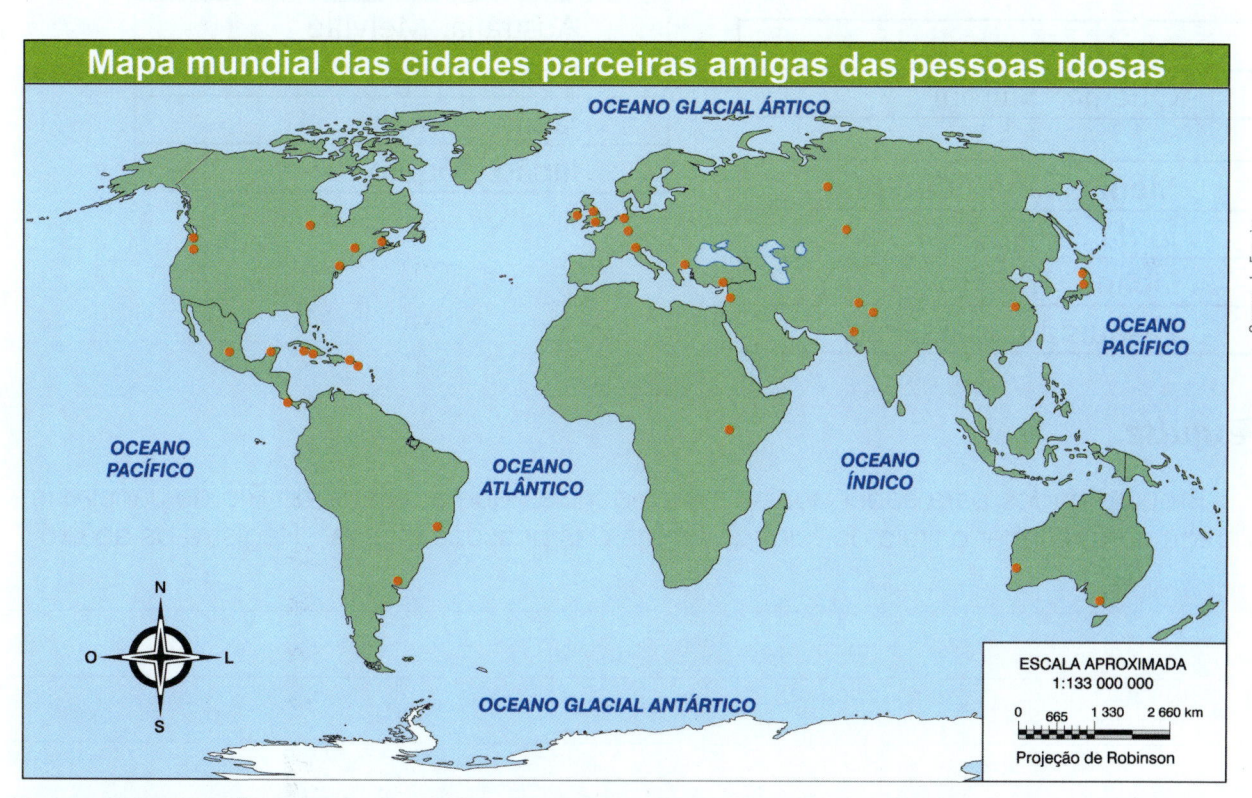

Mapa mundial das cidades parceiras amigas das pessoas idosas

ESCALA APROXIMADA
1:133 000 000
0 665 1 330 2 660 km
Projeção de Robinson

Fonte: ORGANIZAÇÃO MUNDIAL DA SAÚDE. Guia Global: cidade amiga do idoso. Genebra, Suíça, 2008. Adaptado do **Atlas geográfico escolar**. Rio de Janeiro: IBGE, 2009.
http://www.who.int/ageing/guiaafcportuguese.pdf

Geografia

América
Argentina, La Plata
Brasil, Rio de Janeiro
Canadá, Halifax
Canadá, Portage la Prairie
Canadá, Saanich
Canadá, Sherbrooke
Costa Rica, San José
Jamaica, Kingston
Jamaica, Montego Bay
México, Cancún
México, Cidade do México
Porto Rico, Mayaguez
Porto Rico, Ponce
EUA, Nova York
EUA, Portland

África
Quênia, Nairobi

Mediterrâneo Oriental
Jordânia, Amã
Líbano, Trípoli
Pasquistão, Islamabad

Europa
Alemanha, Ruhr
Irlanda, Dundalk
Itália, Udine
Rússia, Moscovo
Rússia, Tuymazy
Suíça, Genebra
Turquia, Istambul
Reino Unido, Edimburgo
Reino Unido, Londres

Sudeste Asiático
Índia, Nova Deli
Índia, Udaipur

Pacífico Ocidental
Austrália, Melbourne
Austrália, Melville
China, Xangai
Japão, Himeji
Japão, Tóquio

Pesquise

Procure dados para saber quais as providências que a cidade do Rio de Janeiro implantou para receber o título de "cidade amiga das pessoas idosas". Registre-os abaixo.

_____
_____
_____
_____

Unidade 3
Diversidade cultural – a sociedade brasileira

Nesta unidade, vamos compreender e debater:
- As migrações e sua contribuição no processo de formação do povo brasileiro.
- A diversidade cultural brasileira decorrente da formação étnica e cultural.
- As desigualdades socioeconômicas que a maioria da população brasileira enfrenta e sua relação com a diversidade cultural.
- Os aspectos sociais contraditórios do nosso país em áreas urbanas.

Geografia

Diferentes pessoas, diferentes culturas

Migrações internas

Roda de conversa

O que forma a cultura de um povo? A sua língua? A religião, os seus mitos, os seus valores? Seria aquilo que nossos antepassados nos transmitiram? Seriam as festas populares, a alimentação, o modo de se vestir? O folclore?

Todos vocês, nesta sala de aula, partilham a mesma cultura? Conversem sobre as diferenças culturais que o grupo possui.

Discutam cada um dos elementos citados ou outros que você acredita terem contribuído para a variedade imensa de culturas que hoje o Brasil apresenta.

Fazendo conexão com... Língua Portuguesa

"O MEU PAI ERA PAULISTA

MEU AVÔ PERNAMBUCANO

O MEU BISAVÔ MINEIRO

MEU TATARAVÔ BAIANO..."

BUARQUE, Chico. Paratodos. Intérprete: _____. In: _____. **Paratodos**. [s.l.]: BMG/Ariola, 1993. 1 CD. Faixa 1.

A letra da canção de Chico Buarque faz uma analogia entre a vida de uma pessoa e seus ancestrais. Você tem uma história semelhante para narrar? Isso também aconteceu na sua família? Seus pais nasceram na mesma localidade onde vivem atualmente ou vieram de outras cidades e regiões do país?

Descreva a sua história nas linhas a seguir sob a forma de poema ou de prosa, como preferir. Após, leia para o grupo da sua sala de aula e para o seu professor.

_____
_____
_____
_____

Para estudarmos sobre as diferentes culturas que o Brasil apresenta, devemos relacioná-las, além da imigração que ocorreu em diversos períodos da nossa história, também aos movimentos migratórios que acontecem dentro de nossas fronteiras, como a canção de Chico Buarque de Hollanda indica. À esse tipo de movimento da população em um mesmo país chamamos de "migrações internas", e migrante, aquele que protagoniza esse movimento.

O termo "emigração" significa a saída de pessoas de um determinado país ou região.

O termo "imigração" significa a entrada de pessoas em um determinado país ou região.

Assim, quando nos referirmos à saída de pessoas que partiram da Europa para o Brasil, dizemos que eles emigraram e, ao adentrar nosso território, tornaram-se imigrantes.

Diversos motivos conduzem as pessoas a saírem do seu local de moradia: guerras; conflitos étnicos; perseguições políticas ou religiosas; regiões de solo improdutivo ou de clima hostil, entre outros. Mas o que predomina é a busca por melhores condições de vida.

Nesse vai e vem, diferentes pessoas carregam diversas culturas, que são mescladas e incorporadas a outras.

Sociedade brasileira: exemplo de pluralidade

Roda de conversa

Sabemos que muitas pessoas emigraram para o Brasil. Alguns, por vontade própria para colonizar a nova terra descoberta; outros abandonando as condições de vida insatisfatórias de seus países; outros, ainda, como os africanos, contra a sua vontade, vieram na condição de escravizados. Aqui encontraram um habitante nativo: o indígena, com sua diversidade e seus costumes próprios.

Você concorda que todos contribuíram para criar a nossa pluralidade cultural? Debata e justifique a sua opinião perante os seus colegas. Cite exemplos que você conheça.

Brasileiros, alemães, espanhóis, japoneses... Nomes se misturam... Um de cá, outro de lá... uma família se fez...

Vamos brincar um pouco? Reúnam-se em pequenos grupos e tentem adivinhar os filhos, componentes de cada família miscigenada, criando um nome e sobrenome nas linhas pontilhadas.

Geografia

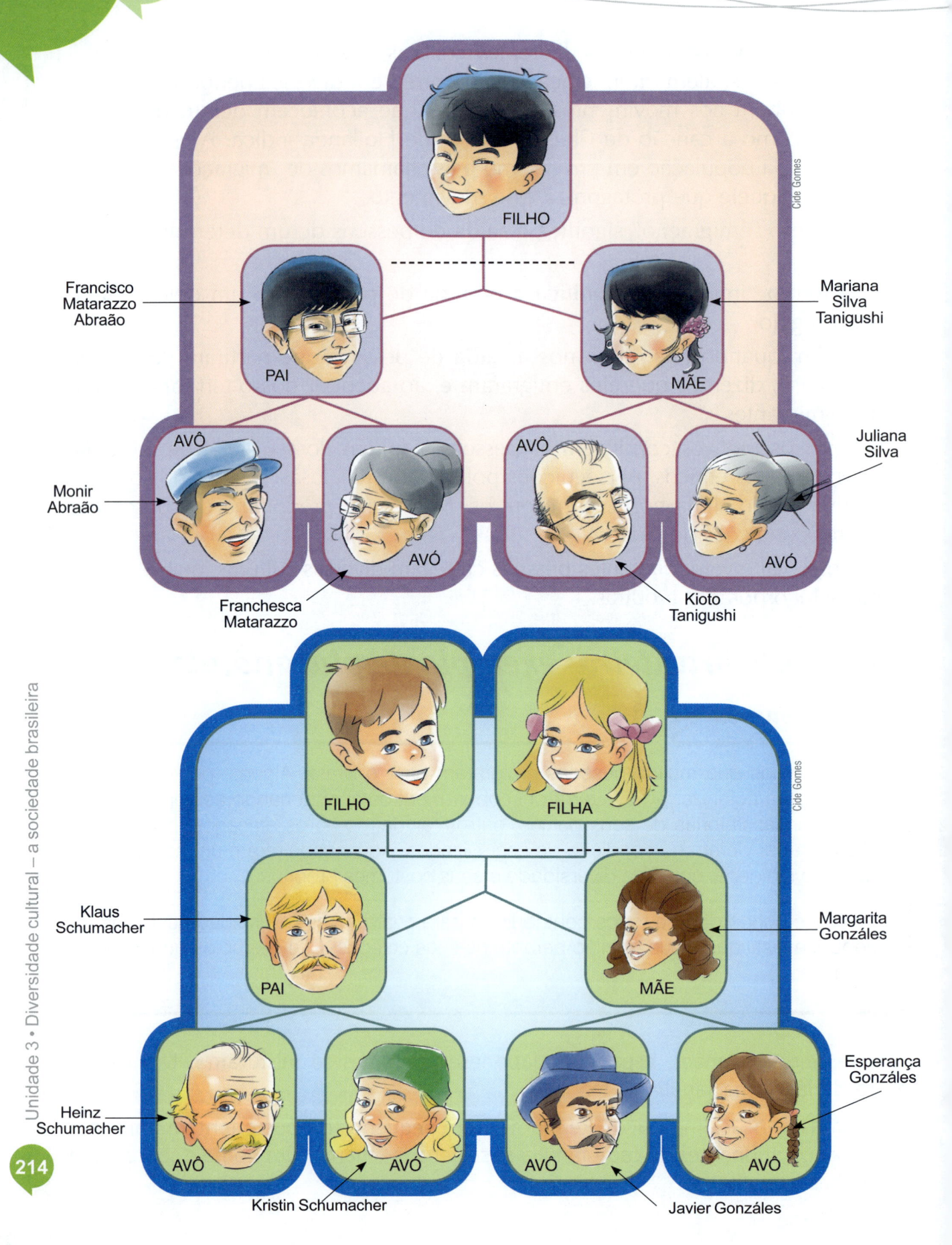

Família 1:
- FILHO
- PAI — Francisco Matarazzo Abraão
- MÃE — Mariana Silva Tanigushi
- AVÔ — Monir Abraão
- AVÓ — Franchesca Matarazzo
- AVÔ — Kioto Tanigushi
- AVÓ — Juliana Silva

Família 2:
- FILHO
- FILHA
- PAI — Klaus Schumacher
- MÃE — Margarita Gonzáles
- AVÔ — Heinz Schumacher
- AVÓ — Kristin Schumacher
- AVÔ — Javier Gonzáles
- AVÓ — Esperança Gonzáles

Unidade 3 • Diversidade cultural – a sociedade brasileira

Fazendo conexão com... Matemática

Em grupos, analisem seus colegas de classe e identifiquem neles os traços físicos que confirmam a pluralidade étnica brasileira. Observem as variadas colorações da pele; a cor e o tipo dos olhos e dos cabelos, as diversas estaturas. Isso lhes fornecerá alguns dados (que poderão não ser exatos, porém, servirão como base) para caracterizar os tipos étnicos predominantes. Também façam um levantamento dos sobrenomes e da origem dos antepassados que vieram de um mesmo país. Após a coleta e classificação dos dados, construa um gráfico e exponha na sala de aula.

Obs: lembre-se de que as características físicas são apenas uma parte da pluralidade brasileira. Na totalidade, devemos incluir outros aspectos, como a cultura, por exemplo.

O Brasil da diversidade cultural é o mesmo Brasil da desigualdade social?

Câmara apresenta a exposição "Vendedores de praia"

Instaladas no Espaço do Servidor, fotografias retratam cotidiano de trabalhadores que sobrevivem do comércio em praias nordestinas

A Câmara dos Deputados apresenta até 12 de maio, no Espaço do Servidor, a exposição "Vendedores de Praia", do fotógrafo Vital Cordeiro. A mostra exibe o dia a dia de trabalhadores que sobrevivem do comércio de quitutes e objetos diversos nas praias do nordeste brasileiro. As fotografias foram feitas nos estados de Pernambuco, Paraíba, Rio Grande do Norte e Ceará.

Vendedor ambulante.

Esta é a primeira exposição de Vital na Câmara dos Deputados. O fotógrafo, que conviveu com os mais diversos tipos de vendedores de praia, explica que seu trabalho presta uma homenagem à bravura do trabalhador nordestino.

Para o deputado Gonzaga Patriota (PSB- PE), "as fotografias de Vital ressaltam o comportamento desses trabalhadores à beira-mar, que ganham honestamente o pão de cada dia e, sobretudo, integram pessoas de todas as classes sociais, raças, cores e línguas". "A sensibilidade de Vital só vem a valorizar esta categoria de trabalhador", completa Patriota.

Disponível em: <www2.camara.leg.br/comunicacao/institucional/noticias-institucionais/camara-apresenta-a--exposicao-201cvendedores-de-praia201d>.

Geografia

Roda de conversa

A notícia anterior demonstra desigualdade social no Brasil? Você já se deparou com uma cena semelhante? Descreva para seus colegas.

O espaço geográfico retratado na foto em exposição é o Nordeste do Brasil. Mas será que isso só acontece nessa região? Essa situação tem relação com o tema "migrações", anteriormente estudado? Se a cultura diversificada que o Brasil apresenta diz respeito também a um conjunto de valores preservados pela sociedade, como hábitos, crenças, comportamentos e símbolos, a pobreza e o subemprego que permeiam o país podem ser considerados como retrato da nossa diversidade?

Poderia, então, a desigualdade, já arraigada em nossa sociedade, ser considerada "cultura brasileira"? Por quê? Reflita e discuta sobre isso com seus colegas.

Você aprendeu anteriormente que entre as causas dos nossos movimentos migratórios o que predomina é a busca por melhores condições de vida.

Leia atentamente a letra da canção "Brejo da Cruz", de autoria de Chico Buarque de Hollanda, e depois responda às questões propostas.

Brejo da cruz

A novidade
Que tem no Brejo da Cruz
É a criançada
Se alimentar de luz
Alucinados
Meninos ficando azuis
E desencarnando
Lá no Brejo da Cruz
Eletrizados
Cruzam os céus do Brasil
Na rodoviária
Assumem formas mil
Uns vendem fumo
Tem uns que viram Jesus
Muito sanfoneiro

Cego tocando blues
Uns têm saudade
E dançam maracatus
Uns atiram pedra
Outros passeiam nus
Cego tocando blues
Uns têm saudade
E dançam maracatus
Uns atiram pedra
Outros passeiam nus
Mas há milhões desses seres
Que se disfarçam tão bem
Que ninguém pergunta
De onde essa gente vem
São jardineiros
Guardas-noturnos, casais
São passageiros
Bombeiros e babás
Já nem se lembram
Que existe um Brejo da Cruz
Que eram crianças
E que comiam luz
São faxineiros
Balançam nas construções
São bilheteiras
Baleiros e garçons
Já nem se lembram
Que existe um Brejo da Cruz
Que eram crianças
E que comiam luz

HOLLANDA, Chico Buarque de. Brejo da Cruz. Intérprete: _____. In: _____. Chico Buarque. [s.l.]: Barelay/ Polygram/ Phillips, 1984. Faixa 2.

Geografia

1. A música "Brejo da Cruz" tem como foco o tema migrações? Por quê? Transcreva um dos trechos que confirma isso.

   _____
   _____
   _____

2. Qual frase demonstra que os migrantes abandonam a cidade por questões socioeconômicas?

   _____
   _____
   _____

3. O que identifica que alguns ainda guardam laços com o seu lugar de origem?

   _____
   _____
   _____

4. Cite alguns tipos de trabalho que os migrantes assumem na região para onde migraram.

   _____
   _____
   _____

Existem inúmeros motivos que levam o brasileiro a migrar. A migração externa para o nosso país foi intensa até a década de 1930. Após esse período, o governo brasileiro restringiu a entrada de estrangeiros. Hoje, os deslocamentos internos são mais intensos. Ocorrem em função da organização político-econômica do país, da má distribuição de terras, da climatologia de determinadas regiões, do desemprego e das mudanças que ocorrem na estrutura produtiva, como a modernização do campo, com o homem sendo substituído pela máquina.

Ainda podemos citar fatores pessoais como: a perspectiva de melhores condições de vida; a busca de melhor acesso à cultura; os serviços oferecidos nas grandes cidades, e também o atendimento médico-hospitalar.

Mas, sem dúvida, a desigualdade social brasileira é fator preponderante nas migrações internas. Só no período de 1991 até 1996 as movimentações somaram 2,6 milhões de brasileiros e também provocaram trocas e mesclas de cultura, bem como interferiram no surgimento de novas identidades nacionais que se apresentam como traço característico de nossa diversidade.

Podemos concluir que o Brasil é o país da diversidade cultural, a qual está intrinsicamente relacionada à desigualdade social, motivada pelo processo de migrações internas, entre outros fatores.

Aspectos contraditórios da desigualdade brasileira: favelas e tecnopolos

Roda de conversa

> Quando você percorre a sua cidade é possível observar diferenças sociais? Quais são elas? Há mendigos e moradores de rua? A questão da moradia é resolvida pelos órgãos competentes? Existem espaços onde ocorre aglomeração de pessoas com pouco ou sem infraestrutura que, consequentemente, apresentam qualidade de vida não satisfatória? O que é uma favela, afinal? Você conhece, já viu fotos, escutou a respeito em noticiários ou já esteve em uma? E "tecnopolo" você sabe o que significa essa palavra? Troque ideias com seus colegas.

Tecnopolo é o termo utilizado para designar espaços urbanos que possuem duas características principais: concentração de instituições de ensino e pesquisa que estão associadas a empresas que utilizam as melhores e mais recentes tecnologias e inovações.

A cidade de São José dos Campos em São Paulo é considerada uma "cidade tecnopolo". Essa designação parece-nos, em um primeiro momento que essa cidade apresenta apenas condições de vida favoráveis. Mas não é bem assim. Segundo um estudo do IBGE (Instituto Brasileiro de Geografia e Estatística) a região de São José dos Campos também abriga favelas.

Atualmente temos aproximadamente 810 famílias distribuídas em 7 localidades consideradas como favelas, no município de São José dos Campos – SP. Porém, o município conta com um programa de desfavelização que, segundo a Secretaria de Habitação, já removeu muitos moradores da comunidade do Banhado, que começou com famílias remanescentes de quilombos e aldeias indígenas.

Geografia

Responda.

O que você pode concluir a respeito da convivência em um mesmo espaço urbano de condições tão contraditórias?

_____

_____

_____

Segundo o Dicionário Houaiss da Língua Portuguesa, o termo "favela" surgiu como registro na revista semanal carioca *Careta*, no ano de 1909. A partir daí, é aceito como substantivo comum e, como as próprias favelas, começa a ocupar espaço na paisagem cultural do país.

Tempos atrás, o termo era comumente usado em dicionários de definições preconceituosas, que falavam de "local onde residem marginais". Hoje o termo pejorativo se restringe ao uso figurado, às vezes empregado com o sentido de "lugar de mau aspecto, situação que se considera desagradável ou desorganizada" (Houaiss).

No Brasil, a diversidade social, econômica e cultural tem sido um desafio na compreensão do que é uma favela e do estabelecimento de um conceito mais preciso.

Pode-se estabelecer algum reconhecimento das favelas no espaço territorial, considerando-se que fazem parte do tecido urbano, porém, não seguem padrões definidos para os modelos de ocupação e de uso planejado do solo das cidades, que pressupõe ambientes saudáveis, agradáveis, com infraestrutura necessária ao estabelecimento de vida com qualidade.

As favelas hoje devem servir de referência para a implantação de políticas públicas melhoradas e apropriadas a esse tipo de território, como moradias dignas e seguras, além de outras implicações que conduzem ao bem-estar das comunidades que ali vivem.

Ocupação de moradias em área de manguezal, Cubatão (SP).

Favela da Rocinha no Rio de Janeiro (RJ).

Saber mais

Censo 2010 aprimorou a identificação dos aglomerados subnormais

O IBGE adotou inovações em 2010 para atualizar e aprimorar a identificação dos aglomerados subnormais (assentamentos irregulares conhecidos como favelas, invasões, grotas, baixadas, comunidades, vilas, ressacas, mocambos, palafitas, entre outros). [...] será divulgada a publicação *Aglomerados Subnormais – Primeiros Resultados*, que tem como objetivo mostrar quantas pessoas vivem e quantos domicílios existem nessas áreas, a distribuição delas no país e nas cidades e como se caracterizavam os serviços de abastecimento de água, coleta de esgoto, coleta de lixo e fornecimento de energia elétrica. O Manual de Delimitação dos Setores do Censo 2010 classifica como aglomerado subnormal cada conjunto constituído de, no mínimo, 51 unidades habitacionais carentes, em sua maioria, de serviços públicos essenciais, ocupando ou tendo ocupado, até período recente, terreno de propriedade alheia (pública ou particular) e estando dispostas, em geral, de forma desordenada e densa. A identificação atende aos seguintes critérios:

a) Ocupação ilegal da terra, ou seja, construção em terrenos de propriedade alheia (pública ou particular) no momento atual ou em período recente (obtenção do título de propriedade do terreno há dez anos ou menos); e

b) Possuírem urbanização fora dos padrões vigentes (refletido por vias de circulação estreitas e de alinhamento irregular, lotes de tamanhos e formas desiguais e construções não regularizadas por órgãos públicos) ou precariedade na oferta de serviços públicos essenciais (abastecimento de água, esgotamento sanitário, coleta de lixo e fornecimento de energia elétrica). [...]

Disponível em: <www.ibge.gov.br/home/presidencia/noticias/noticia_visualiza.php?id_noticia=2051>.

1. Cite algumas áreas de sua cidade que apresentam características relacionadas à ausência de qualidade de vida.

___
___
___
___

Geografia

2. Você sabe como essas áreas surgiram no espaço social da sua cidade? Descreva abaixo.

_____

_____

_____

3. São áreas marginalizadas no contexto social da cidade? Como isso pode ser comprovado?

_____

_____

_____

4. Busque saber se as autoridades responsáveis têm realizado ações para incorporá-las e melhorar a qualidade de vida das pessoas que ali habitam. Se a resposta for positiva, cite quais são essas ações.

_____

_____

_____

Sistematizando

Segundo historiadores, as favelas surgem no período da Guerra de Canudos, nos idos de 1896/1897, que se desenrolou no Nordeste brasileiro. A cidadela de Canudos foi construída nas imediações do Morro da Favela, que assim se denominava em razão de uma vegetação que predominava no local denominada "favela", característica da caatinga nordestina.

Considera-se que as primeiras favelas surgiram no Rio de Janeiro logo após a Guerra de Canudos e também em São Paulo. Seu aparecimento, entre outras causas, relaciona-se com a migração campo-cidade resultante da busca por melhores condições de vida.

As moradias são rústicas e improvisadas e normalmente ocupam áreas sem nenhuma infraestrutura. Ali se mesclam diversas etnias com culturas também diversas.

Na maioria das vezes, seus habitantes são estereotipados, marginalizados e sofrem preconceitos injustos, sendo tachados de "maloqueiros" e "marginais". Não é incorreto dizer que nas áreas ocupadas pelas favelas ocorre a convivência próxima de pessoas honestas e desonestas. Porém, muitos ali habitam à espera de conseguir melhor forma de sobrevivência em nossa sociedade desigual.

Saber mais

[...] Há casos como o da Rocinha, no Rio de Janeiro, em que a mobilização de moradores vem proporcionando melhorias, como serviços básicos, na regularização da posse dos terrenos, com direito a título de propriedade. Esse é um exemplo no qual a atuação do poder público pode tornar possível a urbanização de favelas. Apesar disso, muitos moradores ainda não têm condições de pagar as taxas e os impostos que acabam sendo cobrados com a implantação dessas melhorias. [...]

RYFF. Luiz Antônio. O processo de favelização no Brasil. **Folha de S. Paulo**.

Roda de conversa

As áreas urbanas, onde podemos observar a desigualdade social brasileira, estão inseridas ou próximas de áreas onde se nota o grande poder aquisitivo da população? Isso ocorre na sua cidade?

Existem favelas ou aglomerados subnormais (como classifica o IBGE) nas proximidades de condomínios de alto luxo ou de moradias da classe alta? Isso pode demonstrar a desigualdade referida?

Observe a imagem a seguir. Ela se refere à cidade de São José dos Campos e retrata a sede principal da Embraer – Empresa Brasileira de Aeronáutica.

Esta cidade é considerada como um tecnopolo brasileiro porque apresenta excelência na qualidade de produção aliada à tecnologia de ponta. No caso específico: a fabricação de jatos comerciais vendidos para o mundo todo.

Sede da Embraer, em São José dos Campos (SP), em 1997.

Geografia

Mas o que caracteriza uma cidade tecnopolo? Como elas conseguem chegar a esse alto nível de desenvolvimento em contraposição a outras cidades com grandes índices de subdesenvolvimento? Reflita sobre isso!

1. Você concorda ou discorda da frase a seguir? Justifique a sua resposta.

    "No Brasil, as diferenças sociais estão localizadas em áreas muito próximas. São duas faces do país e, muitas vezes, isto nos parece 'natural'. Nas cidades, a figura do catador de papel que busca em condomínios de alto luxo o papel para seu sustento não nos choca mais".

    _____
    _____
    _____

2. Formem grupos e pesquisem cinco características necessárias para que uma cidade possa ser considerada um tecnopolo.

    _____
    _____
    _____
    _____

3. Pesquise e cite outras cidades consideradas tecnopolos no Brasil.

    _____
    _____
    _____

4. Escreva uma conclusão pessoal a respeito de áreas com tecnopolos, consideradas de mundo desenvolvido, em comparação com áreas pobres, consideradas de mundo subdesenvolvido, que existem em nosso país.

    _____
    _____
    _____

5. Pesquise quais são as empresas que predominam nas áreas consideradas como "ilhas de excelência" – as cidades-tecnopolos.

_____

_____

_____

Sistematizando

Em nosso país, o mesmo espaço geográfico que concentra tecnopolos (cidades com tecnologia de última geração) reúne também aglomerações subnormais (favelas), como são caracterizadas pelo IBGE. São duas faces do Brasil que, ao mesmo tempo, nos chocam e preocupam. Essas paisagens demonstram as acentuadas diferenças sociais e econômicas que nem mesmo o processo de industrialização, pelo qual estamos passando, conseguiu diminuir.

Não encontramos apenas o contraste tecnológico dos espaços ou apenas o das sub-moradias em nossas cidades. Outros problemas como educação, saúde, infraestrutura, desemprego, violência, entre outros, são marcas visíveis da qualidade de vida não satisfatória que ainda muitos brasileiros enfrentam.

Roda de conversa

A diversidade cultural brasileira se manifesta tanto no espaço geográfico, como verificamos nos territórios de favelas e tecnopólos, como também em relação ao aspecto do analfabetismo.

Leia a afirmação do "Mapa do Analfabetismo no Brasil" – publicação do INEP (Instituto Nacional de Estudos e Pesquisas Educacionais) a seguir e debata com seus colegas e professor sobre as causas citadas, argumentando se você concorda ou discorda.

"É doloroso constatar que, no Brasil, 35% dos analfabetos já frequentaram a escola. As razões para o fracasso do País na alfabetização de seus jovens são várias: escola de baixa qualidade, em especial nas regiões mais pobres do País e nos bairros mais pobres das grandes cidades; trabalho precoce; baixa escolarização dos pais; despreparo da rede de ensino para lidar com essa população. O mais preocupante é que, a despeito dos avanços conquistados, ainda observamos o baixo desempenho dos sistemas de ensino, caracterizado pelas baixas taxas de sucesso escolar, sobretudo nos primeiros anos de escolaridade [...]"

GLOSSÁRIO

Precoce: aquele que muito cedo demonstra capacidades ou habilidades próprias de crianças mais velhas ou de adultos.

Disponível em: <www.publicacoes.inep.gov.br/arquivos/%7B3D805070-D9D0-42DC-97AC-5524E567FC02%7D_MAPA%20DO%20ANALFABETISMO%20NO%20BRASIL.pdf>.

Geografia

Fazendo conexão com... Matemática

Evolução do Indicador de alfabetismo da população de 15 a 64 anos (2001-2002 a 2018)								
Níveis		2001-2002	2002-2003	2003-2004	2004-2005	2007	2009	2018
BASES		2000	2000	2001	2002	2002	2002	2002
Analfabeto		12%	13%	12%	11%	9%	7%	8%
Rudimentar		27%	26%	26%	26%	25%	20%	22%
Básico		34%	36%	37%	38%	38%	46%	49%
Pleno		26%	25%	25%	26%	28%	27%	22%
Analfabeto e Rudimentar	Analfabetos funcionais	39%	39%	38%	37%	34%	27%	29%
Básico e Pleno	Analfabetizados funcionalmente	61%	61%	62%	63%	66%	73%	71%

Disponível em: <https://alfabetismofuncional.org.br/alfabetismo-no-brasil/>

Na tabela, pode-se observar a evolução dos níveis de alfabetismo (analfabeto, níveis rudimentar, básico e pleno) e também uma classificação sintética que opõe o analfabetismo funcional (analfabeto absoluto e alfabetização rudimentar) à alfabetização funcional (níveis básico e pleno de habilidades).

Analisando a tabela responda:

GLOSSÁRIO

Analfabeto funcional – aquele que desconhece o alfabeto; que ou aquele que não sabe ler nem escrever

Rudimentar – falta de desenvolvimento, de profundidade; que contém apenas o essencial; resumido.

1. O que ocorreu no intervalo (2001-2018) em relação ao percentual de pessoas de 15 e 64 anos classificadas como analfabetas?

2. O que ocorreu com a quantidade de pessoas classificadas no nível rudimentar?

3. Em relação a esses dois níveis (analfabetos e rudimentar) o que você pode concluir?

Unidade 4 — Relações sociais, culturais e de produção

Nesta unidade, vamos analisar os desafios que a vida nos propõe, discutindo questões como:
- O papel do trabalho e a qualificação do trabalhador no desenvolvimento de um país.
- A importância da Revolução Industrial e sua relação com a industrialização brasileira.
- O papel da mulher, seus direitos no mercado de trabalho e o trabalho sustentável.
- A globalização, sob os aspectos positivos e negativos.

Geografia

Um povo impulsiona a produção

O trabalho

Roda de conversa

O que você pensa a respeito da importância do trabalho na vida das pessoas? Quantos trabalham? O trabalho é muito importante ou é apenas uma obrigação, forma de sobrevivência? Se você atualmente está trabalhando, isso acontece com prazer e satisfação? Qual é o seu "sonho" profissional? Você tem estratégias para tornar esse sonho uma realidade? Quais são elas? Você conhece o nível de procura, no mercado de trabalho, da profissão que você quer seguir? Quais as áreas que ofertam mais trabalho em sua cidade? Qual é o papel que a educação tem no mercado de trabalho? Você já esteve desempregado? O que isso representou na sua vida?

Discuta essas e outras questões com seu professor e colegas de classe.

Fazendo conexão com... História

Vamos conhecer um pouco da evolução, formas e tipos de trabalho.

Na Inglaterra, a partir do século XVIII, iniciou-se a Revolução Industrial. Foi um período responsável pelo aparecimento de máquinas e consequentemente de fábricas que influenciaram profundamente a economia mundial, acelerando e aprimorando a produção artesanal.

No início do século XX, as indústrias provocaram mudanças significativas nas cidades brasileiras e algumas se transformaram em polos importantes de determinadas regiões em função de sua produção. Milhares de operários enfrentavam longas jornadas de trabalho e recebiam parcos salários, porém, o seu trabalho mantinha as grandes fortunas dos empresários.

Os imigrantes europeus e as migrações internas, atraídos pela oferta de trabalho, provocaram o excesso de mão de obra. Esse fator, aliado à mecanização da grande indústria que estava se aparelhando, causou o desemprego de operários, além da diminuição dos salários, agravando a já difícil situação do trabalhador.

A relação do empregador e do operário, nas pequenas indústrias, era direta. Nas grandes indústrias, porém, existia a figura do contramestre ou intermediário, que era encarregado da vigilância e da punição do trabalhador que, segundo ele, trabalhava pouco ou não produzia o esperado.

O trabalho braçal não recebia o mesmo respeito dispensado ao trabalho intelectual, e o primeiro, ao mesmo tempo em que também garantia a manutenção das grandes fortunas do país, vivia precariamente e dependia exclusivamente de serviços públicos para suprir necessidades de moradia, educação, saúde e segurança.

Operários do início do século XX.

Em grupo

Comparem a situação dos operários no início do século XX com a atual situação dos operários no início deste século. Há muitas diferenças? Quais são elas? Por que ocorrem?

Anotem as conclusões e exponham oralmente para a turma.

1. Assinale a sua situação referente ao seu trabalho atual.
   - (   ) estou empregado.
   - (   ) estou desempregado.
   - (   ) ainda não estou inserido no mercado de trabalho.
   - (   ) estou aposentado.
   - (   ) estou aposentado, mas continuo trabalhando.
   - (   ) trabalho informalmente.
   - (   ) estou em período de estágio em alguma empresa.

2. Se você trabalha (ou trabalhou), como se realiza (ou realizava) o seu trabalho? Explique.

_____

_____

_____

Geografia

3. Na sua opinião, o que é necessário para se progredir em uma empresa?

4. Comente esses dois itens – criatividade e experiência –, ambos atualmente muito necessários e importantes na contratação de serviços.

5. Analise a frase a seguir e justifique a sua resposta, concordando ou discordando:
"Além do aspecto financeiro, o trabalho é uma dimensão na vida das pessoas, como a família, a afetividade, a espiritualidade e a educação."

6. "Se uma pessoa ficar desempregada, por um tempo excessivo, o fato pode ser danoso. Além de não suprir a sua necessidade financeira, o indivíduo se sentirá incapaz de superar obstáculos e se isolará, não estabelecendo mais relações profissionais que contribuem para o seu crescimento e sua autoestima." Você concorda? Discorda? Justifique.

7. O atual mercado de trabalho brasileiro exige, cada vez mais, a qualificação do trabalhador. Porém, a absorção da mão de obra ainda é insuficiente para a quantidade de jovens formados. O que você pensa a respeito disso? Registre e justifique.

Parcerias: trabalho, industrialização e desenvolvimento

Fazendo conexão com... Arte

Vamos ler e analisar a reprodução do quadro "Café", de Portinari, e também a letra da canção "Um homem também chora" (Guerreiro Menino), de Gonzaguinha.

[...]
Um homem se humilha
Se castram seu sonho
Seu sonho é sua vida
E vida é trabalho...
E sem o seu trabalho
O homem não tem honra
E sem a sua honra
Se morre, se mata...
Não dá pra ser feliz
Não dá pra ser feliz...
[...]

GONZAGUINHA, Um homem também chora (Guerreiro menino). Intérprete: _____. In: _____. **Cavaleiro Solitário**. [s.l.]: Som livre, 1993. 1 CD. Faixa 3.

PORTINARI, Candido. **Café**. 1935. Óleo sobre tela, 130 cm x 195,4 cm. Museu Nacional de Belas Artes, Rio de Janeiro (RJ). (Detalhe).

1. Qual o tema que relaciona o quadro de Portinari e os versos da canção de Gonzaguinha?
_____

2. O que retrata o quadro de Portinari?
_____
_____

3. Na época em que o quadro de Portinari foi feito, o Brasil já caminhava para a industrialização? O quadro pode embasar esse fato? Por quê?
_____
_____
_____

Geografia

4. O que se pode interpretar dos versos de Gonzaguinha na canção?
___
___
___

5. Vocês concordam ou discordam da associação que Gonzaguinha faz com "vida", "trabalho" e "felicidade"? Justifique sua resposta.
___
___
___

Vista Aérea de uma fábrica de celulose em Eunápolis (BA).

Refinaria da petróleo.

Indústria têxtil na cidade de Tubarão (SC).

Você sabe qual a relação da proibição do tráfico de negros escravizados com a atividade industrial brasileira?

Segundo analistas de arte, e nas palavras do próprio filho de Portinari, João Cândido, "o café sempre foi recorrente na pintura e nas suas obras literárias. É uma lembrança da origem da família, imigrantes italianos que aqui chegaram no fim do século XIX para justamente trabalhar na colheita do café no interior de São Paulo".

Dessa forma, a mão de obra escravizada foi sendo gradativamente substituída pela imigrante, como se pode observar no próprio quadro pela presença de camponeses, segundo análise feita por Ms. Glauce Maris Pereira Barth, em seu artigo "A leitura do café: suas possíveis relações matemáticas e a perspectiva de gênero".

A atividade industrial no Brasil passou a ser fortificada pela urbanização, que ocorre quando a maior parte das pessoas se desloca para as cidades, cujo processo é denominado de Êxodo Rural.

Com a urbanização, a transformação de produtos naturais em industrializados e a prestação de serviços são atividades que iriam caracterizar o nosso espaço urbano.

A crise de 1929 mudou o rumo da economia brasileira. Nesse ano, o Brasil teve uma grande produção e um pequeno mercado consumidor mundial. Como o café era a base da nossa economia, o país entrou em crise. A saída foi diversificar. Ocorre aí um impulso de nossa industrialização no governo do presidente Getúlio Vargas, emergindo o pensamento urbano industrial, na chamada Era Vargas.

O lucro gerado pela agroexportação, principalmente do café, permitiu que surgissem fábricas e também estradas de ferro para o escoamento dos produtos. As regiões de São Paulo, Rio de Janeiro, Minas Gerais e Espírito Santo foram as mais agraciadas com as instalações industriais em função da sua agricultura cafeeira.

Nessas regiões ocorre um aumento da classe consumidora que estimula o comércio, mas somente com a instalação da Companhia Siderúrgica Nacional o país começa a produzir matéria-prima necessária ao surgimento de outras indústrias.

A Segunda Guerra Mundial também favoreceu a nossa indústria. Os países participantes, antes produtores e exportadores industriais, estavam em processo de reorganização de seus territórios, e o Brasil passa a suprir produtos para essas nações.

No governo de Juscelino Kubitschek de Oliveira ocorre a abertura ao capital internacional, representado pelas empresas multinacionais que aqui puderam se instalar e pelos empréstimos grandiosos para o estabelecimento de infraestrutura e de grandes obras, como a construção da capital federal, Brasília, no Planalto Central do país.

Geografia

1. Em sua cidade há indústrias? Cite quais são elas e o que produzem.

   _____
   _____
   _____
   _____

2. Explique as razões que você acredita terem sido importantes para que esta indústria se instalasse na sua cidade.

   _____
   _____
   _____
   _____

3. Qual o tipo (ou os tipos) de indústria existente no seu estado?

   _____
   _____
   _____
   _____

Fazendo conexão com... Matemática

Coletem e tragam para a sala de aula embalagens ou rótulos de produtos industrializados em que aparece o nome do estado produtor. Após a coleta, vocês e seu professor irão classificar as embalagens pela origem, isto é, em quais estados brasileiros são fabricados tais produtos.

A partir disso, vocês irão contar o número total dos produtos, por estado, classificando os estados produtores em ordem crescente, isto é, do que tem mais produtos industrializados para os que têm menos. A seguir, elaborem, juntamente com seu professor de Matemática, um gráfico de barras para expor em sala de aula e, oralmente, construam uma ou mais conclusões a respeito, discutidas pelo grupo.

Sistematizando

O principal fator de produção, riqueza e desenvolvimento dos países é o trabalho. O capital é o resultado da remuneração da produção, que, em círculos, pode e deve ser reinvestido para melhorar e aumentar a eficiência, a qualidade e o volume da própria produção.

Esse processo, aliado a outros fatores, como educação, pesquisas, qualificação do trabalhador, segurança no trabalho, entre outros, incentiva muito os países no seu desenvolvimento.

Os países considerados industrializados atualmente são os que apresentam indústrias fortes, de alta tecnologia e alta produtividade, que remuneram com justiça seus trabalhadores e promovem seu bem-estar e satisfação pessoal.

A industrialização brasileira ocorreu inicialmente no Sudeste e posteriormente se espalhou para outras regiões do País. Hoje estamos nos encaminhando para um processo industrial mais efetivo, deixando de ser essencialmente país agropecuário – setor primário da economia –, buscando um aprimoramento tecnológico industrial – setor secundário – e consequentemente, apresentando um crescimento comercial e de prestação de serviços – setor terciário –, o que nos conduzirá a um melhor desenvolvimento.

Mulher também combina com sustentabilidade

Roda de conversa

Converse com seu professor e colegas a respeito da charge.

Quais elementos a compõem? O que significa, o fogão, o bebê? Fogão e panelas lembram mulher, e futebol lembra homem? Analisando, você poderá dizer que a sociedade aponta alguns como pertencentes exclusivamente ao universo feminino? A sociedade do século XXI ainda discrimina a mulher no trabalho? Como se sentem, quanto a isso, as mulheres que estudam na sua sala de aula? Qual é a interpretação da charge no todo?

Chargista: Amâncio

Contra tudo e contra todos, ela quer ser advogada, datilógrafa, telefonista e até enfermeira na guerra.

A frase anterior refere-se ao começo do século quando praticamente as únicas mulheres que se dedicavam ao trabalho extradoméstico eram as operárias, vindas das camadas mais simples da população. Mas a inflação e o aumento do custo de vida, a famosa "carestia dos anos 10" que motivou greves e manifestações populares, acabaram transformando também a "rainha do lar" em assalariada.

Geografia

> Mulheres da pequena classe média começaram a trabalhar nas novas profissões que o acelerado desenvolvimento urbano ia criando: surgem telefonistas, datilógrafas, secretárias, enfermeiras, balconistas.
>
> Com a Guerra Mundial, as mulheres de países como a Inglaterra e os EUA passam a substituir em larga escala os homens (que partiram para as frentes de batalha), exercendo toda uma gama de profissões urbanas.
>
> Muitas se alistam e vão servir como enfermeiras ou mensageiras. Esse fato deu impulso ao feminismo internacional que se refletiu no Brasil através da imprensa e do cinema. [...]
> ENCICLOPÉDIA Nosso Século: Brasil – 1900/1910, parte I.

Tecelãs das Indústrias Matarazzo. São Paulo (SP), anos 1920.

> Observe como a imprensa dos jornais operários da época se referia ao assunto:
>
> "Admitidas aos milhares, as mulheres cumprem jornadas estafantes em troca de salários inferiores aos dos homens. Mal alimentadas, são presas fáceis de doenças, como a tuberculose".
>
> E no Brasil, como era a situação?

Em 1909, enquanto as mulheres da Inglaterra se lançavam ao ativismo de rua e lutavam pelo direito ao voto, as mulheres operárias brasileiras reivindicavam o turno de 8 horas de trabalho, melhores condições e salários iguais aos dos homens. Em 1919, elas representavam 33,7% de todo o operariado brasileiro.

Como não havia leis que protegessem o seu trabalho, elas cumpriam jornadas de até 14 horas diárias. Na Greve Geral de 1919, as operárias participaram ativamente ao lados dos homens, exigindo, dentre outras coisas, a igualdade de salários entre os sexos.

Após a leitura dos textos sobre a situação da mulher trabalhadora no início do século XX, escreva um pequeno texto sobre a situação da mulher trabalhadora neste início do século XXI.

Quais os direitos adquiridos? Ainda existe diferenciação entre os salários pagos para homens e mulheres? As condições de trabalho melhoraram? Como você analisa a situação da mulher que cumpre jornada dupla de trabalho? Isto é, que além de trabalhar fora, ainda gerencia o seu lar? Os homens devem participar dos trabalhos do lar, tanto quanto as mulher?

GLOSSÁRIO

Extradoméstico: além das funções exercidas em casa.
Estafantes: cansativas.
Reivindicavam: reclamavam; exigiam.

Leia o que garantem alguns itens da Constituição Brasileira sobre o direito da mulher.

Artigo 7º.

XVIII. licença à gestante, sem prejuízo do emprego e do salário, com a duração de cento e vinte dias;

XXV. assistência gratuita aos filhos e dependentes desde o nascimento até os seis anos de idade em creches e pré-escolas;

XXX. proibição de diferença de salários, de exercício de funções e de critérios de admissão por motivo de sexo, idade, cor ou estado civil;

XXXII. proibição de distinção entre o trabalho manual, técnico e intelectual ou entre os profissionais respectivos.

Atualmente, os movimentos feministas de todo o mundo têm provocado alterações no papel que a mulher desempenha na sociedade. Hoje, na maioria dos casos,

Geografia

ela atua em condições semelhantes às do homem e tem o amparo das leis para exigir alguns direitos que ainda não estão totalmente sistematizados na sociedade.

A inserção das mulheres no mercado de trabalho formal e informal se expandiu. O contingente feminino chega a mais de 40% da força de trabalho em diversos países avançados, mas tem sido absorvido, sobretudo, no universo do trabalho desvalorizado.

A entrada das mulheres de forma mais intensa no mercado de trabalho, seja para contribuir no aumento da renda familiar, seja em busca de crescimento e emancipação profissional, fruto do aumento da escolaridade e da possibilidade de novos projetos profissionais, abre a possibilidade de se discutir mais profundamente o papel da mulher e do homem na família e na sociedade, bem como a necessidade de compartilhar de forma igualitária as tarefas do lar, da educação e da criação dos filhos.

Mesmo assim, sabe-se que muitas mulheres continuam sendo desfavorecidas: o aumento da violência aumenta consideravelmente, os salários, principalmente nas profissões menos qualificadas, são desiguais, e no mercado de trabalho muitos empregadores preferem contratar homens na maioria das funções, ao considerar o compromisso que as mulheres têm em relação às suas casas e aos seus filhos.

1. Você considera as medidas constitucionais suficientes para evitar a discriminação contra a mulher no trabalho? Explique. Entre as garantias citadas, qual a que você considera mais importante? Por quê?

   _____
   _____
   _____
   _____

2. Além da mulher, outros trabalhadores sofrem discriminação no Brasil? Quais?

   _____
   _____
   _____
   _____

3. O que você entende por "dupla jornada de trabalho"? Explique.

_____
_____
_____

4. Você conhece alguns exemplos de mulheres que "foram à luta" e montaram os seus próprios negócios? Relate oralmente para seus colegas e professor. Se for possível, entreviste algumas delas e traga os resultados para compartilhar com a sua sala de aula.

Leia estas duas notícias.

Mulheres trabalhadoras

Elas estudam mais que os homens, sustentam 35% dos lares brasileiros e representam mais de 42% dos trabalhadores no País. Nos últimos dez anos, a renda total das mulheres aumentou 60% mais que a dos homens. Hoje, dividem com eles o comando dos novos negócios brasileiros: 49,6% dos que iniciam a carreira empresarial são do sexo feminino.

Os dados são do Global Entrepreneurship Monitor 2012 (GEM), realizado pelo Serviço de Apoio às Micro e Pequenas Empresas (Sebrae) em parceria com o Instituto Brasileiro da Qualidade e Produtividade (IBQP), e apontam um cenário positivo para as trabalhadoras, mas ainda há desafios a serem superados por elas em diferentes frentes. [...]

Para se diferenciar das demais empresas, as empreendedoras podem apostar em um processo mais sustentável de seus negócios. É no que acredita a jornalista especializada em sustentabilidade Rosana Jatobá. Segundo ela, há dez anos apenas 19% dos consumidores demonstravam alguma preocupação com o meio ambiente, e hoje este número subiu para 69%.

"É um caminho sem volta. Quem conseguir enxergar isto, certamente terá um diferencial, pois incorporar o valor da sustentabilidade nos negócios traz vantagem competitiva. A mulher, que já é por natureza mais cuidadora, pode deixar um legado por meio da sustentabilidade", conclui. [...]

Disponível em: <http://www.iwm.org.br/noticias/causa/geracao-de-renda/grupos-produtivos/606-Mulheres_empreendem_mais__apesar_dos_desafios.html>

Geografia

Associação Mulheres de Argila

Estilista Melk Zda se junta com artesãs do grupo Mulheres de Argila para criar e produzir acessórios e peças de decoração com resíduos de jeans do polo têxtil pernambucano.

Vanessa Brito

Doze milhões de metros de ourelas de jeans descartados por mês pelo polo têxtil da região do agreste pernambucano, integrado por 18 municípios. Um grupo de artesãs disposto a produzir alguma coisa com o material, que vai parar nos lixões ou é incinerado em fornos e lavanderias. Um estilista, que aposta na sustentabilidade e cria coleção de acessórios e peças de decoração para solucionar a questão socioambiental da região. Isso está ocorrendo, desde o ano passado em Alto do Moura, localidade a 7 km do centro de Caruaru, famosa por ser o maior centro de arte em barro das Américas, fundada pelo Mestre Vitalino.

O estilista Melk Zda, de Recife, é protagonista dessa iniciativa junto com o grupo de 16 artesãs da Associação de Artesãos em Barro e Moradores de Alto do Moura (Abmam), que se autodenominou Mulheres de Argila. Almofadas, tapetes, luminárias, jogos de cama e mesa, entre outras peças, compõem a primeira coleção chamada Sá Valdivina, em homenagem à bonequeira, que também fazia potes de barro e teria 117 anos, se fosse viva. A matéria-prima dos produtos são os resíduos de jeans do polo têxtil pernambucano. A próxima coleção vai homenagear outra artesã de Alto do Moura: Dona Celestina, que ainda produz brinquedos de barro. Essas ações pertencem ao Projeto de Artesanato do Agreste do Sebrae em Pernambuco.

"Trabalhar com sustentabilidade é um trabalho abençoado. Saber que estamos contribuindo com o meio ambiente e outras mulheres faz a gente se engrandecer como ser humano", afirma Josy Santos, presidente do grupo Mulheres de Argila.

Disponível em: <www.sustentabilidade.sebrae.com.br/portal/site/Sustentabilidade/menuitem.745f6ae78e55058f7 3042f20a27fe1ca/?vgnextoid=d030203f95a27310VgnVCM1000002af71eacRCRD&vgnextfmt=default>

[...]

Roda de conversa

O que as duas notícias têm em comum? Em qual notícia observa-se o crescimento das mulheres no estudo e mercado de trabalho? Quais seriam as causas e possíveis consequências disso? Leia os trechos de ambos os textos que se referem à sustentabilidade. O que você entende por isso? Conhece alguma organização que se dedica ao tema? Cite-a. Você pratica a sustentabilidade no seu cotidiano? Como?

O projeto "Mulheres de Argila" contribui para a sustentabilidade do Planeta? Por quê?

Pesquisa

Reúnam-se em grupos e pesquisem sobre um dos temas a seguir:

- Como utilizar recursos naturais de forma sustentável;
- Consumo e sustentabilidade;
- Transportes e sustentabilidade;
- O que a população ganha com a prática da sustentabilidade.

Você poderá buscar dados para suporte de sua pesquisa na biblioteca de sua escola, em revistas e livros e também na internet.

Após coletarem os resultados sob a forma de uma pesquisa, apresentem em sala de aula e promovam discussões sobre o assunto.

No final do século XIX, surgem, nos Estados Unidos, duas correntes ideológicas: o conservacionismo e o preservacionismo. Esses dois termos ainda são usados sem muitos critérios e indistintamente. Por esta razão, vamos analisá-los.

O pensamento conservacionista é adotado pela maioria dos movimentos ambientalistas e busca conviver com a natureza aliada ao manejo criterioso e racional pelo ser humano. Pretende garantir a qualidade de vida no presente sem comprometer os recursos necessários às gerações futuras. É desta corrente a origem do conceito de desenvolvimento sustentável.

O preservacionismo considera a proteção à natureza independentemente do seu valor econômico e/ou utilitário.

Como os problemas ambientais crescem a cada ano que passa e estão diretamente ligados à conscientização das populações, existem grupos que estudam essa interferência negativa e atuam em favor da preservação da natureza. Essas pessoas estão reunidas e organizadas em movimentos ambientalistas ou ecológicos dos quais você provavelmente já ouviu falar. Os mais famosos são o Greenpeace, a Fundação S.O.S. Mata Atlântica e o WWF (Fundo Mundial para a Natureza).

Geografia

A ação em defesa do meio ambiente vem se expandindo cada vez mais pelo mundo. São promovidos cursos e palestras com a finalidade de fortalecer nas populações uma consciência de preservação ambiental. A ideia central é a de que a sociedade precisa estabelecer novas atitudes em relação ao uso do Planeta, deixando de vê-lo apenas em função das atividades econômicas, mas como elemento vivo de fundamental importância para a existência dos seres vivos.

Mas, para que isso ocorra, é necessária, principalmente, a participação de cidadãos comprometidos, críticos e conscientes.

Analise e reflita sobre a letra da canção "Pra sempre verde", de Tom Jobim.

> Tempos de flores, de primavera
> Tempos de amores, de abrir a janela
> Tempos de luz, de sabiá
> Deixa o mato verde se espalhar
> Nosso planeta precisa carinho
> De muito ar puro e riacho clarinho
> Vamos tentar nossa Terra viver
> Mas tudo que ficou foi deserto
> (um deserto)
> Venenos nas lagoas e no mar
> (e no mar)
> A vida acabada para sempre
> (para sempre)
> Um dia vamos ter que perguntar
> (onde está)
> Cadê o azul do céu
> E o verde do mar
> E o paraíso onde está, onde está
> A maravilha de um lugar
> E a floresta, a serra, o mar.

Tom Jobim – CD - Antônio Brasileiro - Columbia - R.7 - 1994, faixa 9.

1. Você acha que canções como essa podem conscientizar as pessoas acerca da preservação do meio ambiente? Justifique sua resposta.
   _____
   _____
   _____

2. Analisando a letra, pode-se dizer que o planeta Terra precisa de:
   _____
   _____
   _____

3. O desenvolvimento sustentável vincula-se à ideia do uso racional da natureza e da reposição daquilo que se retira dela. Então, preservação da vida implica em conscientização. Em equipes, programem atividades que promovam a sustentabilidade da sua cidade (visitas, palestras, produção de cartazes e panfletos, etc.) e que tragam informações à população (podem ser reuniões na sua escola) sobre medidas e atitudes coletivas que contribuem para a preservação do meio ambiente. Após, apresentem oralmente para seu professor o resultado dessa pesquisa de campo.

Globalização: Benefícios ou não

Roda de conversa

Você ou um de seus colegas deve ler em voz alta para a classe, trechos do livro *O País Distorcido*, da Publifolha, que reúne textos publicados pelo geógrafo Milton Santos na *Folha de S.Paulo*, de 1981 até sua morte, em 2001.

"A globalização é o estágio supremo da internacionalização. O processo de intercâmbio entre países, que marcou o desenvolvimento do capitalismo desde o período mercantil dos séculos XVII e XVIII, expande-se com a industrialização, ganha novas bases com a grande indústria, nos fins do século XIX, e, agora, adquire mais intensidade, mais amplitude e novas feições. O mundo inteiro torna-se envolvido em todo tipo de troca: técnica, comercial, financeira, cultural."

Disponíve em:<www1.folha.uol.com.br/folha/publifolha/ult10037u351805.shtml>

Discuta com seus colegas:

- O termo "globalização" vem da palavra "global". Isso significa a inter-relação ou ligação de todo o planeta ou você acha que vivemos numa sociedade individualista? A frase de Milton Santos "o mundo inteiro torna-se envolvido em todo o tipo de troca: técnica, comercial, financeira, cultural", tem ligação com o termo "internacionalização"? Por quê? A globalização está presente na classe em que você estuda, na sua casa, na sua cidade? Cite exemplos de trocas técnicas, comerciais, financeiras e culturais.

- Retornando ao trecho do livro de Milton Santos, citem quando ocorreu, o que marca e como se expandiu o intercâmbio entre países que intensificou a globalização?

A população mundial apresenta uma enorme diferença social. Alguns se desenvolvem bem, econômica e socialmente, enquanto outros passam por sérias dificuldades em diversos aspectos, que vão desde a renda não suficiente para que se tenha qualidade de vida, até fatores cruéis, como analfabetismo, saúde e moradias precárias, desemprego, fome, entre outros.

Geografia

Se considerarmos que a globalização mundial deveria se portar equilibradamente em relação às pessoas, concluímos que esta atitude também deveria atingir todos os países, mas, infelizmente, observamos que esse equilíbrio não existe. Basta analisarmos o IDH (Índice de Desenvolvimento Humano) do Brasil e de nossos municípios (como também os índices mundiais), para confirmarmos o fato. Podemos observar aí, grandes desigualdades. Enquanto isso, o mundo desenvolvido interage partilhando tecnologia e informações; cultura e educação; saúde e longevidade, comprovando que a atual globalização é, muito mais avançada econômica e socialmente para uns e desfavorável para outros, que são os excluídos do processo.

A globalização está inserida em muitos aspectos. É bastante comum observarmos a "mistura" de tradições culturais ou mesmo de idiomas em nossas cidades, seja no falar ou nas propagandas expressas na mídia em geral. Outro aspecto da globalização em nossos dias é o consumo exagerado, também denominado "consumismo". Com as trocas comerciais, produtos originários de vários países circulam pelo mundo, muitos a preços acessíveis à maioria das populações. Assim, incentivados pela mídia a efetuar compras ás vezes desnecessárias, esquecemos que, muitas vezes, a mão de obra utilizada na fabricação desses produtos é incrivelmente explorada e atua em seus países de origem em péssimas condições de trabalho.

1. Reflita e responda em seu caderno:

   a) Você se considera um consumidor exagerado? Justifique.

   b) Em sua cidade há bares, lanchonetes, restaurantes, lojas e outros tipos de comércio com nomes estrangeiros na fachada? Cite alguns e caracterize o tipo de globalização que ocorre.

   c) As rádios de sua cidade tocam mais canções brasileiras ou estrangeiras? Qual tipo você prefere? Por quê?

   d) Que marcas estrangeiras de carros você conhece? Quais montadoras estão sediadas no Brasil? Que tipo de troca globalizada ocorre?

   ### Em grupo

   Seu professor vai dividir a classe em dois grandes grupos e sortear o grupo que defenderá os prós e o que defenderá os contras da globalização. Ao final do debate, ambos deverão apresentar uma conclusão sobre o tema.

Unidade 1

Os seres humanos e o ambiente

Nesta unidade, você vai compreender o corpo humano como uma complexa rede de interdependência entre os sistemas que interage com o ambiente, numa dimensão que vai muito além da biologia.

Ciências

O ser humano: que bicho é esse?

Pertencemos ao reino animal. Logo, somos animais. Mas nossa herança cultural nos humanizou.

Diferente dos outros animais, nós, seres humanos, nascemos inacabados, indefesos e completamente dependentes. A necessidade de cuidados e os laços mais próximos com o grupo familiar, principalmente com a mãe, por um período de tempo maior, nos permitiram o convívio com ensinamentos, costumes e tradições que são passados de geração para geração. Enfim, esta relação construiu a cultura, que nos deu identidade e nos diferenciou dos outros animais.

Roda de conversa

- Afinal, quem é esse ser humano?
- Qual sua concepção de corpo humano?
- Você conhece seu corpo? Como ele funciona?

Para saber a concepção de corpo humano de cada um, a proposta é: dispostos em círculo, cada aluno irá se pronunciar dizendo o que entende por corpo humano. Um aluno registrará no quadro-negro as respostas dos seus colegas, depois o professor discutirá cada item com a turma.

Conexões entre sistemas

O ser humano é parte de uma complexa rede de interdependência entre os demais seres vivos e não vivos que compõem a natureza. Assim, como qualquer ser vivo, os humanos participam dos ciclos de matéria e energia que mantêm a vida. Suas células, tecidos, órgãos e sistemas apresentam funções distintas na individualidade, mas, no conjunto, funcionam de maneira interdependente.

Roda de conversa

– Por exemplo, que sistemas são acionados no ato de chutar a bola numa partida de futebol?

O gesto de chutar uma bola exige a participação de vários sistemas, veja: como chutar é uma ação voluntária, o comando parte do cérebro – **Sistema Nervoso Central**; essa ação vai movimentar ossos e músculos da perna – **Sistema Locomotor**; isso exige energia, que vem dos alimentos digeridos – **Sistema Digestório**. A glicose, produto da digestão, na presença de oxigênio libera energia – **Sistema Respiratório**. O oxigênio necessário para essa reação é transportado pelo **Sistema Circulatório**.

No exemplo, o fato de chutar uma bola desencadeou, em segundos e simultaneamente, uma ação que envolveu uma rede de interdependência entre os diversos órgãos, aparelhos e sistemas.

Complete o seguinte quadro.

Na ação de chutar a bola, quais sistemas foram envolvidos?

Ação	Sistema envolvido
Comando para chutar a bola	
Movimento de ossos e músculos	
Digestão dos alimentos	
Glicose + oxigênio = energia + gás carbônico + água	
Transporte de nutrientes e gases	

Ciências

Chutando a bola...

O estímulo produzido (bola) origina um impulso nervoso que enviado ao cérebro gera uma resposta: chutar a bola.

O cérebro faz parte do **Sistema Nervoso Central (SNC)**, cuja função é a interação com o meio, através de nossas sensações, execução de movimentos, responsável pelo nosso pensamento, inteligência, regulação das funções, etc.

Sistema Nervoso Periférico (SNP): sua função é conectar o SNC às diversas partes do nosso corpo através dos nervos e gânglios nervosos. Por exemplo, a percepção do mundo através dos sentidos.

Sistema Nervoso Autônomo (SNA): divide-se em simpático e parassimpático. O sistema nervoso simpático e o parassimpático têm funções contrárias, com um corrigindo os excessos do outro; por exemplo: se o sistema simpático acelera demasiadamente as batidas do coração, o sistema parassimpático entra em ação, diminuindo o ritmo cardíaco.

O SNA funciona de forma autônoma, portanto, suas ações são involuntárias. Sua função é regular o ambiente interno do corpo, controlando a atividade dos sistemas digestório, circulatório, excretor e endócrino.

O sistema nervoso é formado por células especializadas sensíveis aos estímulos provenientes do ambiente externo ou do próprio corpo. Essas células são os **neurônios**, que apresentam um **corpo celular** contendo um núcleo e prolongamentos – os **dendritos**, que captam os estímulos, e os **axônios**, que conduzem os impulsos nervosos.

Estrutura Geral de um Neurônio

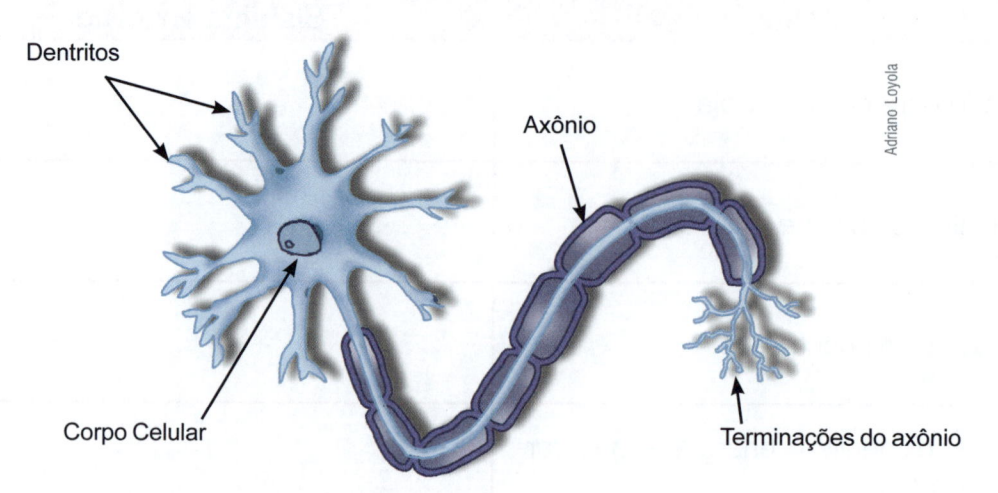

Esquema de um neurônio sem escala e cor fantasia.

Essas células percebem os estímulos pelos dendritos. Quando estimulado, o neurônio gera uma onda elétrica que o percorre até a extremidade do axônio; essa onda é o **impulso nervoso**.

Ao chegar à extremidade do axônio, o impulso é transmitido para outro neurônio pela **sinapse**, que é uma região de proximidade entre a extremidade do axônio de um neurônio e a superfície de outras células, que podem ser: outros neurônios, células sensórias, musculares ou glandulares.

Nas sinapses, os neurônios ficam próximos, mas não se tocam. Quando os impulsos nervosos atingem a extremidade do axônio, ocorre liberação de substâncias químicas, que são os neurotransmissores ou mediadores químicos. Por exemplo, a adrenalina, a serotonina, a dopamina, a noradrenalina, entre outras. Assim, os neurônios estabelecem conexões uns com os outros, formando uma grande rede que cobre todas as partes do nosso corpo.

Pesquisa

Em duplas:

a) Pesquisar em livros, revistas ou internet a ação das diversas drogas no sistema nervoso.

b) Pesquisar por que uma lesão na coluna vertebral pode deixar a pessoa sem movimentos, como a que aconteceu com o ator já falecido Christopher Reeve, que vivia o Super-Homem no cinema.

c) O que aconteceria com nosso corpo se não ocorressem as sinapses?

d) O que é neuróbica e qual sua importância para a longevidade?

Apresentação para os colegas e professor, que, ao final, abrirá para o debate.

Em grupos determinados pelo professor:

Material: cartolina, canetinhas, giz de cera, lápis de cor.

Em uma cartolina, desenhem um neurônio, indiquem suas partes e expliquem no desenho como funciona um impulso nervoso e como se dá a formação das sinapses. Relatem também por que chutar uma bola está ligado ao SNC.

Apresentação dos grupos para a turma.

Aumentando os batimentos cardíacos...

Numa partida de futebol, o ritmo dos batimentos cardíacos dos jogadores aumenta pela presença da adrenalina no sangue. A adrenalina atua como um neurotransmissor que tem efeito sobre o sistema nervoso simpático, preparando o organismo para um grande esforço físico.

Ela é produzida pelo sistema endócrino, que é constituído por diversas glândulas que secretam hormônios – substâncias químicas responsáveis pelo controle da

Ciências

maioria das nossas funções. Circulando na corrente sanguínea, esses hormônios, em conjunto com o sistema nervoso, controlam e regulam a complexa rede de processos vitais, como: o metabolismo, as funções sexuais e até a personalidade.

Pesquisa:

1. Pesquisar em livros, revistas ou internet sobre o corpo de meninos e meninas.

    a) Principais glândulas, seus hormônios e a sua ação no nosso corpo.

    b) Os corpos das crianças, em geral, se parecem muito; o que diferencia meninos de meninas são os caracteres sexuais primários, ou seja, os órgãos genitais. Por que e em que momento começam as transformações e as diferenciações?

    c) Quais os caracteres sexuais secundários masculinos e femininos?

    d) TPM: o que é? Como evitar? É próprio de todas as mulheres?

    Apresentação dos grupos.

Em grupo

1. Expliquem a função dos hormônios.

2. Listem no caderno algumas alterações do seu corpo que são devidas aos hormônios produzidos pelos ovários e testículos. A proposta é que mulheres e homens façam a lista, respeitando os gêneros a que pertencem. Na apresentação, o professor abrirá para o debate.

3. O que a insulina tem a ver com o diabetes?

4. Em relação à hipófise, responda:
    - Que hormônios são produzidos?
    - Qual a ação deles em homens e mulheres?

    Apresentação dos grupos para o professor e colegas.

Movimentando ossos e músculos

Para movimentar ossos e músculos, é necessário a participação do **sistema muscular,** do **sistema esquelético**, além dos outros aí envolvidos.

Sistema muscular: os músculos que costumam ser malhados nas academias e que formam a maior parte do nosso corpo são formados por um tecido muscular com contração voluntária, ligado aos ossos por meio de tendões e conhecido como **tecido muscular estriado esquelético**. Ex: os músculos das pernas, dos braços, do pescoço, etc.

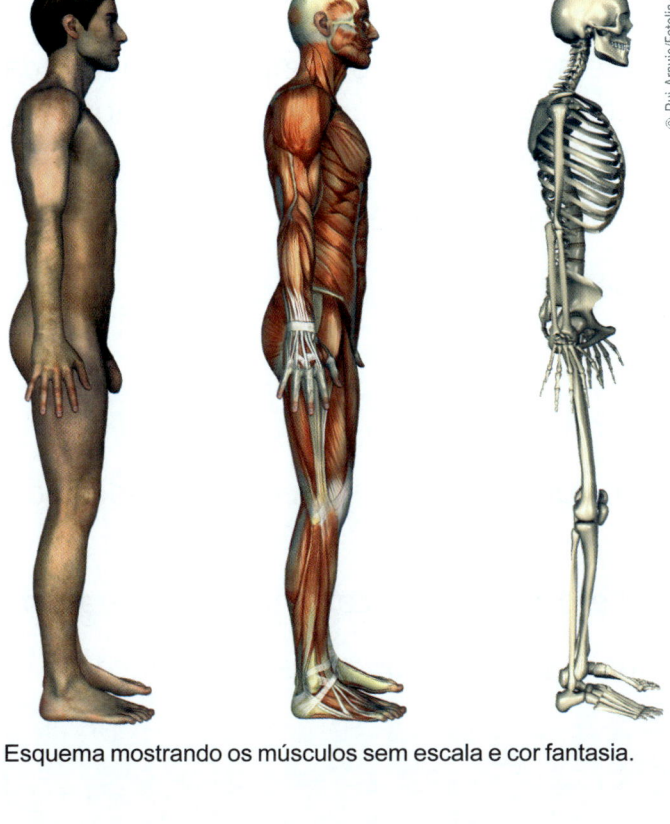

Esquema mostrando os músculos sem escala e cor fantasia.

Órgãos como bexiga, útero, intestino, estômago, vasos sanguíneos e outros são formados por **tecido muscular liso**, que possui contração involuntária.

Outro tipo de tecido encontrado no nosso corpo é o **muscular cardíaco**, que constitui o músculo do coração e também possui contração involuntária.

As contrações voluntárias acontecem de acordo com nossa vontade e são provocadas por estímulos vindos do sistema nervoso central. As involuntárias acontecem independentes da nossa vontade e são controladas pelo sistema nervoso autônomo.

Sistema esquelético: a sustentação do nosso corpo, proteção dos órgãos internos e ponto de apoio para a fixação dos músculos são funções do sistema esquelético.

Ele consiste na articulação de peças ósseas e cartilaginosas, que se movem sob a ação dos músculos.

Os ossos são estruturas vivas, constantemente irrigados de sangue, o qual alimenta e oxigena as células que os constituem.

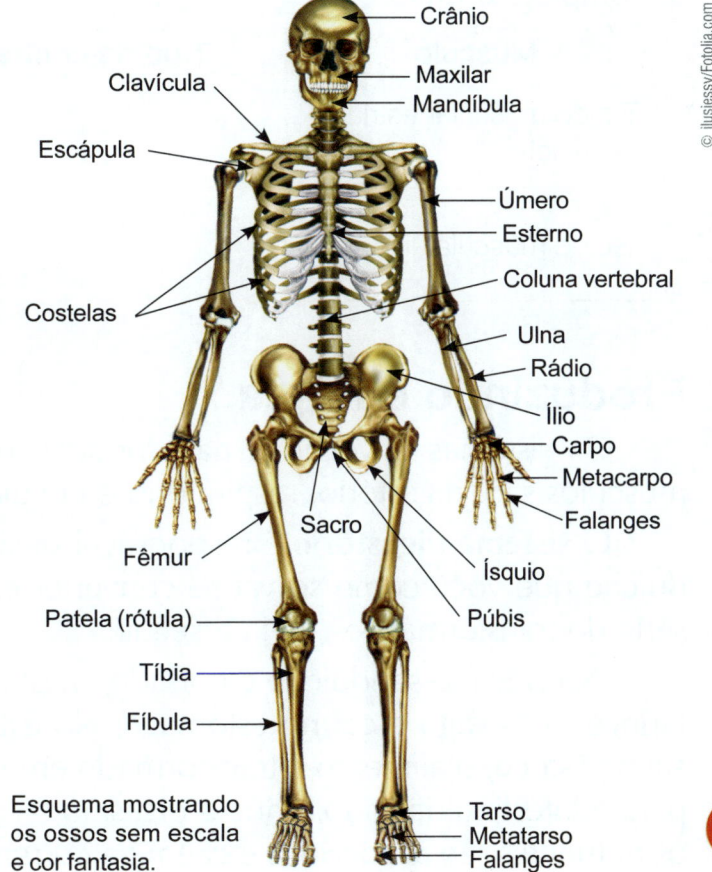

Esquema mostrando os ossos sem escala e cor fantasia.

Ciências

1. Pesquisa:

   a) Por que diante de um acidente em que há suspeita do comprometimento da coluna vertebral a vítima deve ser cuidadosamente transportada ao hospital, em posição deitada e, de preferência, imobilizada?

   b) Qual a importância das atividades físicas para a saúde?

   c) Osteoporose: quais as causas e consequências?

2. Respondas às questões em grupo:

   a) Qual a função do sistema locomotor?

   b) Como você explicaria o movimento do corpo durante uma corrida, indicando os sistemas envolvidos?

   c) Explique que tipo de músculo envolve o pescoço e como é sua contração.

   d) Por que os músculos estriados também são chamados de esqueléticos?

   Apresentação dos grupos.

3. Complete o quadro:

Músculo	Tipo de contração	Exemplo
Tecido muscular estriado esquelético		
Tecido muscular liso		

Produzindo energia...

Os sistemas envolvidos na produção de energia para movimentar ossos e músculos são: digestório, respiratório e circulatório.

O **sistema digestório** é responsável pela transformação dos alimentos: o sanduíche que você come só vai se converter em energia depois de passar por uma série de transformações. Veja a seguir:

Na boca, o sanduíche é cortado, mastigado e triturado. Daí ele segue para a faringe, o esôfago e cai no estômago. No estômago, sob a ação de enzimas e do suco gástrico, o alimento é transformado em partículas menores. Depois, ele segue para o intestino delgado, onde a digestão é concluída. Ainda no intestino delgado, os nutrientes são absorvidos e caem na corrente sanguínea, sendo distribuídos para todas as células pelo sistema circulatório. Os resíduos (fezes) vão para o intestino grosso e são eliminados pelo ânus.

Resumindo: digestão é um conjunto de transformações físicas e químicas pelas quais passam os alimentos ao longo do sistema digestório.

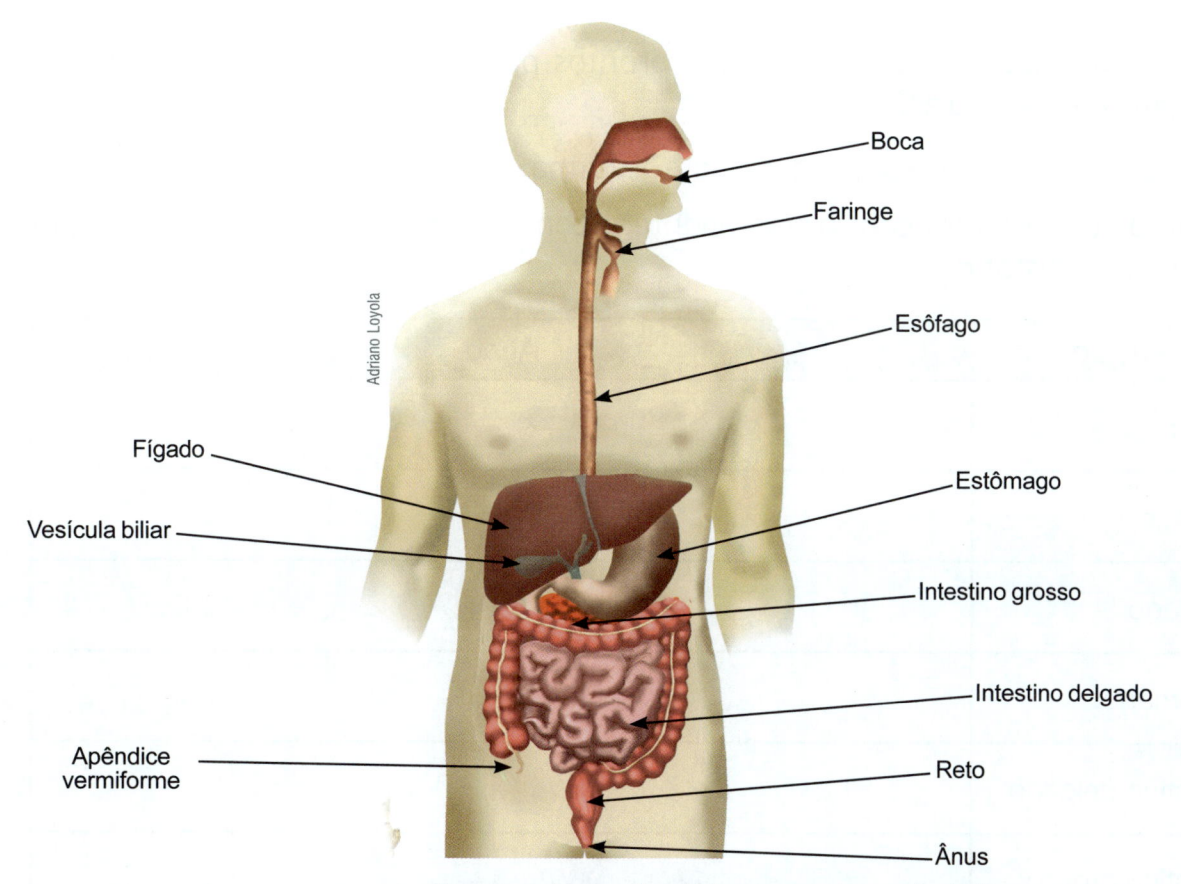

Esquema sistema digestório sem escala e cor fantasia.

Pesquisa

1. O que pode acontecer com uma pessoa se os alimentos não forem bem digeridos, os nutrientes devidamente absorvidos e os resíduos parcialmente eliminados?

   a) Por que é importante mastigar bem os alimentos?

   b) Por que o consumo constante de chiclete pode acentuar a gastrite e a úlcera?

   c) O que é halitose e quais suas causas?

Em grupo

1. Por que os alimentos precisam passar pelo processo de digestão antes de serem absorvidos pelas células?

Ciências

2. Qual a função dos dentes na digestão dos alimentos?

3. Que relação existe entre digestão, circulação e respiração.

4. Onde começa a digestão dos alimentos?

5. Após a digestão, os nutrientes estão prontos para serem absorvidos. Como eles chegam até as células?

Depois, o grupo se apresentará para a turma.

Complete o quadro com o que acontece com o alimento nos seguintes órgãos do sistema digestório:

Órgão	Ação
Boca	
Faringe	
Esôfago	
Estômago	
Intestino delgado	
Intestino grosso	

Na busca de energia para movimentar ossos e músculos, o **sistema respiratório** tem seu papel fundamental.

Durante a inspiração, o ar entra pelas fossas nasais, passa pela faringe, laringe, e chega aos pulmões. Com a passagem do sangue através dos pulmões, ocorre uma troca de gases: o oxigênio é absorvido e o gás carbônico é eliminado para fora do organismo.

Na combinação do oxigênio com a glicose, produto da digestão dos alimentos, há liberação energia, gás carbônico e água

Glicose + Oxigênio = Energia + Gás carbônico + Água

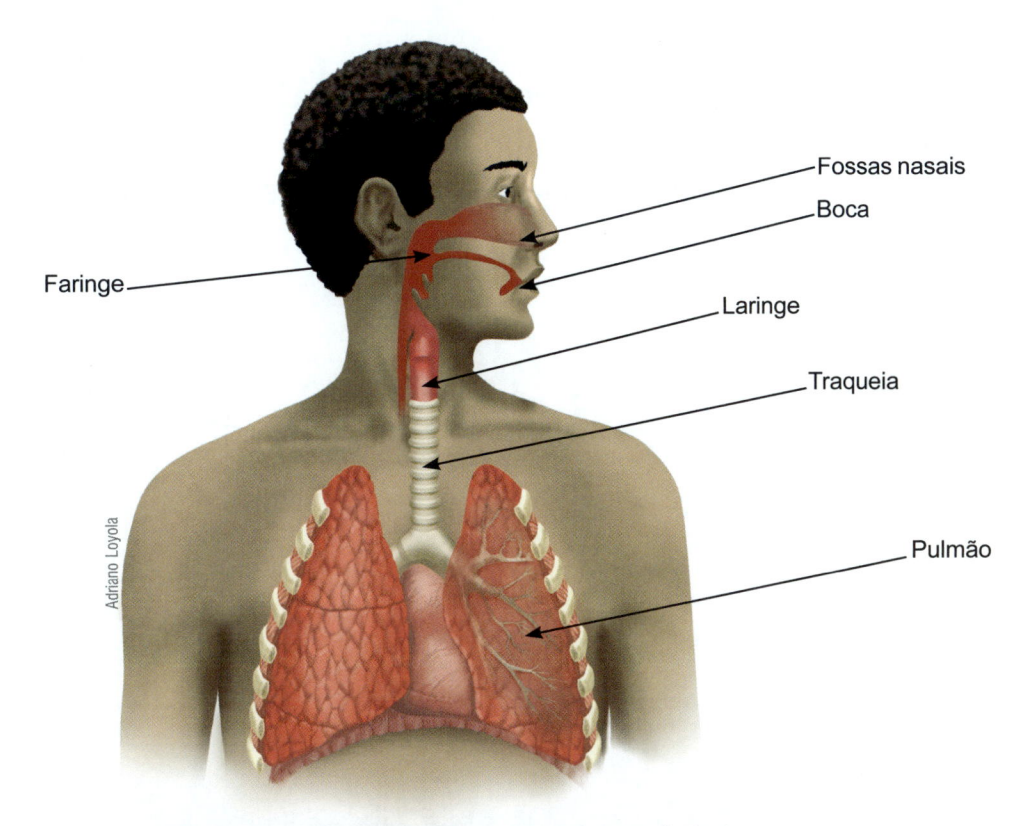

Esquema sistema respiratório sem escala e cor fantasia.

1. Pesquisar em livros, revistas e internet:

   a) Qual a composição do ar atmosférico?

   b) Doenças respiratórias que podem estar associadas ao estilo de vida das pessoas.

2. Em grupo, responda:

   a) De onde vem o oxigênio necessário à respiração?

   b) Como ele chega até as células?

   c) Observe o quadro abaixo e compare o ar inspirado com o ar expirado. O que você concluiu em relação aos gases?

	Oxigênio	Dióxido de carbono	Nitrogênio
Ar inspirado	21%	0,04%	79%
Ar expirado	16,1%	4,5%	79%

   d) Com esses números, construa dois gráficos em pizza, um do ar inspirado e outro do ar expirado.

Ciências

O papel do **sistema circulatório** no transporte de substâncias para o organismo:

A função do sistema circulatório é de transportar o sangue para as células, nutrientes, gases e produtos resultantes do metabolismo celular, garantindo, assim, as funções vitais.

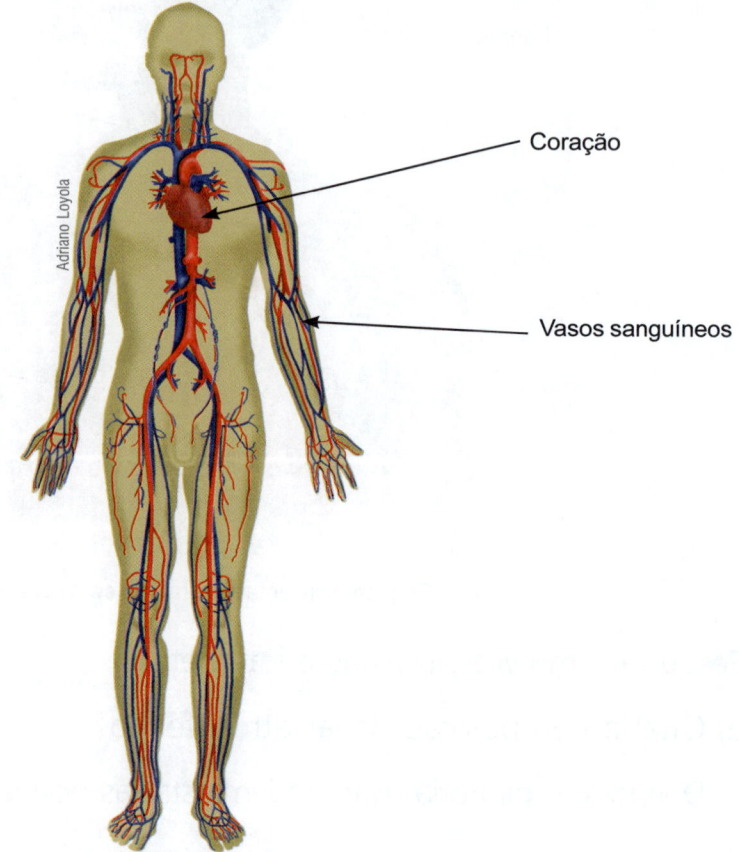

Esquema sistema circulatório sem escala e cor fantasia.

Os nutrientes, produtos da digestão dos alimentos, chegam a todas as células por uma rede de vasos sanguíneos que formam o sistema circulatório. O sangue circula impulsionado pelo coração.

Saber mais

Pressão arterial

É a pressão exercida pelo sangue nas paredes dos vasos sanguíneos. Ela é necessária porque mantém o sangue circulando pelo nosso corpo. A cada batimento cardíaco, o sangue é impulsionado com pressão pelos vasos sanguíneos.

Significado dos dois números na medida da pressão: para medir a pressão arterial é usado o esfigmomanômetro ou tensiômetro. Nesse procedimento são feitas duas medidas: uma medida com o coração em sístole (contraído), e outra com o coração em diástole (relaxado). Por exemplo, em uma pressão de 120/80mmHg, o número 120 é a leitura do coração em sístole, e 80, do coração em diástole.

Responda no seu caderno:

1. Como os nutrientes chegam às células?

2. Por que é importante que todas as células recebam nutrientes e oxigênio?

3. Explique por que, durante a circulação, o sangue passa pelos pulmões.

Investigação: pressão dos alunos

Para essa investigação, é preciso conseguir um esfigmomanômetro ou tensiômetro. A proposta é pesquisar se tem algum aluno na sala de aula que possua esse aparelho e que possa emprestá-lo. Se ninguém possuir, a saída é convidar uma pessoa do posto de saúde mais próximo para realizar essa tarefa. O convite pode partir da direção ou mesmo do seu professor.

Procedimento: de posse do esfigmomanômetro, seu professor ou um funcionário do posto de saúde iniciará a medição da pressão nos alunos.

Um aluno fará a anotação das medidas num quadro, por exemplo:

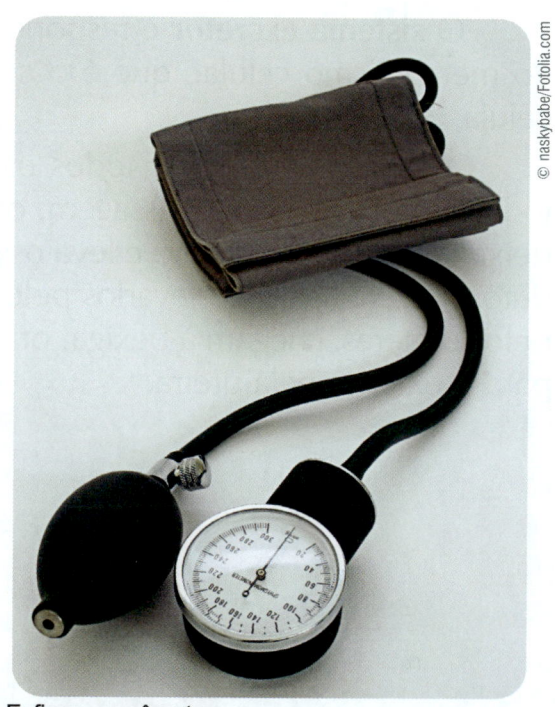

Esfigmomanômetro.

Nome	Idade	Pratica esporte	Pressão

Com esses dados vocês saberão quantos alunos são hipertensos, quantos praticam esportes e se a hipertensão está ligada ao sedentarismo. Os alunos hipertensos, que não controlam a pressão, deverão ser encaminhados para o posto de saúde.

Depois, peçam ajuda para o professor de Matemática para elaborar um gráfico com esses dados. O gráfico poderá ser publicado no mural da sala de aula.

Ciências

Eliminando suor...

O suor eliminado pelos jogadores durante uma partida de futebol, por exemplo, é produzido pelas glândulas sudoríparas localizadas na pele. O suor, além de eliminar substâncias tóxicas, mantém o controle da temperatura do corpo. Suando, o nosso corpo se livra do excesso de calor produzido pelo metabolismo ou pelo esforço muscular.

Filtrando sangue...

O **sistema excretor** é responsável pela eliminação de produtos provenientes do metabolismo celular, que é o conjunto das reações químicas que ocorrem na célula.

O sangue circula por todos os órgãos e sistemas do nosso corpo, atingindo todas as células. Nessa passagem, ocorre troca de substâncias entre eles, o sangue deixa nutrientes e oxigênio e leva os produtos que devem ser eliminados. Esses produtos – excretas –, são levados pelo sangue até os rins, onde são filtrados, passam pelos ureteres, chegam à bexiga, onde são armazenados e, em seguida, eliminados para o exterior pela uretra.

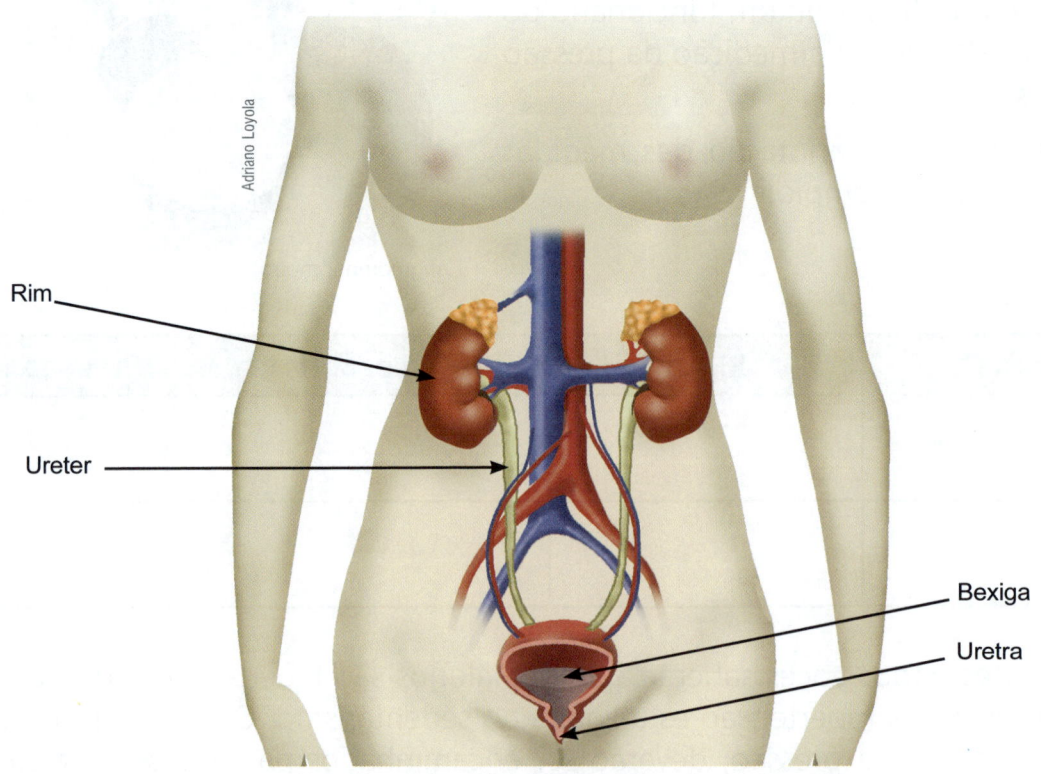

Esquema sistema excretor sem escala e cor fantasia.

Resumindo: rim –> ureter –> bexiga –> uretra.

Se o sangue não for filtrado, as substâncias tóxicas ali presentes levam a pessoa à morte em pouco tempo.

1. Pesquisa em grupos de quatro alunos.
   - Por que o sangue precisa ser filtrado?
   - Como funciona a hemodiálise?
   - Qual a função do suor?
   - Por que é importante tomar, em média, dois litros de água por dia?

   Apresentação da pesquisa para a turma e professor.

Continuidade da espécie...

Desde que a vida se originou nesse Planeta, muitas espécies de seres vivos já se extinguiram, outras surgiram, se adaptaram e se reproduziram. A reprodução é um fenômeno que permite a conservação das espécies, pois tem a capacidade de produzir descendentes.

O sistema genital, além do seu potencial em gerar filhos, também está ligado à busca do prazer e da sexualidade. Esse momento de prazer compartilhado durante uma relação sexual poderá se transformar em objeto de preocupação se as pessoas envolvidas não se protegerem adequadamente. As consequências poderão ser desde uma gravidez não planejada até contaminação por microrganismos e transmissão de ISTs – Infecções Sexualmente Transmissíveis / AIDS.

Sexo seguro: muitos jovens acham que não é perigoso transar sem camisinha apenas uma vez. Com essa mentalidade, muitos deles já experimentaram algumas mudanças na sua adolescência, trocando os livros pelas fraldas ou até mesmo comprometendo sua saúde, com as ISTs/Aids.

Assim, o meio mais seguro de prevenção é o uso de preservativos – **camisinha masculina** ou **camisinha feminina** –, em todas as relações sexuais. Além de proteger contra os microrganismos causadores das ISTs /AIDS, é um meio eficaz de evitar a gravidez.

Obs: durante a relação sexual, deverá ser usada **ou** a camisinha masculina **ou** a camisinha feminina, jamais as duas ao mesmo tempo.

Gravidez / Menstruação

Os espermatozoides e os ovócitos são células especiais, cuja função é a reprodução. Nos homens, os espermatozoides são produzidos pelos testículos, a partir da puberdade e se mantém durante toda a vida. Na mulher é diferente, pois ela já nasce com um determinado número de ovócitos I, que serão maturados na ovula-

Ciências

ção. Na puberdade, na primeira ovulação, o ovócito I maturado origina o ovócito II, que é expelido pelo ovário para o interior da tuba uterina. A partir daí, todo mês ocorrerá a ovulação, isto é, a maturação de um ovócito I.

Com o ovócito II na tuba uterina, as chances de uma gravidez são bastante grandes. Assim, se o objetivo da relação sexual é apenas o prazer, o uso de preservativos será a solução. Mas, se o casal está planejando ter filho, a oportunidade é essa.

Na fecundação, o encontro do espermatozoide com o ovócito II ocorre na tuba uterina. Depois da fecundação, o ovócito II se transforma em óvulo, e, em seguida, em uma **célula-ovo**, que se instalará no útero para completar o desenvolvimento do embrião.

Durante a gravidez ocorre produção de hormônios, entre eles a gonadotrofina coriônica (CG), cuja função é garantir a manutenção da gestação. A presença desse hormônio na urina é indicação de gravidez. Com um teste de gravidez de farmácia é possível saber se a mulher está ou não grávida.

Desde a puberdade até a menopausa, a cada mês, o útero se prepara para acolher e desenvolver um novo ser. Quando não ocorre fecundação, a mucosa do útero descama e é expulsa junto com o ovócito II, o que constitui a **menstruação**.

Ciclo menstrual: é o período que caracteriza a vida hormonal da mulher. Vai do primeiro dia de uma menstruação ao primeiro dia da menstruação seguinte.

> **Alguns dados...**
>
> Duração do ciclo menstrual: de 25 a 31 dias.
>
> O 1º dia da menstruação inicia o ciclo menstrual.
>
> A ovulação ocorre de 11 a 16 dias do início da menstruação.
>
> Sobrevida do ovócito II na tuba uterina é de aproximadamente 24h, já a capacidade dos espermatozoides para fecundar um ovócito II após a inoculação nos genitais femininos, é em torno de 48 a 72 horas.

Genitais femininos: parte externa formada pelos pequenos e grandes lábios vaginais e pelo clitóris, que, no conjunto, formam a vulva. Essa região é bastante irrigada com vasos sanguíneos e extremamente sensível ao toque e ao prazer sexual. Internamente é formado pelos ovários, tubas uterinas, útero e vagina.

Obs: a urina é eliminada pela uretra, um canal que liga a bexiga ao exterior. A vagina é o órgão da cópula (ato sexual), canal do parto e por onde são eliminados os produtos da menstruação.

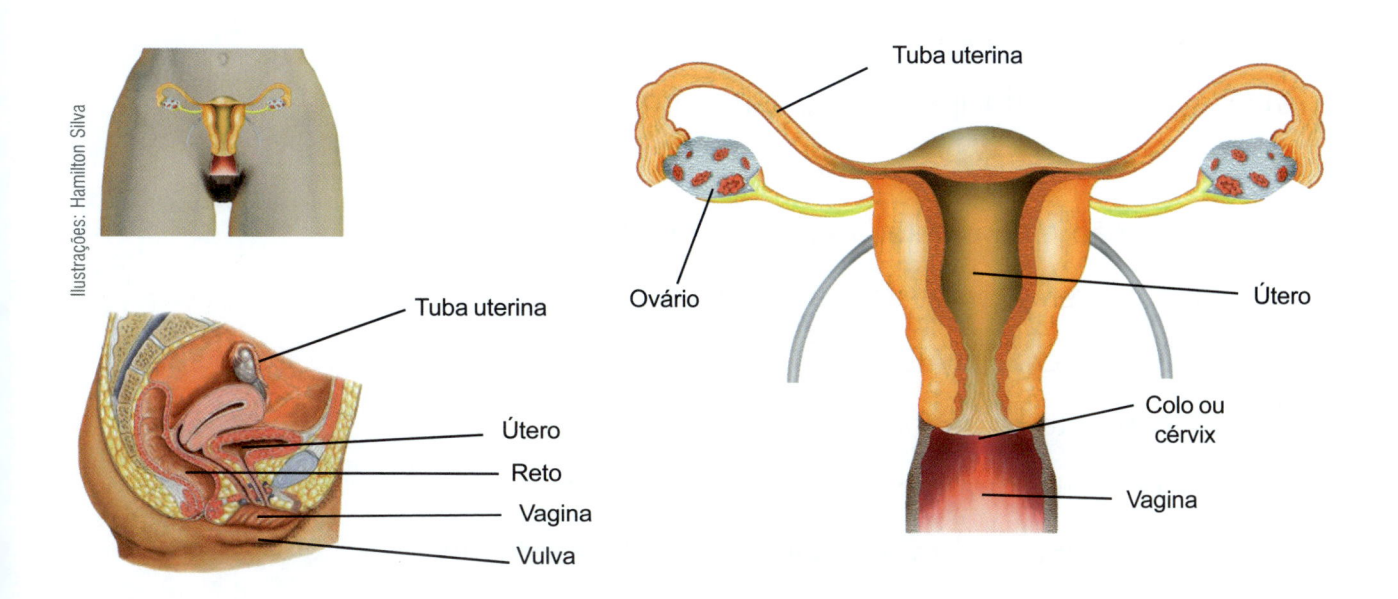

Esquema do sistema reprodutor feminino. Cores-fantasia.

Genitais masculinos:

Os órgãos genitais masculinos são: pênis, escroto, testículo, epidídimo, próstata, ducto deferente, ducto ejaculatório e vesícula seminal.

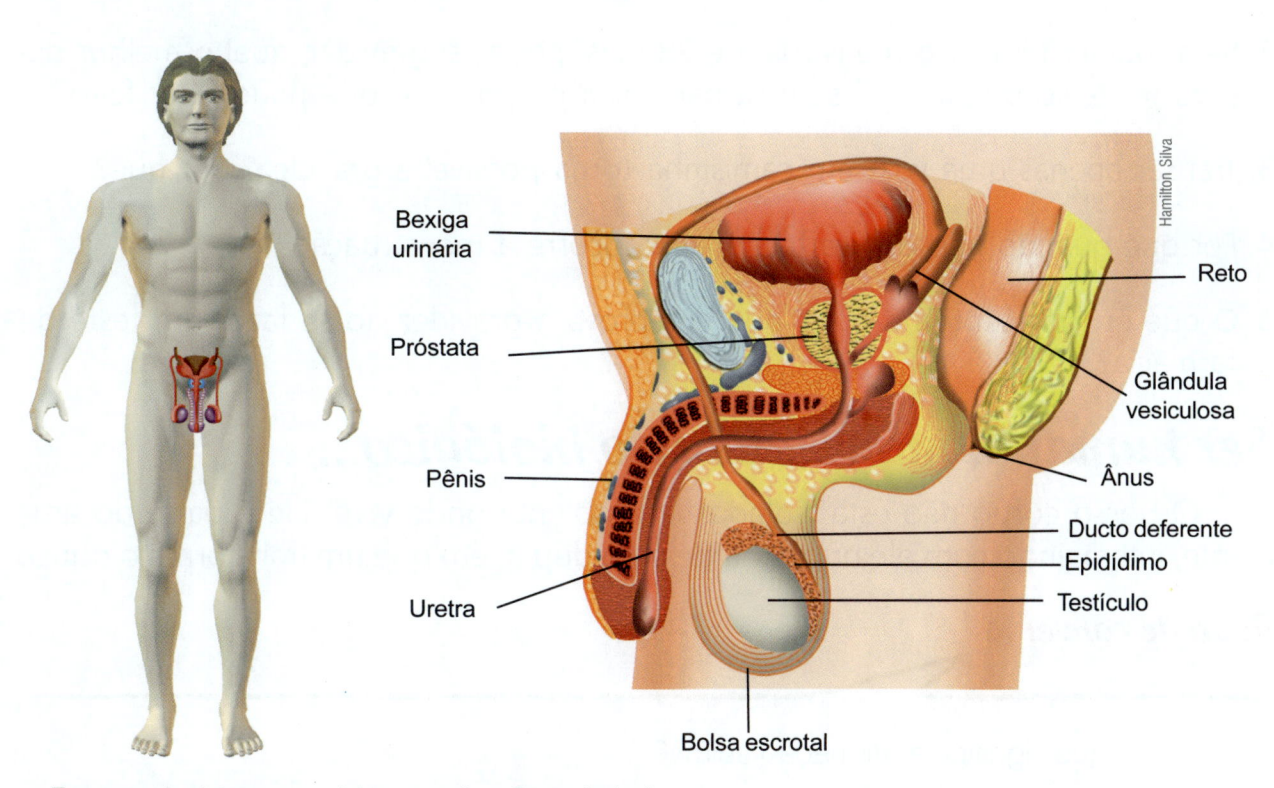

Esquema do sistema reprodutor masculino. Cores-fantasia.

Unidade 1 • Os seres humanos e o ambiente

261

Ciências

Pesquisa em duplas

a) Quais são as principais ISTs e suas formas de prevenção?

b) Em relação a AIDS, pesquise:

- Por que não é considerada apenas uma IST?
- Qual a diferença entre um soropositivo e um paciente de AIDS?
- O que caracteriza a AIDS?
- Qual o agente causador da AIDS?
- Um soropositivo transmite o vírus?
- Quais as formas de transmissão e de proteção do HIV?
- Qual a ação do vírus HIV no nosso corpo?
- Qual a importância de se fazer o teste do HIV?

Apresentação da pesquisa para os colegas e professor, que abrirá o debate.

Em grupo

1. Explique o ciclo menstrual.

2. Se a mulher tem ciclo menstrual de 28 dias e quer engravidar, qual o melhor dia para ter relação sexual? E se essa não for a proposta, o que poderá ser feito?

3. Transar apenas uma vez sem camisinha torna possível a gravidez? Por quê?

4. Por que quando não ocorre fecundação ocorre a menstruação?

5. O que está presente na urina que comprova a gravidez ao se fazer um teste de farmácia?

Ser humano: muito além do biológico...

O nosso corpo não está isolado do ambiente onde vive. Ele é parte do ambiente, interagindo com ele numa via de mão dupla, em que um transforma o outro.

Roda de conversa

O que significa a afirmação acima?

O corpo humano está longe de ser apenas um corpo biológico, muito menos uma máquina que funciona sem sentimentos; pelo contrário, nossos sentimentos influenciam o funcionamento desse corpo. Somos um corpo biológico que interage com o ambiente, produzindo a cultura, e essas relações que se estabelecem ao longo da vida vão desenhando no corpo a nossa história.

Assim, a maneira como essas relações se constituem, se nossas necessidades biológicas, afetivas, sociais e culturais são atendidas plenamente ou não, ficam marcadas no corpo. Com isso, queremos dizer que nosso corpo vai muito além das questões biológicas e que as questões afetivas, sociais e culturais permeiam toda nossa vida. Elas balizam o nosso cotidiano desde a nossa dieta alimentar até a nossa forma de vestir.

Em grupos determinados pelo professor, vocês discutirão as seguintes questões:

1. Citar uma situação que vocês conhecem ou que já vivenciaram, onde o sentimento influenciou a saúde do corpo. Por exemplo, a pessoa adoeceu depois de uma decepção amorosa.

2. Citar um exemplo em que o corpo mudou sob ação do ambiente. Por exemplo, uma pessoa muito bem-humorada vai trabalhar num ambiente extremamente hostil e acaba ficando doente.

Depois, os alunos apresentarão o trabalho para o grande grupo.

Sexualidade

A sexualidade, vai muito além das questões biológicas ligadas à reprodução. Ela está diretamente ligada à nossa história de vida, à nossa cultura, ao nosso grupo social, aos nossos afetos e desafetos, aos nossos sentimentos, enfim, ela se expressa de forma única em cada ser humano. Cada um de nós revela a sua sexualidade da sua própria maneira, não existem fórmulas mágicas, padrões rígidos ou modelos a serem seguidos.

Roda de conversa

Será que sexo e sexualidade têm o mesmo significado?

O sexo é a expressão da nossa biologia, e mostra características físicas de macho ou fêmea, homem ou mulher, que desempenham papel específico durante a reprodução. Já a sexualidade, como vimos anteriormente, é uma construção cultural.

A sexualidade se expressa de diferentes maneiras em diversas culturas. Por exemplo, aqui no Brasil, as mulheres em geral vão à praia com biquínis minúsculos;

Ciências

nas culturas muçulmanas, elas vão com o corpo todo coberto; no Oriente Médio, os homens andam de mãos dadas como sinal de amizade e respeito entre eles; na Indonésia, casais não devem se beijar em público; nos países muçulmanos, homens e mulheres não se sentam lado a lado nos transportes públicos; apesar de os homens poderem manter várias esposas nessa cultura, os namorados só devem se tocar após o casamento. Além de as mulheres terem de cobrir boa parte do corpo com uma espécie de véu – burca. Nessas situações, não cabe julgar se é certo ou errado, são situações construídas historicamente pelo povo e que são expressões da cultura, mas certamente podem e devem ser questionadas, discutidas e até avaliadas.

Relações de gênero: uma questão cultural

No ser humano existe o **ser homem** e o **ser mulher**, e entre eles existe uma diferença de sexo, atualmente chamada de **diferença de gênero**. A diferença de sexo fica restrita às questões biológicas, já as de gênero são mais amplas e estão ligadas às questões culturais, as quais dão o tom aos papéis sexuais e comportamentais de homens e mulheres na sociedade.

Embora exista em cada sociedade um modelo ou uma referência do que é o ser masculino ou ser feminino, os seres humanos, ao longo da história e permeados pela cultura, vêm subvertendo esses paradigmas e expressando, na prática, uma infinidade de maneiras de demonstrar o que são o ser masculino e o ser feminino.

Em grupo

Em grupos de quatro alunos, discutir e responder às seguintes questões:

a) Cite aspectos da sua herança cultural que estão ligados até hoje na sua vida.

b) Qual o significado da seguinte frase: "...os seres humanos, ao longo de sua história e permeados pela cultura, vêm subvertendo esses paradigmas e expressando, na prática, uma infinidade de maneiras de demonstrar o que são o ser masculino e o ser feminino".

c) Sexo e sexualidade têm o mesmo significado?

d) Que influência a questão do gênero tem na questão salarial?

Depois, os grupos se apresentarão para o grande grupo, onde será aberto o debate orientado pelo professor.

Unidade 2 — Identidade social: formas de participação

Nesta unidade, você vai aprender que a natureza é um todo dinâmico, sendo o ser humano parte integrante e agente de transformações do mundo em que vive.

Vai compreender que os recursos naturais são limitados, e que os desgastes ambientais estão relacionados a fatores econômicos, sociais e políticos.

E também reconhecer a necessidade de um planejamento para um manejo dos recursos naturais que atendam às necessidades presentes das pessoas, resguardando-os para as futuras gerações.

Ciências

Relação homem/natureza

Por um longo tempo na história da humanidade, a relação do homem com a natureza era apenas para satisfazer as necessidades básicas das pessoas em termos de água, alimentos, abrigo, energia. Essa relação ocorria sem grandes impactos.

Com o tempo, o ser humano percebeu que poderia usar esses elementos e transformá-los, segundo seus valores sociais, culturais e econômicos.

Assim, o conhecimento sobre o ambiente é ampliado, surgem novas tecnologias, as ferramentas são aperfeiçoadas.

Neste contexto, a natureza vai se transformando pela ação do trabalho humano.

Representação da relação homem/natureza no início da história da humanidade.

Extensas áreas da superfície terrestre são transformadas para o uso da agricultura.

Roda de conversa

Repare nos objetos que você está usando e nos que estão ao seu redor.

1. De que eles são feitos?

2. De onde nós extraímos a matéria-prima para produzi-los?

Em grupo, escolham um produto e discutam que matérias-primas foram necessárias para sua produção e quantas formas de trabalho foram precisas para ele chegar até o nosso uso.

a) De onde vem a matéria-prima para confeccioná-los?

b) Desses objetos, relacione qual você considera imprescindível na sua vida e qual não faz diferença para você.

Recursos naturais

A princípio, acreditava-se que os recursos naturais, como a água, o solo, os minerais, as plantas e os animais eram infinitos. Havia também um pensamento de que o Planeta poderia absorver e neutralizar toda e qualquer forma de poluição.

Nesta concepção de natureza, nossa sociedade criou uma infinidade de necessidades e, com elas, os bens de consumo. Passamos a ser extremamente consumistas. E, quanto mais consumimos, mais matérias-primas são retiradas da natureza para a fabricação de mercadorias e embalagens. E assim, todos os dias, vão para o lixo montanhas de resíduos de papelão, isopor, vidro, plástico, alumínio e tantos outros cujos destinos são os lixões, terrenos baldios, fundo de rios. Alguns desses materiais podem deteriorar-se em pouco tempo, outros levam milhares de anos para se decompor.

É preciso que todos conheçam os problemas provocados pelo excesso de lixo, e assim, coletivamente, encontrem soluções viáveis no uso dos recursos naturais e na preservação do Planeta.

Cada um de nós pode contribuir de alguma forma para diminuir o lixo: consumindo menos, separando materiais que podem ser reutilizados ou reciclados, cobrando das autoridades medidas para resolver os problemas, etc.

Costuma-se classificar os recursos naturais como renováveis e não renováveis. Os renováveis são aqueles que estão disponíveis na natureza em abundância, como a luz do sol e o ar e outros que podem ser repostos, como os seres vivos. Os recursos não renováveis são aqueles que não poderão mais ser repostos ou cuja reposição na natureza pode demorar milhares de anos, como ocorre com o solo, os minerais e o petróleo.

1. Com um colega e com a ajuda do professor, faça uma listagem de recursos renováveis e não renováveis utilizados no seu dia a dia. Com recortes de revistas e panfletos de propaganda, monte um painel que ilustre a sua listagem.

2. Explique por que quanto maior o consumo, maior é a produção de lixo (resíduos).

SUGESTÃO DE SITES

https://rio30.rio/
www.cnps.embrapa.br/mirim/mirim.html

Ciências

Saber mais

O solo foi formado pela ação do intemperismo sobre as rochas, ao longo de milhares de anos. Corresponde à camada mais superficial da crosta terrestre. É rico em vida. O solo é muito importante para nós seres humanos, pois é dele que retiramos parte dos nossos alimentos.

GLOSSÁRIO

Intemperismo: ação da água, de seres vivos, da temperatura, do vento sobre as rochas.

Leitura

O Brasil produz 61 milhões de toneladas de lixo por ano

A produção de lixo no Brasil não para de crescer. E cresce em ritmo mais acelerado do que a população urbana. É o que mostra o Panorama dos Resíduos Sólidos no Brasil – 2010, estudo feito pela Associação Brasileira de Empresas de Limpeza Pública e Resíduos Especiais (Abrelpe).

Catadores no lixão da cidade de Brasília (DF), 2011.

Pelo levantamento, os brasileiros geraram em 2010 cerca de 60,9 milhões de toneladas de resíduos sólidos urbanos (RSU), crescimento de 6,8% sobre 2009. No mesmo período, segundo o Instituto Brasileiro de Geografia e Estatística (IBGE), a população cresceu em torno de 1%.

O total de resíduos coletados também aumentou, em 2010, aproximadamente 7,7%. Segundo a Abrelpe, 54,2 toneladas foram recolhidas pelos serviços de coleta domiciliar. Mesmo assim, esse número corresponde a 89% do lixo gerado. Ou seja, os outros 11% ficaram espalhados nas ruas, em terrenos baldios ou foram jogados nos rios.

Além disso, do lixo coletado, quase 23 milhões de toneladas, ou 42,4%, foram depositadas em locais inadequados: lixões ou aterros controlados — onde o chorume, líquido originado pela decomposição, não é tratado e pode contaminar os lençóis d'água.

Disponível em: <www12.senado.gov.br/noticias/materias/2012/03/09/brasil-produz-61-milhoes-de-toneladas-de--lixo-por-ano>..

Em grupo, leiam a notícia e troquem ideias sobre o assunto. Reflitam sobre como cada um de vocês trata os resíduos domésticos – qual o destino dado a eles, se existe coleta seletiva em sua comunidade, e o que poderia ser realizado em termos de participação individual e coletiva que resultasse em melhorias para sua comunidade em relação ao lixo produzido.

Após a troca de ideias com o grupo, organizem um debate com a turma toda. Registrem os resultados no mural da sala.

A ecologia entra na moda

Na década de 1960, surgem os questionamentos acerca das consequências do modelo capitalista para a qualidade de vida no Planeta. Até então, havia a suposição de que o solo, a água e o ar tinham uma capacidade ilimitada de atenuar ou absorver toda e qualquer poluição. Entretanto, por meio de estudos científicos, comprovou-se que essa capacidade é limitada. A natureza funciona de forma interconectada, qualquer alteração em uma de suas partes vai afetar o todo. Neste contexto, a palavra "ecologia" começa a fazer parte do vocabulário das pessoas e da mídia em geral.

Roda de conversa

- O que você entende por ecologia?
- Você concorda que a preservação da natureza depende da ecologia? Justifique.
- Existe diferença entre ecologia e educação ambiental? Qual?

O que é mesmo ecologia?

O termo "ecologia" tem origem em dois vocábulos gregos: *oikos,* que significa casa, lar e, por extensão, lugar onde se vive, ambiente; e *logos,* que significa estudo, ciência. Portanto, ecologia é a ciência que se dedica ao estudo do ambiente. Mais especificamente, estuda as relações entre os seres vivos e o lugar onde eles vivem (hábitat) e as influências que uns tens sobre os outros.

Saber mais

A palavra "ecologia" foi introduzida em nosso vocabulário pelo alemão naturalista Ernest Heinrich Haeckel, em 1866.

Ciências

Fazendo conexão com... Português

A palavra ecologia muitas vezes tem sido utilizada com sentido equivocado.

Por exemplo: "Indústrias causam danos à ecologia".

"Prefeitura faz projeto para defender a ecologia".

"A sobrevivência dos seres vivos depende da ecologia".

Estabeleça relação com Língua Portuguesa e descubra qual é o verdadeiro sentido dessas frases.

Peça ajuda ao seu professor de Língua Portuguesa.

Leitura

Várias conferências foram realizadas, desde a década de 1960, sobre a questão ambiental. Com a participação de muitos países, políticos, empresários, economistas, comunidade científica e cidadãos comuns, debate-se em acaloradas discussões o problema ambiental. Embora nem todos concordem, a conclusão é de que precisamos mudar a nossa relação com a natureza.

Algumas metas já foram acordadas para atingir esse objetivo.

Veja um exemplo:

O protocolo de Kyoto é um instrumento jurídico internacional que estabelece compromissos com os países desenvolvidos em reduzir suas emissões de gases poluentes na atmosfera. Esse acordo foi discutido em 1997 na cidade de Kyoto, no Japão, porém, só entrou em vigor em 2005. Alguns países considerados extremamente poluidores, como os Estados Unidos, não aderiram ao protocolo.

Pesquise na internet quais os motivos alegados pelos países para não aderirem ao tratado de Kyoto. Peça ajuda ao professor.

Apresente para sua turma o que encontrou e, em grupos, formem uma opinião sobre o problema.

O que é mesmo educação ambiental?

É comum confundir ecologia com educação ambiental. Enquanto ecologia é uma ciência, com seus princípios e teorias, a educação ambiental se caracteriza por envolver, além desses princípios, as questões sociais, econômicas, políticas e culturais.

Manguezal de Jericoacoara (CE), 2011.

Por exemplo: veja a notícia a seguir.

> O Amapá deu início nesta semana ao período de defeso do caranguejo-uçá (*Ucides cordatus*), conhecido popularmente pelos pescadores como "andada". Durante seis semanas, distribuídas entre os meses de janeiro e março, os crustáceos desta espécie não poderão ser capturados, já que estão em período de reprodução.
>
> O defeso tem como finalidade garantir a preservação do caranguejo-uçá e o equilíbrio ecológico dos manguezais, considerados berçários de muitas espécies marinhas. Além da captura, não é permitido realizar o transporte, beneficiamento, industrialização e comércio de qualquer espécime que tenha largura da carapaça maior que seis centímetros.
>
> AMAPÁ inicia nesta semana período de proteção ao caranguejo-uçá. **G1 Natureza**, São Paulo, 13. jan. 2012. Disponível em: <www.g1.globo.com/natureza/noticia/2012/01/amapa-inicia-nesta-semana-periodo-de-protecao-ao-caranguejo-uca.html>.

A notícia descreve um problema ambiental relacionado ao desenvolvimento do caranguejo. Aponte quais são as consequências, para o ambiente e para o ser humano, no caso de essa medida não ser obedecida.

Relate em que medida a situação vivenciada pelos catadores de caranguejo é um problema ecológico e em que medida é um problema de educação ambiental.

De acordo com o texto, conceitue ecologia e educação ambiental, usando suas palavras.

Caranguejo-uçá. Tamanho aproximado 8 a 10 cm. Nome científico *Ucides cordatus*.

O desenvolvimento sustentável é possível?

A notícia do manejo do caranguejo-uçá prevê um desenvolvimento sustentável.

Roda de conversa

> O que você entende por desenvolvimento sustentável?

O termo "desenvolvimento sustentável" tem sido usado globalmente por ambientalistas, políticos, empresários, cientistas, jornalistas, marqueteiros, estudantes, donas de casa, etc.

Ciências

E o seu significado é: "um desenvolvimento que sirva às exigências do presente sem comprometer a possibilidade de as futuras gerações atenderem às suas próprias necessidades".

O grande problema do desenvolvimento sustentável está em como colocá-lo em prática, uma vez que não se trata somente da redução do impacto da atividade econômica no ambiente, mas também das consequências dessa relação com a qualidade de vida e com o bem-estar da sociedade, tanto da presente como da futura.

Você pode perceber isso na atividade anterior sobre o caranguejo-uçá. Quantas famílias sobrevivem da captura e comércio desse animal? A prática do defeso é uma estratégia para garantir um desenvolvimento sustentável, concorda? Porém, durante esse período, como essas famílias irão sobreviver?

Sem dúvida, esse modelo de gestão da natureza requer políticas públicas e privadas, no sentido de viabilizar estratégias que permitam uma qualidade de vida para as famílias que desenvolvem atividades sazonais como, por exemplo, a coleta de caranguejos. Um manejo sustentado deve prever outras atividades que fortaleçam as capacidades produtivas das pessoas.

Cada vez mais as pessoas devem conscientizar-se da necessidade de proteger o ambiente e buscar formas de estimular um desenvolvimento econômico e social, sem prejudicar a natureza.

Em grupo

Baseado nisso, em grupo, e com a ajuda do professor, troquem ideias sobre as seguintes questões.

1. Ao comprar um objeto de madeira, você prefere o produto cuja matéria-prima é resultado de grande área de desmatamento da floresta amazônica, ou aquele que foi construído a partir da madeira de reflorestamento? Justifique.

2. Recentemente veiculou-se na mídia, em rede nacional, a notícia de um grande frigorífico que costuma comprar o gado de fazendeiros que mantém em suas fazendas pessoas trabalhando, entre elas menores de idade, em condições degradantes, sem carteira assinada, água potável, alimentação adequada e salário.

   Vocês consideram que esse comércio está dentro das normas de sustentabilidade? Justifique.

Unidade 3

Diversidade cultural – a sociedade brasileira

Nesta unidade, você vai identificar as características singulares do planeta Terra que permitem a vida tal qual conhecemos.

Vai compreender a importância da biodiversidade para o equilíbrio dinâmico do nosso Planeta.

E reconhecer o ser humano como parte integrante da natureza, relacionar sua ação às mudanças nas relações entre os seres vivos e à alteração dos recursos naturais e ciclos biológicos.

Ciências

Terra: um planeta único

Até o presente momento, com toda a tecnologia de que dispomos para investigar o Universo, não se sabe da existência de outro planeta igual à Terra: a presença de uma atmosfera composta de diferentes gases, uma temperatura ideal para a vida tal qual a conhecemos, presença de água em três estados físicos (líquido, sólido e gasoso), uma variedade imensa de seres vivos, são alguns dos elementos que fazem parte do nosso Planeta. Entretanto, as características que permitem a vida não estão em cada um deles por si só, e sim em suas interconexões.

Fotografia do planeta Terra tirada da Estação Espacial Internacional, que está a cerca de 400 km distante do nosso planeta.

Atmosfera terrestre. (Fonte: NASA).

Roda de conversa

Qual a relação da atmosfera terrestre com a vida na Terra?

A vida existente na Terra depende da atmosfera terrestre e a composição da atmosfera depende da vida. A atmosfera é uma camada composta por diferentes gases que envolvem a Terra – entre eles, nitrogênio, oxigênio e gás carbônico. Ao mesmo tempo em que os seres vivos utilizam esses gases para manterem a vida, eles os devolvem ao ambiente, constituindo os ciclos biogeoquímicos, que nada mais são do que a movimentação dos elementos químicos entre o ambiente e os seres vivos.

Por exemplo: a movimentação do gás carbônico e do gás oxigênio ocorre pelos fenômenos de fotossíntese e de respiração que acontecem nos seres vivos.

A fotossíntese é um processo para a produção de alimentos realizado por todos os seres vivos que possuem clorofila, um pigmento de cor verde. Com a absorção da energia luminosa e o do dióxido de carbono (CO_2) existente no ar atmosférico, a planta transforma em alimento (glicose) os sais minerais retirados do solo por meio de suas raízes. Neste processo, forma-se o oxigênio (O_2), que é eliminado para o ambiente.

A fotossíntese é de extrema importância para a renovação do oxigênio atmosférico. As algas, principalmente as unicelulares, são as grandes produtoras de oxigênio.

O processo de respiração é o fenômeno pelo qual a maioria dos seres vivos retira a energia do alimento ingerido. Ocorre com a absorção de oxigênio que, em contato com o alimento, sofre reações químicas e, como resultado, produz energia e gás carbônico, o qual é eliminado para o ambiente.

Observe no esquema o processo de fotossíntese e o processo de respiração.

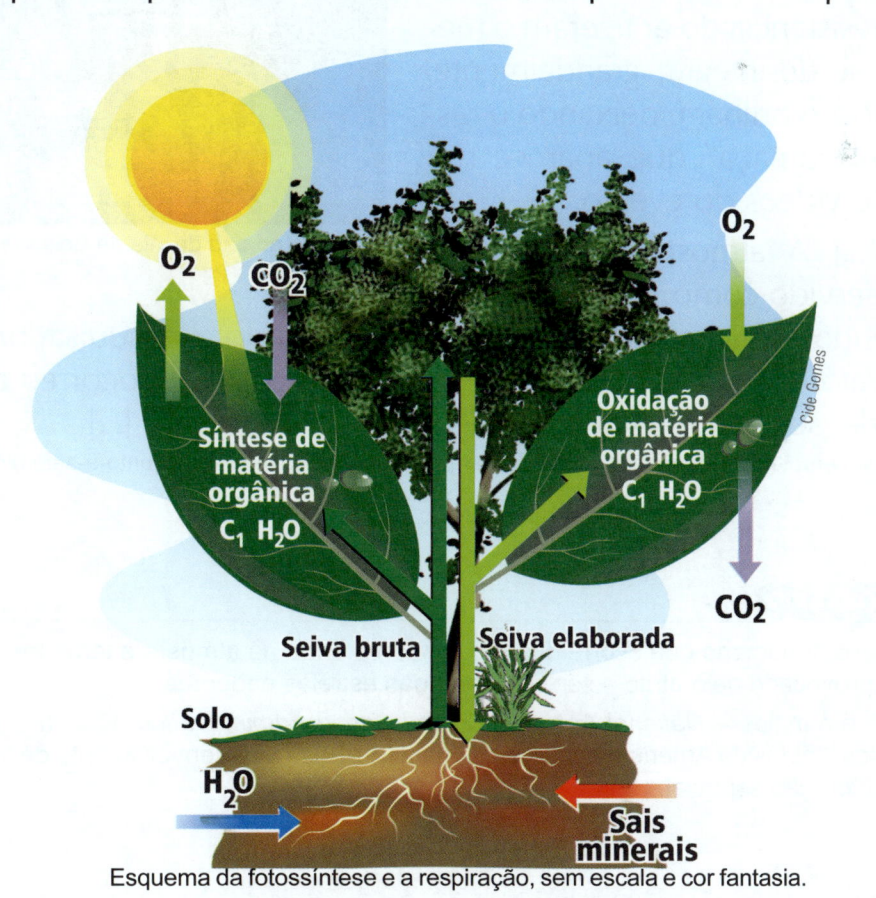

GLOSSÁRIO

CO_2: molécula do dióxido de carbono. Formada pelo carbono e por dois átomos de oxigênio.

O_2: molécula do oxigênio fomada por dois átomos de oxigênio.

Molécula: a menor porção de um corpo que pode existir em estado livre sem perder as propriedades da substância orginária.

GLOSSÁRIO

Algas unicelulares: organismos constituídos por uma só célula. A maioria vive na água ou em lugares úmidos; possuem clorofila e são classificados como protistas.

Esquema da fotossíntese e a respiração, sem escala e cor fantasia.

Ciências

Com seu professor e colegas discutam a seguinte questão:

É verdade que dormir com plantas dentro do quarto é prejudicial à saúde da pessoa?

Saber mais

> A atmosfera é um "escudo" que protege a superfície terrestre de objetos sólidos que vêm do espaço, em geral, meteoritos. Ao se chocarem com a atmosfera, esses objetos explodem e se desintegram em muitos fragmentos.

Leia a notícia a seguir

Meteoro explode com a força de 20 bombas atômicas no céu da Rússia

[...] Especialistas estimam com base nas imagens feitas do evento que o meteoro tinha 15 metros de diâmetro e 7 mil toneladas de massa ao entrar na atmosfera terrestre, com uma velocidade de 18 quilômetros por segundo. Ao entrar na atmosfera, o atrito e o calor gerados pela resistência do ar fizeram o meteoro se desintegrar gradualmente, fazendo-o brilhar e deixando o rastro de "fumaça" que aparece nas fotos e vídeos do evento.

[...] A atmosfera, felizmente, teria servido como um escudo, absorvendo a maior parte desta energia, segundo a pesquisadora Amy Mainzer, do Laboratório de Propulsão à Jato da Nasa. A explosão ocorreu entre 30 e 50 km de altitude, segundo a Academia de Ciências da Rússia. [...]

Meteoro no céu da vila de Bolshoe Sidelnikovo (Rússia) em 2013.

Disponível em: <http://www.cmpa.tche.br/index.php/noticias/39514-se-o-assunto-e-asteroides-o-cmpa-esta-de-olho-no--ceu>.

GLOSSÁRIO

Meteoro: fenômeno que ocorre quando um corpo entra na atmosfera terrestre e deixa um rastro luminoso provocado pelo atrito – são as chamadas estrelas cadentes.

Nasa: em inglês – *National Aeronautics and Space Administration*. É uma agência do governo dos Estados Unidos da América, responsável pela pesquisa e desenvolvimento de tecnologia e programas de exploração espacial.

A temperatura terrestre

O fenômeno chamado **efeito estufa** mantém a temperatura da Terra acima da que seria sem a presença da atmosfera, proporcionando a existência da vida tal qual a conhecemos. Sem o efeito estufa, a temperatura média da Terra seria de -18°C, ao invés dos 15°C que temos hoje, aproximadamente (segundo o INPE – Instituto Nacional de Pesquisas Espaciais).

Para você entender esse fenômeno, vamos fazer uma analogia com um carro no sol com as janelas fechadas. Os raios de sol passam pelos vidros das janelas, e, no interior do veículo, se transformam em calor. Esse calor tem dificuldade de atravessar os vidros, tornando o ambiente interno do carro aquecido. Com a Terra, ocorre forma semelhante: do total de radiação solar que atinge nosso planeta, 30% retorna para o espaço e 70% atinge a superfície terrestre, se transformando em calor. Esse calor tem dificuldade de retornar ao espaço devido à existência dos gases, vapor-d'água e gás carbônico, que absorvem o calor, tornando o ar aquecido. Sem esse fenômeno, morreríamos todos congelados.

Veja isso no quadro que representa o esquema do efeito estufa natural favorável à vida na Terra.

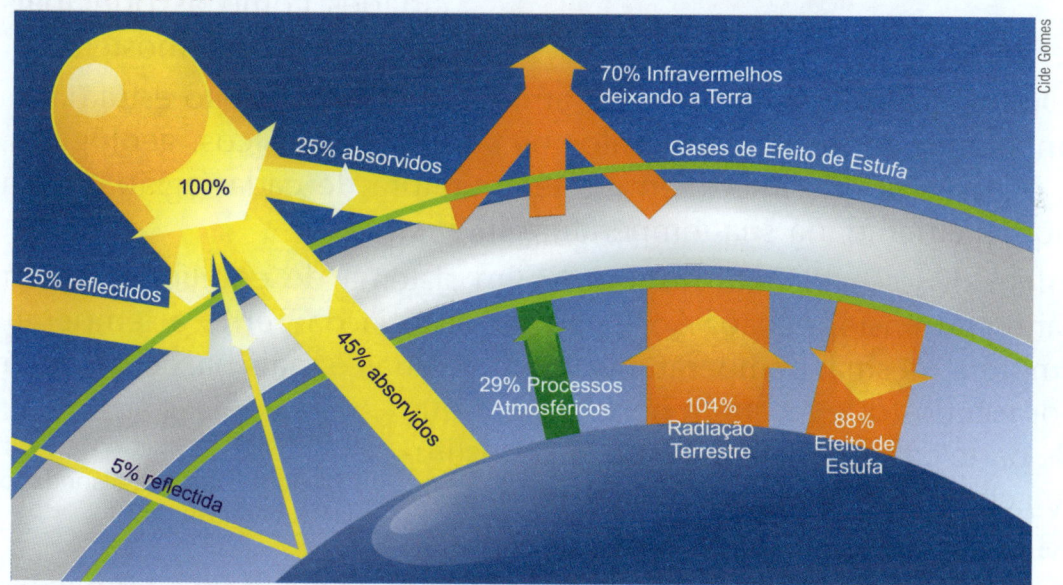

Esquema efeito estufa sem escala e cor fantasia.

Mas, então, qual é o problema do efeito estufa, tão divulgado pela mídia?

O sistema Terra/atmosfera mantém um equilíbrio, isto é, toda energia que entra deve sair. Porém, se aumentar a concentração do gás carbônico, mais calor será retido, consequentemente, aumentando a temperatura.

Ciências

Estudos indicam que realmente, nos últimos anos, a Terra teve sua temperatura média aumentada em cerca de 0,5°C. O resultado disso tem sido percebido principalmente no clima (mudanças climáticas).

Como a Terra é um sistema em que tudo está interligado, inclusive as formas de organização das sociedades, os efeitos dessas mudanças climáticas já estão sendo percebidos nos regimes das chuvas, no derretimento das calotas polares, na distribuição dos seres vivos Terra.

Poluição urbana.

A causa desse aumento ainda é polêmica. Alguns cientistas atribuem o aumento do efeito estufa às grandes quantidades de monóxido de carbono (gás tóxico) produzidas, principalmente, pelas queimas dos combustíveis fósseis (carvão, gasolina, óleo diesel, querosene) e lançadas na atmosfera.

Os veículos movidos a derivados de petróleo se destacam nas cidades como as principais fontes poluidoras da atmosfera.

Outros dizem que não dá para atribuir apenas ao efeito estufa a mudança da temperatura terrestre. São muitos os fatores (astrofísicos, geológicos, biológicos, oceânicos) que interferem na temperatura de cada região do Planeta e, consequentemente, na sua temperatura média.

Além disso, o Planeta dispõe de um sistema de equilíbrio dinâmico em permanente transformação. Ao longo da história da Terra, a temperatura não foi sempre a mesma. Temperaturas mais elevadas e mais baixas são comprovadas por estudos que mostram períodos em que grande parte da superfície terrestre era constituída de gelo, e períodos que mostram o degelo.

GLOSSÁRIO

Tóxico: o que pode ser danoso, nocivo, perigoso.

Mas uma coisa é certa: em muito pouco tempo a Terra sofreu profundas mudanças com as atividades humanas, principalmente com os desmatamentos, a extinção de espécies de seres vivos, a poluição do ar, da água e do solo, na demanda de água doce. Sabemos o quanto isso pode afetar a vida na Terra incluindo o ser humano. Isso nos leva a pensar sobre a necessidade de cuidar do nosso planeta. Afinal, é o único que temos.

Saber mais

GLOSSÁRIO
Rinite: irritação ou inflamação crônica ou aguda da mucosa nasal.

> Quando há no ar atmosférico substâncias diferentes das que compõem o ar, podemos dizer que o ar está poluído.
>
> A poluição do ar pode trazer problemas para a saúde das pessoas, aumentando o número de pessoas com doenças respiratórias, como, por exemplo: alergias, rinites, etc.

Imagine que o prefeito da sua comunidade resolveu contratar a turma de vocês a fim de encontrar opções para minimizar o problema da poluição de sua cidade causada pelos carros.

Que opções vocês ofereceriam ao prefeito? Debatam o tema e apontem algumas soluções.

Experimento para realizar em grupo

Material

Uma caixa de sapatos.
Dois copos com água.
Filme plástico.
Papel-alumínio.

Procedimento

Forre o interior da caixa com o papel-alumínio, coloque um dos copos com água dentro dela e tampe-a com o filme plástico. Depois, coloque a caixa e o segundo copo com água na direção de uma luz forte, que pode ser a luz do Sol ou de uma lâmpada.

Espere uns 30 minutos e abra a caixa. Veja qual copo-d'água está mais quente. Se você tiver um termômetro, pode utilizá-lo para conferir, mas também é possível sentir com os dedos!

Com a ajuda do professor, troquem ideias sobre o resultado do experimento e respondam no caderno às perguntas:

1. Qual a água que esquentou mais, a do copo que estava dentro da caixa ou a do copo que estava fora? Como você explica esse fenômeno?

_____
_____
_____

Ciências

2. Qual a relação desse experimento com o efeito estufa natural que ocorre em nosso Planeta?

_____
_____
_____
_____

3. No experimento, qual material seria relativo à atmosfera da Terra?

_____

Água

A maior parte da superfície terrestre é coberta por água. Podemos encontrá-la em três estados – **líquido**, **sólido** e **gasoso**.

Roda de conversa

Qual é a importância da água na Terra?

Em quais atividades do dia a dia as pessoas utilizam a água?

Em quais lugares da Terra existe água?

Não há quem não conheça a água e também não há quem não precise dela. Praticamente todas as nossas atividades envolvem o uso da água, e sem ela não existiria a vida tal qual a conhecemos. A maioria dos seres vivos tem em sua constituição física a água.

A água constitui 75% do corpo humano.

Essa substância circula pelo nosso Planeta, fazendo parte dos rios, lagos, mares, lençóis subterrâneos, atmosfera e seres vivos, constituindo o **ciclo da água**.

Não paramos para pensar na importância de termos uma grande quantidade de água sobre a Terra, nem na possibilidade de um dia não dispormos de água potável para beber.

A maior parte da água existente na Terra é salgada, a qual não é própria para o nosso consumo.

A água que usamos é doce. Mas nem toda a água doce do Planeta está disponível. Parte dela corresponde à das calotas polares, muito difícil de ser usada. O que sobra para o nosso uso é a água dos rios, lagos e das profundezas do solo. Em comparação com toda a água existente no Planeta isso é pouco. Por isso a necessidade de que não seja inutilizada ou desperdiçada.

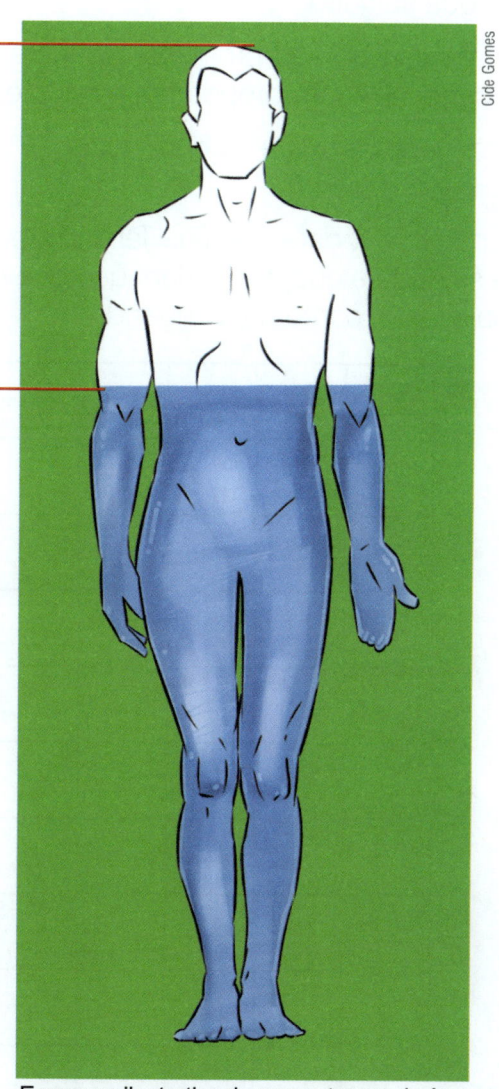

Esquema ilustrativo da porcentagem de água no corpo humano.

> **GLOSSÁRIO**
>
> **Água potável:** água própria para o consumo, que não contém elementos tóxicos, nem micro-organismos causadores de doenças.
>
> **Água doce:** expressão usada em oposto a água do mar, que tem grande quantidade de sais e gosto salgado.

Ciências

Fazendo conexão com... Matemática

Algumas pessoas consideram que o planeta Terra poderia ser chamado de planeta Água. Isso porque 2/3 da superfície terrestre é coberto por água. O volume total de água na Terra não aumenta nem diminui, é sempre o mesmo. Dessa quantidade, a maior parte é de água salgada.

Com a ajuda do seu professor de Matemática, desenhe no seu caderno um círculo e represente nele, em proporção, a água existente na Terra.

De toda a água existente no Planeta, 97% correspondem à água salgada, e o restante, 3%, à água doce.

Supondo que toda a água da Terra coubesse em 100 baldes, quantos baldes seriam de água salgada e quantos seriam de água doce? Represente isso pintando os quadros na tabela abaixo, conforme a legenda.

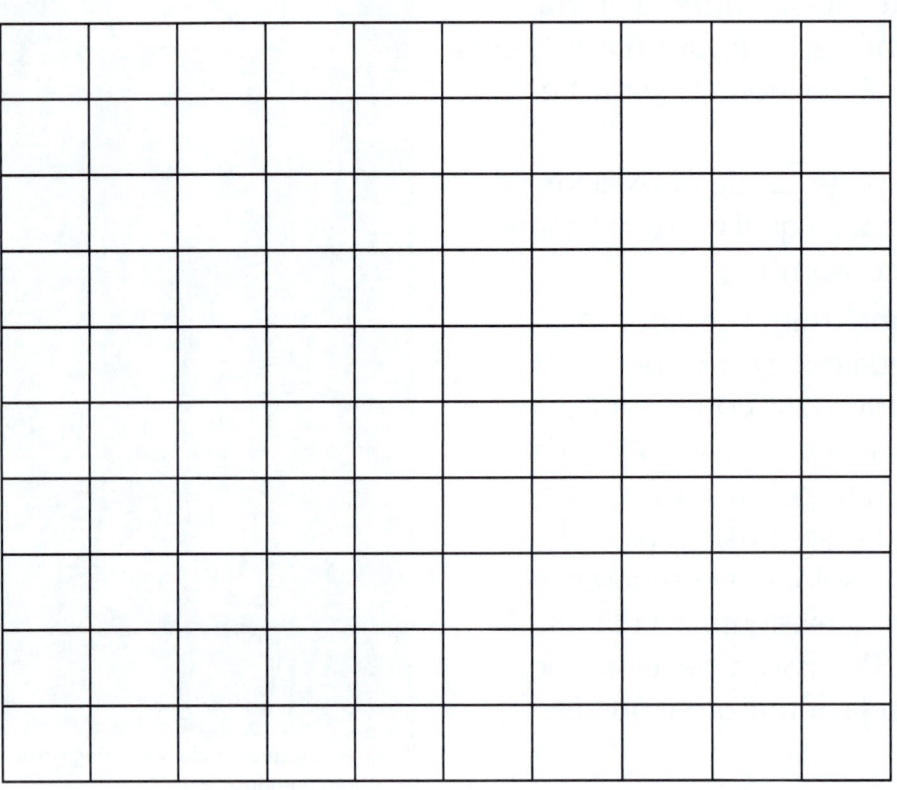

Verde = água salgada **Azul** = água doce

Consigam alguns panfletos de propaganda ou revistas velhas que possam ser recortados.

Em grupos de quatro alunos, elaborem um cartaz com imagens dessas revistas que representem a importância da água na sua vida. Exponha o trabalho em sala de aula. Todos os grupos deverão analisar os cartazes e coletivamente, com a ajuda do professor, elaborarem uma frase que conclua o pensamento da turma sobre a importância da água na vida deles.

Leitura

Água Doce
Água e o consumo consciente

[...]

Segundo a Organização das Nações Unidas (ONU), 1,1 bilhão de habitantes não têm acesso à água tratada e cerca de 1,6 milhão de pessoas morrem no mundo todos os anos em razão de problemas de saúde decorrentes da falta desse recurso. A escassez do recurso também coloca em risco a produção de alimentos. De acordo com a Organização das Nações Unidas para Agricultura e Alimentação (FAO), 70% da água de superfície e subterrânea é usada na agricultura. Em 2003, a ONU declarou o Ano Internacional da Água Potável para conscientizar a população sobre sua importância e a necessidade de utilizá-la de forma adequada.

[...]

Disponível em: <www.brasil.gov.br/sobre/ciencia-e-tecnologia/inovacao/Cases/agua-doce/agua-e-consumo--consciente>.

Debata com seus colegas o que é usar a água de forma adequada.

Aponte alguns hábitos cotidianos que devem ser modificados no uso diário da água e indique algumas ações que poderiam ser usadas no sentido de conscientizar as pessoas sobre os cuidados com a água.

Biodiversidade

A maior riqueza em termos de natureza é a biodiversidade. Essa ideia tem sido amplamente divulgada nos meios de comunicação em geral.

Roda de conversa

Por que podemos afirmar que
- preservar a biodiversidade é condição básica para manter o ambiente sadio no Planeta?
- a biodiversidade é fundamental para a vida do ser humano?

Afinal, o que é biodiversidade?

Você consegue imaginar a infinidade de seres vivos vivendo em uma floresta, no ambiente aquático, ou no tronco de uma árvore?

Ciências

Observe as imagens a seguir.

Ambiente aquático.   Vista área de floresta.   Tronco de árvore.

Em cada um desses ambientes existem milhares de seres vivos com estruturas e tamanhos variados, vivendo de diferentes maneiras, mas, todos, de certa forma, interconectados pelos elementos químicos e físicos disponíveis no local, como a água, o ar, o solo, a energia luminosa, a temperatura, o relevo, constituindo o que denominamos de **ecossistema**.

O planeta Terra, com todos os seus ecossistemas, os rios, os campos, os desertos, os mangues, as montanhas, enfim, em todos os lugares onde é possível a existência da vida, constitui a **biosfera** (esfera de vida).

Nos ecossistemas, matéria e energia circulam em permanente transformação. Esse fenômeno ocorre por meio das **cadeias** e **teias alimentares**.

As cadeias alimentares compõem-se de seres **produtores**, aqueles que realizam a fotossíntese, seres **consumidores** e seres **decompositores**.

Os seres consumidores, também chamados **heterótrofos**, são aqueles que não possuem clorofila, portanto, não podem produzir o seu próprio alimento, por exemplo, os animais. Eles dependem dos vegetais para se alimentar – **animais herbívoros** – ou de animais que comeram vegetais – **animais carnívoros**. Há também aqueles como nós, cuja dieta pode ser à base de plantas e de outros animais – são os chamados **animais onívoros**.

Ainda falta abordar os **seres decompositores**, importantíssimos nas teias e cadeias alimentares. São eles que atuam, decompondo a matéria orgânica, tornando-a disponível para ser assimilada pelos produtores e, assim, perpetuar as trocas de matéria e energia no ambiente.

Na biosfera há uma infinidade de cadeias alimentares que se entrelaçam, formando as teias alimentares. O equilíbrio e a saúde de um ambiente dependem destas inter-relações. Se um nível de uma cadeia alimentar se rompe, o equilíbrio do ambiente poderá estar comprometido.

O equilíbrio do ecossistema está profundamente ligado à realização de todas estas etapas. Caso alguma destas espécies venha a ser extinta, as outras não resistirão, uma vez que todas possuem uma relação de interdependência, ou seja, uma depende da outra para sobreviver.

Com seu professor, analise a seguir o esquema de uma cadeia alimentar:

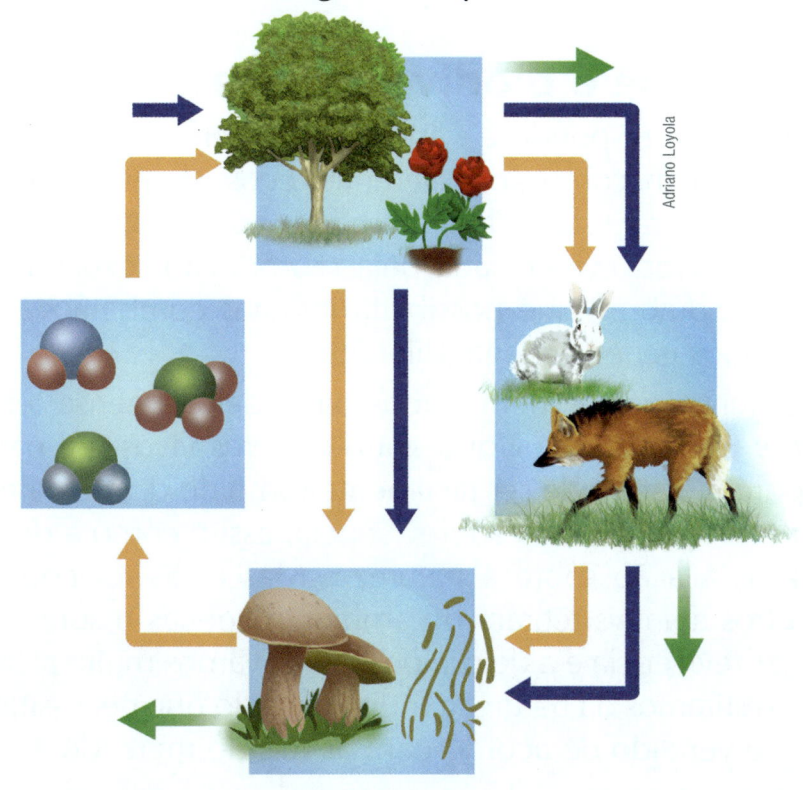

1. Indique, na teia alimentar, o produtor, os consumidores e os decompositores:

Esquema de uma teia alimentar, sem escala e cor fantasia.

Ciências

2. Dialogue com seus colegas e justifique a veracidade da frase a seguir:

De uma forma direta ou indireta, a fotossíntese supre todas as nossas necessidades alimentares.

Mas, afinal, o que é biodiversidade?

Biodiversidade corresponde à variedade de seres vivos (animais, vegetais e micro-organismos), bem como aos diferentes ecossistemas terrestres e aquáticos que compõem a biosfera. Está incluída também ao termo a variabilidade genética existente nos seres vivos, evidenciada pela reprodução sexuada. A fusão dos gametas (células reprodutoras) que possibilita infinitas combinações entre os genes, resultando indivíduos geneticamente diferentes

Nós, seres humanos, também somos parte dessa imensa teia da vida que é a biodiversidade. Existe um equilíbrio entre os seres vivos e a parte não viva dos ecossistemas, porém, isso pode ser facilmente rompido diante da nossa ação sobre a natureza. Por exemplo, a nossa sobrevivência, assim como a dos outros animais, é garantida graças à ação sobre a natureza. Mas essas relações se diferenciam: enquanto os outros animais retiram do ambiente apenas o suficiente para sua sobrevivência e a de sua prole, nós vamos muito além, produzimos e retiramos da natureza muito mais do que necessitamos e o excesso é vendido de acordo com as leis do mercado.

Em nosso planeta existem milhares de espécies de seres vivos que habitam os mais diferentes ambientes.

> **GLOSSÁRIO**
>
> **Gametas** – células reprodutoras.

Atualmente os seres vivos conhecidos são classificados, de acordo com alguns critérios, em cinco reinos: monera, protista, fungi, animal e vegetal.

Desses grupos estamos mais familiarizados com os animais e vegetais, e talvez os fungis. Mas, todos eles fazem parte do nosso cotidiano.

Por exemplo, quando lavamos as mãos para eliminar micro-organismos como as bactérias, ou quando comemos um iogurte feito a partir, lactobacilos, em ambos os casos os seres vivos citados fazem parte do reino **monera**. Neste reino os indivíduos são todos unicelulares, (formados por uma só célula).

Você já ouviu falar em Doença de Chagas? É uma doença causada por um **protista**, (protozoário), que é transmitido às pessoas pelo inseto conhecido vulgarmente como barbeiro. Neste reino também estão incluídas as algas, indivíduos que assim como as plantas realizam a fotossíntese.

E os **fungis** (fungos) muitos deles certamente você os conhece: são os mofos, bolores, cogumelos. Há fungos unicelulares e pluricelulares.

A classificação em reinos ajuda a estudar melhor os seres vivos e compreendê-los em suas inter-relações e diversidades.

DA VINCI, Leonardo. **Estudo para um barco**. c. 1485-1487.

Unidade 4 — Relações sociais, culturais e de produção

Nesta unidade, você vai

- compreender como a ciência explica a origem do ser humano.
- identificar relações entre o conhecimento científico, produção de tecnologia e condições de vida no mundo de hoje e em sua evolução histórica.
- compreender a tecnologia como meio para suprir necessidades humanas.

Ciências

Construindo conhecimentos

Observe com atenção a cabine de comando da nave espacial Discovery.

Dr. John Holdren, diretor do Escritório de Política Científica e Tecnológica da Casa Branca, senta-se na cadeira do comandante a bordo do ônibus espacial Discovery no Centro de Processamento de Orbiter, no Kennedy Space da NASA center. Cabo Canaveral, Flórida (EUA) em 2011.

Estação Espacial Internacional vista do ônibus espacial Discovery.

Não precisa ser astronauta para admirar esta maravilha, concorda?

A quantidade de botões é impressionante! Já imaginou lidar com todos eles?

A Discovery é uma nave espacial que já não está mais em uso. Ela foi lançada ao espaço pela primeira vez em 1984. O último lançamento aconteceu no dia 24 de março de 2011. Neste último voo, seis astronautas estavam a bordo com a missão de levar equipamentos para a Estação Orbital Internacional, que está a 350 km da Terra.

A Estação Orbital Espacial Internacional é um grande laboratório espacial onde são realizadas muitas experiências científicas.

Pense, quanto conhecimento foi necessário para realizar todo esse empreendimento?

Roda de conversa

O que faz o ser humano inventar coisas?

Como o ser humano chegou a esse nível de conhecimento?

Nossa origem

Estudos científicos revelam que o ser humano surgiu na África, há cerca de 150 mil anos. Não se sabe exatamente como isso aconteceu, mas há evidências de que a nossa espécie, cientificamente denominada *Homo sapiens*, originou-se de primatas, que, ao longo de muitas gerações, foram se modificando até apresentar as características que temos hoje.

Evolução dos primatas

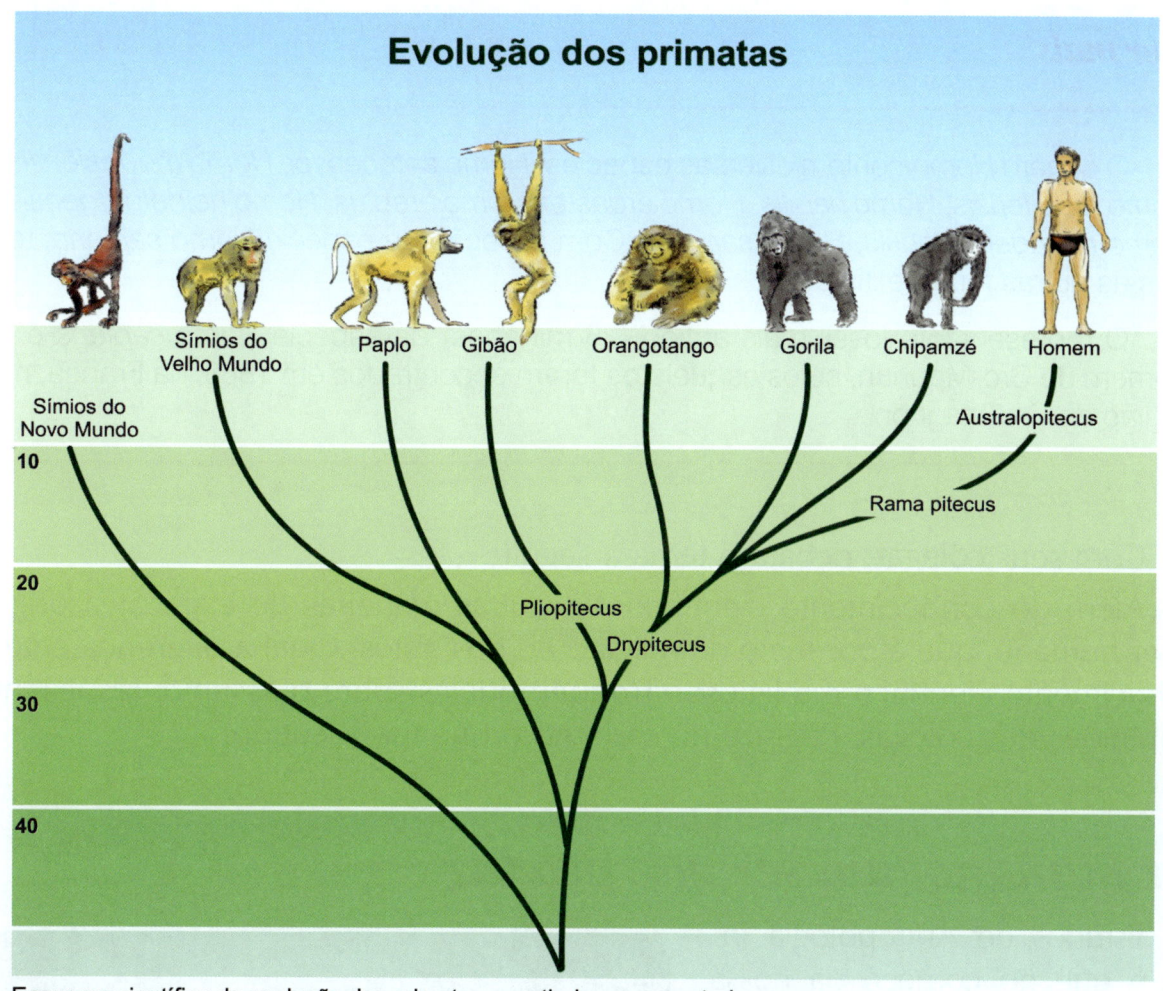

Esquema científico da evolução dos primatas a partir de um ancestral comum.
Fonte: <www.portalsaofrancisco.com.br/alfa/evolucao-dos-seres-vivos/evolucao-humana-2.php>

Isso não significa dizer que o ser humano tenha se originado dos macacos. O que a ciência defende é que tanto o ser humano quanto os macacos (gorilas, chimpanzés e orangotangos) se originaram de um mesmo ancestral, sendo que cada uma dessas espécies se desenvolveu de forma diferente.

Numa dessas espécies, surgiram características que foram significativas para a evolução do *Homo sapiens*: um volume cerebral maior e a bipedia, ou seja, andar em pé.

Assim, acredita-se que em um processo lento e contínuo, há cerca de 150 mil anos, surgiu, na África, o *Homo sapiens*.

Você pode achar que isso é muito tempo, mas se comparar com o aparecimento dos primeiros seres vivos sobre a Terra, 3,5 bilhões de anos, vai perceber que a nossa existência é relativamente recente.

Ciências

Saber mais

> O gênero *Homo* contém diversas espécies: *Homo antecessor, Homo rhodesiensis, Homo rudolfensis, Homo habilis, Homo ergaster, Homo erectus, Homo heidelbergensis, Homo neanderthalensis, Homo sapiens*. Com exceção da espécie *Homo sapiens*, todas as outras foram extintas.
>
> O representante fóssil mais antigo (35 mil anos) da espécie *Homo sapiens* é o homem de Cro-Magnon, cujos esqueletos foram encontrados em 1868, na França, na região de Cro-Magnon.

Com seus colegas, debata o tema a seguir:

Além do conhecimento científico, há outras maneiras de explicar a origem de ser humano, que é por meio da religião ou dos mitos. Qual a diferença entre o conhecimento científico e religioso? Troquem ideias sobre o assunto, respeitando as opiniões dos colegas. Registre no caderno o que foi discutido.

Ser humano: um ser que produz

Estudos de Antropologia indicam que no começo da nossa história, muito pouco sabíamos do mundo à nossa volta. Vivíamos e dependíamos da natureza como os outros animais. A alimentação era à base de raízes e frutos coletados do ambiente, e também da caça e da pesca. Por causa disso, esses agrupamentos humanos eram nômades, isto é, viviam se deslocando de espaço em espaço em busca do alimento.

Representação do ser humano nos primórdios da história.

O potencial biológico característico da espécie humana, na sua relação com o ambiente, foram elementos que contribuíram para desenvolver uma inteligência que os diferenciou dos demais animais – enquanto os animais agem por instinto ou por experiência limitada, apenas para atender suas necessidades imediatas ou de seus filhotes, o homem aprendeu a projetar um objetivo e definir qual a melhor forma de alcançá-lo.

O ninho do joão-de-barro é construído sempre da mesma maneira em todas as gerações do pássaro. É uma ação instintiva determinada biologicamente.

Entender como a natureza funciona foi fundamental para o desenvolvimento do ser humano. Mas isso não foi fácil: ataques de predadores, a falta de alimentos, a falta de abrigos, o frio, o calor, etc. Além disso, deviam sentir muito medo dos fenômenos naturais, como os raios, os trovões, as tempestades, as erupções vulcânicas, etc., justamente por não entender esses fenômenos.

Ao observar e relacionar o comportamento dos outros animais, o germinar das sementes e o desenvolvimento das plantas, o voo das aves, a constituição das rochas, da madeira, a ocorrência de chuva, do vento, o aparecimento e desaparecimento do Sol e outros fenômenos, o ser humano começou a compreender o funcionamento da natureza, possibilitando agir sobre ela.

Assim, há cerca de 10 mil anos, o *Homo sapiens* fez o que se considera a primeira grande revolução humana – o desenvolvimento da agricultura e a domesticação de animais. Foi na interação com a natureza que o ser humano construiu sua própria existência. Nenhum outro ser vivo fez tantas mudanças na natureza como o ser humano.

Representação dos primeiros agrupamentos humanos.

GLOSSÁRIO

Homo sapiens: nome científico do ser humano. Significa "homem sábio".

Saber mais

Nomenclatura científica

O nome científico é uma denominação padronizada, de maneira que possa ser entendido em qualquer língua.

É sempre binominal (duas palavras) e escrita em latim ou latinizado.

A primeira palavra escrita com inicial maiúscula e a segunda com inicial minúscula. As duas em itálico ou grifado. Exemplo: *Canis familiaris* – nome científico do cão doméstico.

Ciências

Fazendo conexão com... História

É comum as pessoas se referirem às atividades de certos animais na natureza como um trabalho. Por exemplo: as abelhas trabalham muito para produzir o mel; os pássaros são animais que trabalham com perfeição na construção de seus ninhos.

Pergunte ao seu professor de História qual o conceito de "trabalho" para o ser humano.

Nas cidades, a convivência proporcionou um ambiente de muita aprendizagem. Era preciso inventar maneiras para resolver os problemas enfrentados no cotidiano. Ao planejar, criar e inventar, o homem interage intencionalmente com o meio, se transforma e transforma a natureza, deixando nela a sua marca. A marca do homem na natureza corresponde ao conhecimento por ele produzido.

Vida humana no período neolítico.

Em dupla, façam uma pesquisa sobre as primeiras ferramentas utilizadas para lidar com a terra, como eram construídas e quais matérias-primas eram utilizadas. Divulgue sua pesquisa em cartazes.

SUGESTÃO DE SITE

<www.ruadireita.com/ferramentas/info/evolucao-das-ferramentas-agricolas/#axzz2MLNUaOTW>.

Todas as invenções que estão à nossa volta fazem parte da história construída pelos seres humanos:

- as ferramentas feitas de pedra.
- a agricultura.
- a medicina.

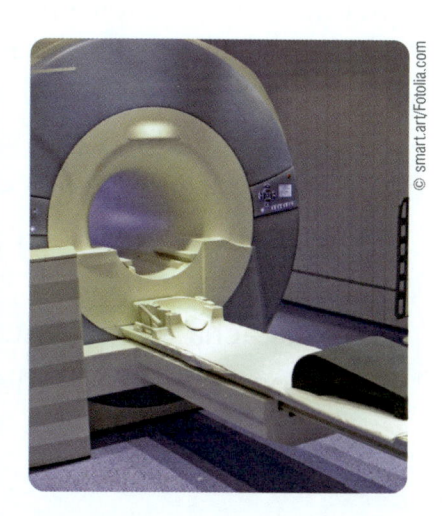

Nada disso surgiu de maneira independente. Cada uma das invenções representa a singularidade e a capacidade do ser humano em elaborar e reelaborar a sua própria existência.

Com o seu professor e colegas, analise em que condições a sentença a seguir pode representar uma verdade.

Para a existência humana, ao mesmo tempo em que o conhecimento possibilita a melhoria da qualidade de vida, pode resultar também na degradação do planeta.

Responda no caderno

1. De acordo com estudos de Antropologia, como foi o começo da nossa história?

2. Todas as espécies animais, incluindo o ser humano, fazem parte da natureza e interagem com o meio onde vivem. Com relação ao ser humano, em que essa interação se diferencia da dos outros animais? Por que dizemos que a natureza tem a marca do homem?

3. Quais as principais causas da sedentarização humana no início da nossa história?

Ciências

Com seu professor e colegas, leiam o texto e reflitam sobre as questões que seguem:

No início da sua história, o ser humano tinha que enfrentar longas caminhadas para conseguir seus alimentos. Acredita-se que era uma vida difícil, pois nem sempre havia alimentos à disposição. Essa necessidade foi suprida com a conquista da agricultura e a domesticação dos animais, mudando o modo de vida das pessoas. Atualmente, por conta das modernas tecnologias, cada vez mais o ser humano está sedentário, e isto está afetando a sua saúde.

Considerando o texto acima, como o ser humano, no seu cotidiano, pode compensar a condição de ser sedentário?

Justifique a revolução provocada pela descoberta da agricultura na vida dos nossos antepassados.

Você acha que a agricultura ainda é importante nos dia de hoje? Por quê?

De onde vêm os alimentos que você ingere diariamente?

Saber mais

Invenções

Cada civilização tem suas características próprias, que determinam as formas de viver e relacionar-se entre si e com a natureza. Assim, as invenções humanas têm origem nos costumes, nos conflitos e nas necessidades de cada povo.

Leitura

Inventos indígenas

Fosse para carregar crianças ou produtos do roçado, os indígenas usavam a mesma invenção: o jamaxin, um cesto de três lados e fundo plano. Feito de folhas de palmeira, ele podia ser levado apoiado na testa ou nos ombros. Bastava escolher! E quem disse que indígena não é bom de cozinha? Eles faziam farinha de mandioca, um alimento que os portugueses não conheciam. Mas para prepará-lo, os indígenas precisavam retirar dessa raiz uma substância venenosa chamada ácido cianídrico, que poderia matar quem a ingerisse. Por isso, eles inventaram o tipiti, um cesto trançado onde a massa de mandioca era espremida até não ter mais uma gota de ácido cianídrico.

Fonte: Revista Ciência Hoje das Crianças.

Entendendo o texto

1. A natureza sempre serviu de inspiração para o ser humano em suas construções, seja de caráter artístico (pintores e escultores) ou científico (cientistas).

   Em dupla, cite alguma invenção humana que você julga ter sido inspirada na observação da natureza.

2. Em grupos de quatro alunos, discutam sobre alguma necessidade existente no local onde você vive. Em seguida, proponham uma solução para esse problema. Usem a sua imaginação. Apresentem para os demais colegas a necessidade e a solução encontrada.

Saber mais

O ser humano buscou explicar o mundo a sua volta ao longo da sua história, baseado em diferentes concepções: mítica, filosófica, religiosa, senso comum e científico. Essas interpretações fazem parte da cultura e foram necessárias para o desenvolvimento do ser humano.

Atualmente, não se discute a importância da ciência e dos avanços da tecnologia para a sociedade. Cada vez mais precisamos dominar alguns princípios científicos para entender situações do nosso cotidiano. Por exemplo, compreender a bula de um remédio, entender o manual de um eletrodoméstico, saber por que não devemos tomar remédios por conta própria ou por que não utilizar o secador de cabelos em ambientes úmidos, etc.

Por outro lado, é preciso compreender a ciência como um produto da atividade humana e, em consequência disso, ela não tem a verdade absoluta, e sim verdades provisórias ou interpretações temporárias, pelas quais o ser humano não é o centro da natureza, mas, sim, elemento dela.

Ciências

Com seu professor e colegas, retomem o início da unidade e observem novamente a cabine de comando da Discovery.

Na sequência, leiam o texto que segue e respondam às perguntas.

A necessidade de conhecimento faz parte da natureza humana. Entretanto, o ser humano não constrói nada sozinho. Possivelmente, sem aquele nosso ancestral, que enfrentou seus predadores, que teve curiosidade para observar a natureza à sua volta e coragem para manipular o fogo conseguindo conservá-lo, não teríamos chegado a construir uma nave espacial como a Discovery para explorar o Universo.

1. Como você acha que seria a humanidade se nossos ancestrais não tivessem inventado a agricultura?

2. Você acha importante o ser humano inventar máquinas que permitem a exploração do Universo?

3. Você acredita que há limites para a capacidade criadora humana?

4. Por que é importante o ser humano inventar maneiras de preservar nosso planeta?

5. Você faz alguma coisa para defender o ambiente? O que? Justifique?

6. Como você acredita que será o nosso futuro com relação ao planeta Terra?

Unidade 1

Os seres humanos e o ambiente

Nesta unidade, você estudará um pouco mais sobre a história dos números, compreenderá e utilizará as regras do sistema de numeração decimal, para leitura, escrita, comparação e ordenação de números naturais. Refletirá sobre procedimentos de cálculo, as ideias associadas às operações de adição, subtração, multiplicação e divisão. Além disso, resolverá situações-problema utilizando estratégias pessoais de resolução e os procedimentos estudados.

1+3 Matemática

Das pedrinhas aos bilhões

Roda de conversa

A foto ao lado foi tirada no ano de 1984, quando foram realizadas diversas manifestações, passeatas e comícios, em várias cidades brasileiras que contavam com a participação de pessoas favoráveis à emenda parlamentar que restabeleceria as eleições diretas para presidente da República do Brasil. Quantos manifestantes você acredita que participaram dessa manifestação mostrada na foto? Como esse número é calculado? Quantos alunos estudam na sua sala? E na sua escola? Você tem ideia do número de habitantes da sua cidade? E da população brasileira? Você tem ideia de qual é o número de pessoas que habitam o planeta Terra?

Comício pelas Diretas Já.

GLOSSÁRIO

Estimativa – cálculo aproximado, avaliação; conjectura.

1. De acordo com estimativas da ONU, atingimos a marca de 7 bilhões de habitantes no Planeta, em 2011. Leia o texto abaixo e saiba mais sobre a população mundial.

População mundial será de 7 bilhões em outubro e ONU lança campanha pela valorização das pessoas

11/07/2011 17:00 – Portal Brasil

O Fundo de População das Nações Unidas (Unfpa) lança nesta segunda-feira (11), Dia Mundial da População, a campanha 7 Bilhões de Ações. O título faz referência à marca de 7 bilhões de pessoas no mundo que será atingida em outubro de 2011.

Entre os objetivos da campanha está valorizar o papel de cada pessoa e instituição na construção de um mundo melhor, compartilhando histórias e ações individuais ou coletivas para responder aos grandes desafios atuais, como a superação da pobreza e o papel dos jovens na construção do futuro.

Segundo o diretor executivo do Unfpa, Babatunde Osotimehin, para reduzir as desigualdades e melhorar a qualidade de vida, será necessário adotar novas formas de estabelecer uma cooperação global sem precedentes. "A hora de agir é agora. As ações individuais, multiplicadas muitas vezes, podem fazer um mundo de diferença. Juntos somos 7 bilhões de pessoas; contamos uns com os outros", observou.

Já o secretário-geral da ONU, Ban Ki-moom, considerou que há "alimentos suficientes para todos, ainda que quase 1 bilhão de pessoas passem fome".

"Temos meios de erradicar muitas doenças, ainda que elas continuem se espalhando", disse Ban Ki-moom. "Temos o presente de um meio ambiente rico, ainda que continue sujeito ao abuso e à exploração diária. Vamos fazer este Dia Mundial da População para tomar atitudes determinantes para criar um futuro melhor para os nossos 7 bilhões de habitantes e para a próxima geração", completou.

Disponível em: <http://www.brasil.gov.br/noticias/arquivos/2011/07/11/fundo-das-nacoes-
-unidas-lanca-campanha-para-lembrar-populacao-mundial-de-7-bilhoes-em-2011>. Acesso em: 15 abr. 2013.

Compreensão do texto

Você sabe o que é ONU?

Em sua opinião, que medidas poderiam ser tomadas para garantir o bem-estar da população em um mundo com mais de 7 bilhões de pessoas?

Em novembro de 2022, chegamos a 8 bilhões de habitantes, de acordo com as Nações Unidas. Conseguimos viver mais tempo, já que a expectativa de vida mundial também aumentou. O que você acha que contribuiu para isso?

Como, você acha que o número 8 bilhões é escrito usando algarismos?

2. Procure em jornais ou revistas notícias em que apareçam números que indiquem grandezas ou quantidades maiores que 1 milhão e cole-as no seu caderno.

É muito comum observarmos o uso de números no nosso dia a dia.

Os números podem ser usados:

- para indicar quantidade;

1+3 Matemática

- expressar medidas;

Farinha de trigo 1kg
200 ml
1 litro
80 km/h

- a ordem de determinados elementos;

Número de casa.

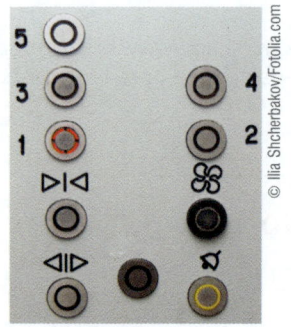

Painel de elevador.

- e para formar códigos.

0 84253 23316 3

Mas nem sempre foi assim...

Os números também têm história

Há milhares de anos os homens não sentiam necessidade de contar, pois tudo de que necessitavam para a sua sobrevivência era retirado da própria natureza.

Com o passar do tempo o homem começou a plantar, produzir alimentos, construir suas casas, domesticar animais, e os pequenos grupos humanos, aos poucos, tornaram-se mais numerosos, trazendo profundas modificações na vida humana. Essas modificações, aliadas ao comércio rudimentar, trouxeram consigo a necessidade da contagem.

Inicialmente, o homem usou vários recursos para ajudá-lo nas contagens: pedrinhas, conchas, gravetos, marcas em madeira ou ossos, nós em cordas e os próprios dedos.

As mudanças continuaram acontecendo trazendo a necessidade de registrar quantidades cada vez maiores. E algumas civilizações antigas criaram então símbolos e regras muito interessantes.

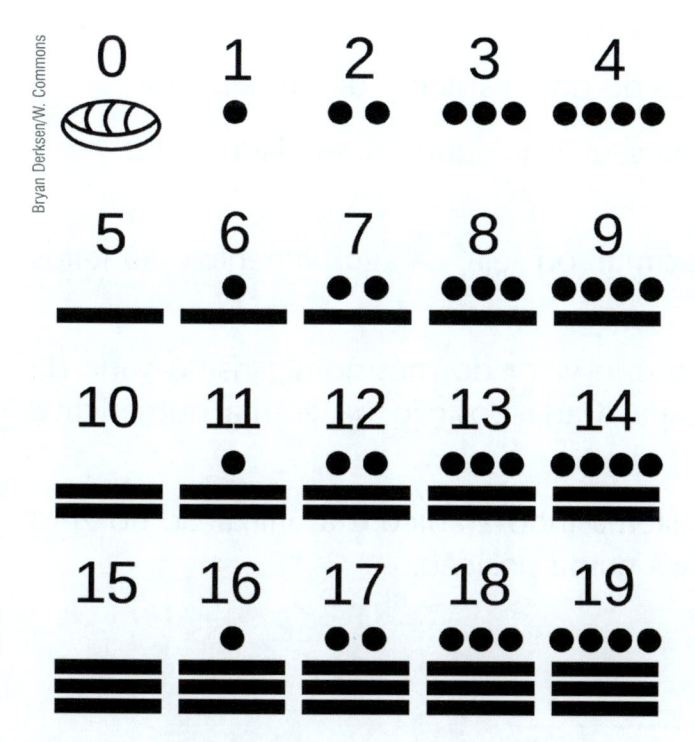

sistema de numeração maia.

sistema de numeração romano.

O sistema de numeração que usamos até hoje é conhecido como sistema de numeração indo-arábico, foi desenvolvido pela civilização indiana, também conhecida como civilização hindu, que reuniu diferentes características de sistemas de outros povos com os quais tiveram contato, e difundido pelos árabes que, graças à intensificação do comércio entre os povos, assimilaram esse sistema e o divulgaram pela Europa.

1+3 Matemática

Muitos séculos se passaram e as regras dos sistema de numeração indo-arábico permaneceram as mesmas, havendo apenas pequenas alterações na forma de escrever os algarismos.

Saber mais

O sistema de numeração desenvolvido pelos romanos, utilizado na Europa durante muitos séculos, ainda hoje é utilizado para indicar capítulos de livros e leis, designação de papas e reis, na escrita de séculos, na inscrição de datas em monumentos, em mostradores de relógios, entre outras situações.

Sistema de numeração decimal

Conheça as principais características do nosso sistema de numeração:

- Utiliza poucos símbolos para representar qualquer quantidade (1 2 3 4 5 6 7 8 9 0).

- É um **sistema de numeração decimal**, ou seja, os agrupamentos são feitos de dez em dez.

- Utiliza a notação posicional, isto é, o valor do mesmo algarismo varia de acordo com a posição que ocupa. Cada posição na escrita numérica é chamada de ordem.

- Uma das grandes criações do sistema indo-arábico é a utilização do zero para indicar ausência de unidades numa posição.

Saber mais

Os símbolos criados para representar os números no sistema de numeração decimal são chamados algarismos. A palavra "algarismo" tem sua origem no nome do famoso matemático Muhammad Ibn Al-Khwarizmi.

3. Circule a alternativa correta em cada um dos itens:

a) Dos números abaixo, qual é o maior?

6 566   6 495   6 431   6 599

b) Em qual dos números abaixo o algarismo 5 tem o maior valor?

1 452   5 702   12 485   4 854

c) Qual o valor do algarismo 7 no número 7 196?

7   700   70   7 000

d) Qual o valor do algarismo 5 no número 4 057?

5   50   500   5 000

4. Nos quatro números abaixo, só é possível identificar apenas o primeiro algarismo de cada um. Qual deles é o número maior?

5 ■ ■ ■ ■ ■ ■   8 ■ ■ ■   6 ■ ■ ■   4 ■ ■ ■

5. Nos três números abaixo, o algarismo oculto é o 3. Qual deles é o número maior?

9 ■ 14   ■ 999   7 ■ 95

■

6. Responda:

a) Qual o sucessor de 5 999?

_____

b) Qual o antecessor de 2 008?

_____

c) Qual o antecessor de 1 299?

_____

d) Qual o sucessor de 8 009? _____

e) Qual o sucessor de 2 014? _____

f) Qual o antecessor de 3 900? _____

g) Qual o sucessor de 999? _____

h) Qual o antecessor de 6 000? _____

Sucessor de um número é o que vem imediatamente após na sequência habitual. Por exemplo, o sucessor de 5 988 é o 5 989.
Antecessor de um número é o que vem imediatamente antes de outro na sequência habitual. Por exemplo, o antecessor de 3 000 é o 2 999.

1+3 Matemática

Leitura e escrita de números no sistema de numeração decimal

Para facilitar a leitura dos números, as ordens são agrupadas de três em três, da direita para a esquerda. Um grupo de três ordens recebe o nome de classe.

Acompanhe no exemplo como lemos o número abaixo: 14 587 213.

CLASSE DOS MILHÕES			CLASSE DOS MILHARES			CLASSE DAS UNIDADES SIMPLES		
9ª ordem	8ª ordem	7ª ordem	6ª ordem	5ª ordem	4ª ordem	3ª ordem	2ª ordem	1ª ordem
centenas de milhão	dezenas de milhão	unidades de milhão	centenas de milhar	dezenas de milhar	unidade de milhar	centenas simples	dezenas simples	unidades simples
	1	4	5	8	7	2	1	3

Lê-se quatorze milhões, quinhentos e oitenta e sete mil, duzentos e treze.

7. Leia a reportagem abaixo e saiba sobre os recordes do cinema nacional.

Tropa de elite 2 é o filme mais visto da história do cinema brasileiro

Filme bateu a marca de *Dona Flor e seus dois maridos*, de 1976. Em sua 9ª semana de exibição, longa teve 10 736 995 de espectadores.

Do G1, em São Paulo

Tropa de elite 2, de José Padilha, tornou-se o filme mais visto da história do cinema brasileiro, com um total de 10 736 995 espectadores acumulado após nove semanas de exibição. A informação foi divulgada pela assessoria do filme nesta quarta-feira (8) e confirmada pelo Instituto Filme B.

O longa ultrapassou o antigo campeão, *Dona Flor e seus dois maridos* (1976), em 1 470 ingressos vendidos. *Dona Flor* foi visto por 10 735 525 de pessoas.

Disponível em: <http://g1.globo.com/pop-arte/noticia/2010/12/tropa-de-elite-2-e-maior--bilheteria-da-historia-do-cinema-brasileiro.html>.

Veja o ranking de público dos 10 maiores filmes do cinema brasileiro.

Posição	Título	Data de estréia	Número de espectadores
1	Nada a perder	março/2018	11 944 985
2	Os dez mandamentos	outubro/2016	11 305 479
3	Tropa de Elite 2	outubro/2010	10 735 995
4	Dona Flor e seus dois maridos	novembro/1976	10 735 524
5	Minha mãe é uma peça 2	março/2016	9 307 612
6	A Dama do lotação	abril/1978	6 509 134
7	Nada a perder	agosto/2019	6 193 133
8	Se eu fosse você 2	janeiro/2009	6 112 851
9	O Trapalhão nas Minas do Rei Salomão	agosto/1977	5 786 226
10	Lúcio Flávio, o Passageiro da Agonia	novembro/1977	5 401 325

Fonte: Ancine

Como se escrevem esses números por extenso?

a) 10 735 995 _____

b) 10 735 524 _____

c) 6 509 134 _____

d) 6 112 851 _____

e) 5 786 226 _____

Roda de conversa

Assistir a um bom filme e relaxar! Ter momentos de descanso, diversão, descontração e tranquilidade. Atividades de lazer são de extrema importância para o ser humano, uma vez que nos envolvemos com muitas atividades obrigatórias e cansativas (trabalho, estudo) que podem causar estresse mental, físico e psicológico.

O que você costuma fazer para deixar de lado as preocupações profissionais, familiares e sociais?

Na sua cidade, há espaços públicos para o lazer?

Na sua opinião, há diferenças entre as opções de lazer da sua infância e as de hoje?

1+3 Matemática

8. Qual é o **maior número par** que você consegue escrever utilizando cada um destes algarismos apenas uma vez?

   | 5 | 4 | 7 | 9 |

   _____

9. Utilizando apenas uma vez cada um dos algarismos 2, 3, 6 e 9, quais números são obtidos?

   a) Qual deles é o menor? _____

   b) Qual deles é o maior? _____

   c) Quais são pares? _____

   d) Escreva todos esses números em ordem crescente.

   _____

10. Responda:

    a) Qual é o maior número par de 4 algarismos?

    _____

    b) Qual é o menor número de 4 algarismos que se pode escrever, sem repetição?

    _____

11. Marque um x na alternativa que corresponde à leitura do número 8 054 958.

    a) oito milhões, quinhentos e quatro mil e novecentos e cinquenta e oito;

    b) oito milhões, cinquenta e quatro mil e novecentos e cinquenta e oito;

    c) oito bilhões, cinquenta e quatro milhões e novecentos e cinquenta e oito mil.

    d) oito mil, cinquenta e quatro, novecentos e cinquenta e oito.

12. Como se escrevem os seguintes números por extenso?

   a) 101 025

   _____

   b) 205 379

   _____

   c) 150 098

   _____

   d) 95 003

   _____

   e) 1 000 016

   _____

   f) 2 103 075

   _____

13. Decompondo o número 57 369, encontramos:

   a) 5 + 7 + 3 + 6 + 9

   b) 50 + 7 + 300 + 60 + 9

   c) 50 000 + 7 000 + 300 + 60 + 9

   d) 5 + 7 + 1 000 + 3 + 6 + 9 + 100

14. Marque um x na expressão que representa o número 30 087.

   a) 3 × 10 000 + 800 + 7

   b) 3 × 10 000 + 80 + 7

   c) 3 × 1 000 + 8 + 7

   d) 3 × 100 + 80 + 7

15. Usando algarismos indo-arábicos, escreva os números:

   a) Vinte mil, duzentos e noventa e quatro

   b) Quinze milhões, novecentos e noventa e nove

   c) Duzentos e cinco mil e treze

   d) Tres milhões, cinquenta e quatro mil, quatrocentos e sete

1+3 Matemática

Ábaco

O homem utilizou vários recursos para auxiliar os cálculos. Mas o ábaco merece destaque por ser simples e eficiente.

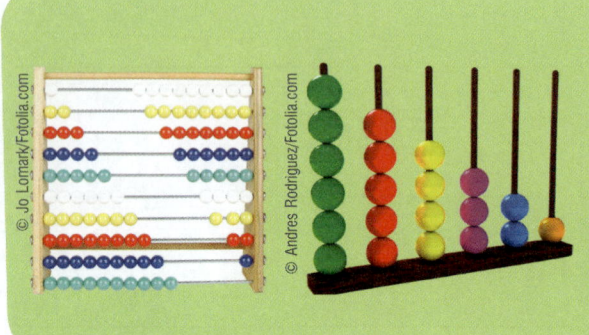

O ábaco é formado por bastões, dispostos no sentido vertical, correspondentes cada um a uma posição digital (unidades, dezenas, centenas, unidades de milhar...) e nos quais estão os elementos de contagem (fichas, bolas, contas...) que podem ser colocados ou deslizados livremente.

Veja como representar as quantidades no ábaco:

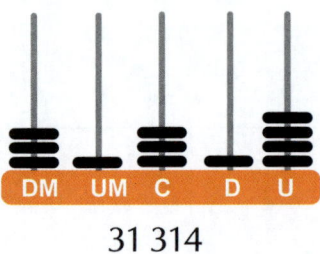

31 314 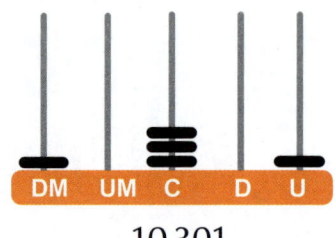   10 301 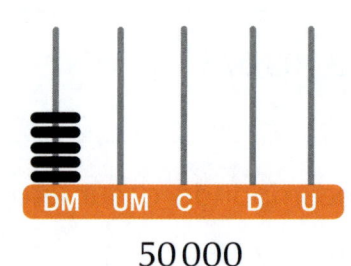   50 000

16. Represente no ábaco:

a) O número de alunos da sua escola

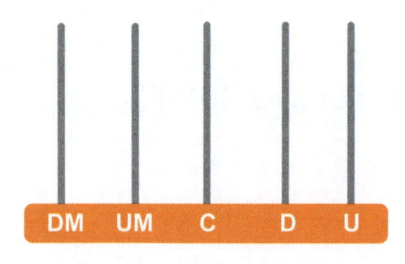

b) o número de habitantes de sua cidade

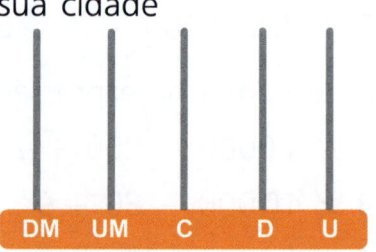

17. Que números estão representados em cada ábaco?

a)   b)

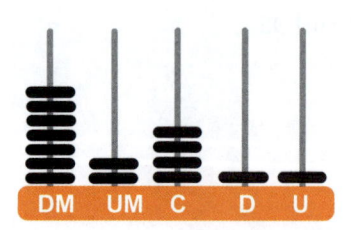

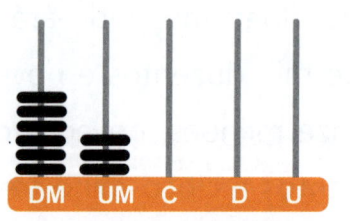

c) _____

d) _____

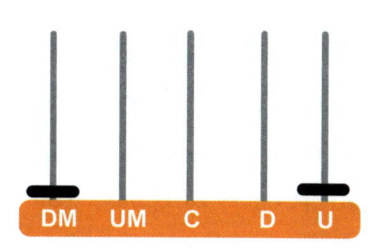

18. Descubra o segredo e continue a sequência:

   a) 5 688   5 696   5 704   5 712 _____

   b) 7 145   7 130   7 115 _____ _____ _____

   c) _____ 10 989   10 992 _____ 10 995

19. Siga as pistas e encontre um número que:

   • esteja entre 3 220 e 3 250;

   • seja ímpar;
   • a soma dos seus algarismos seja 10;

   Qual é esse número?

   • Seja maior que 6 900 e menor 7 000;
   • tenha como algarismo das dezenas o 9;
   • seja par.

   Qual é esse número?

Operações e resolução de problemas

Como vimos anteriormente, os números são usados em situações do nosso cotidiano que vão além da contagem.

Mas muitas vezes temos de juntar, tirar, comparar, dividir e completar quantidades, entre outras ações.

Surge então a necessidade de estudarmos as ideias associadas às operações fundamentais, que são: adição, subtração, multiplicação e divisão.

Matemática

Ideias associadas à adição

Adicionar quer dizer juntar, acrescentar, somar.

Utilizamos a adição quando queremos juntar uma quantidade a outra ou quando queremos acrescentar uma quantidade a outra. Veja os exemplos:

Exemplo 1: Numa indústria trabalham 1 151 homens e 988 mulheres. Qual o total de funcionários dessa empresa?

$$\begin{array}{r} 1151 \\ +988 \\ \hline 2139 \end{array}$$

Nesse caso **juntamos** quantidades.

Trabalham, ao todo, 2 139 funcionários.

Exemplo 2: Se fossem contratados 105 novos funcionários nessa indústria, qual seria o total de funcionários?

$$\begin{array}{r} 2139 \\ +105 \\ \hline 2244 \end{array}$$

Nesse caso, **acrescentamos** uma quantidade a outra.

A indústria passará a ter 2 244 funcionários.

Elementos de uma adição

$$\begin{array}{r} 2117 \\ +412 \\ \hline 2529 \end{array}$$

2117 — parcela
412 — parcela
2 529 — soma

20. Determine o valor das seguintes somas:

    a) 1 535 + 2 473
    b) 6 446 + 2 903
    c) 19 813 + 1 954
    d) 6 712 + 1 276 + 417
    e) 9 784 + 9 149
    f) 24 729 + 2 230

21. A soma das três parcelas de uma adição é 9 888. A primeira parcela é o dobro de 2 128, e a segunda é oito centenas. Qual é a terceira?

Saber mais

Diferentemente de muitos símbolos matemáticos que têm sua origem desconhecida, a utilização pela primeira vez do sinal de igual (=) é atribuída ao médico e matemático galês Robert Record.

Record publicou várias obras sobre temas matemáticos; em uma de suas obras, em 1557, utilizou e justificou o uso de um par de retas paralelas, de mesma extensão para evitar a repetição das palavras "é igual a".

Desafio:

Na pirâmide abaixo, para as camadas acima da base, o número colocado em cada tijolo é a soma dos números dos tijolos nos quais ele se apoia. Determine o número do tijolo situado no topo da pirâmide.

Você já ouviu falar em tirar a prova dos nove?

Na maioria das vezes, quando necessitamos fazer cálculos, recorremos às calculadoras que rapidamente dão o resultado. Mas quando as calculadoras ainda não eram tão populares, há algumas décadas, ensinava-se na escola a fazer a "prova dos nove" para verificar o resultado obtido e descobrir erros acidentais principalmente nos cálculos de adição e multiplicação.

Na verdade esse é um método que consiste em tirar os nove dos números de entrada e saída da conta.

Se o resultado de uma conta de adição estiver correto e a prova dos noves for feita corretamente, ela irá confirmar a exatidão da resposta. Quando a prova acusa erro é certeza de que a conta está errada. Porém, se obtivermos um resultado errado na adição, existem casos em que a prova dos noves não detecta o erro porque pode acontecer do resultado certo e o errado terem o mesmo noves fora.

Matemática

Ideias associadas à subtração

A subtração está ligada à ideia de tirar uma quantidade de outra, comparar quantidades e completar quantidades.

Acompanhe os exemplos:

Exemplo 1: Para um vestibular estavam inscritos 45 744 candidatos, mas faltaram 1 012 candidatos no dia da prova. Quantos compareceram às provas?

$$\begin{array}{r} 45\,744 \\ -1\,012 \\ \hline 44\,732 \end{array}$$

Nesse caso, tiramos uma quantidade de outra.

Compareceram às provas 44 732 candidatos.

Exemplo 2: João tem 3 900 reais e sua irmã Ana tem 2 315 reais. Quanto João tem a mais que Ana?

$$\begin{array}{r} {}^{8\,9\,10} \\ 3\,9\,0\,0 \\ -\,2\,3\,1\,5 \\ \hline 1\,5\,8\,5 \end{array}$$

Nesse caso, comparamos uma quantidade com a outra.

João tem 1 585 reais a mais que Ana.

Exemplo 3: Mario está juntando dinheiro porque quer comprar uma bicicleta que custa 580 reais. Ele já tem 360 reais. Quanto falta para poder comprar a bicicleta?

$$\begin{array}{r} 580 \\ -\,360 \\ \hline 120 \end{array}$$

Nesse caso, verificamos quanto falta para completar uma quantidade.

Faltam 120 reais.

Elementos de uma subtração

$$\begin{array}{r} 947 \\ -\,136 \\ \hline 811 \end{array}$$

947 → minuendo
136 → subtraendo
811 → resto ou diferença

22. Calcule, no seu caderno

a) 43 678 − 22 987

b) 4 200 − 1 353

c) 23 757 − 14 837

d) 4 736 − 815

e) 48 987 − 47 315

f) 5 201 − 2 658

Ideias associadas à multiplicação

A multiplicação é uma operação matemática associada a várias ideias. Uma delas é equivalente a uma adição de parcelas iguais.

A multiplicação é utilizada quando precisamos adicionar parcelas iguais, mas também pode ser usada na contagem de possibilidades e quando usamos a ideia de proporcionalidade.

Acompanhe os exemplos:

Exemplo 1: Utilizamos a multiplicação para calcular o número de botões, por exemplo, de 4 cartelas com 4 botões cada. Veja:

$$4 + 4 + 4 + 4 = 16$$
$$\text{ou } 4 \times 4 = 16$$

Exemplo 2: Mariana quer escolher uma saia e uma blusa para ir ao cinema com uma amiga. Ela dispõe de uma saia preta, uma saia azul e três camisetas: vermelha, amarela e verde. De quantas maneiras diferentes ela pode se vestir?

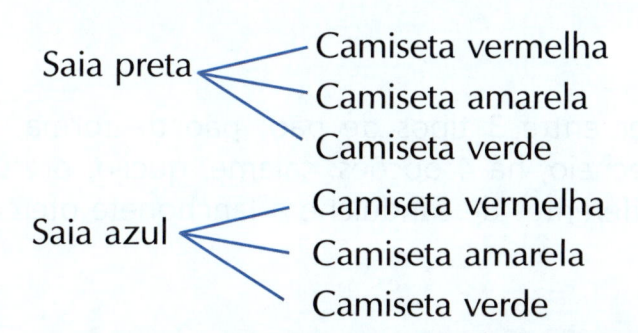

Saia preta
- Camiseta vermelha
- Camiseta amarela
- Camiseta verde

Saia azul
- Camiseta vermelha
- Camiseta amarela
- Camiseta verde

Para calcular o número de combinações possíveis, efetuamos o produto 3 x 2, porque são três cores diferentes de blusas e duas cores diferentes de saias.

$$3 \times 2 = 6$$

Mariana pode se vestir de 6 maneiras.

Exemplo 3: Para preparar uma embalagem de gelatina, são usados 250 ml de água quente. E para preparar 4 embalagens de gelatina?

1 embalagem – 250 ml
2 embalagens – 500 ml
3 embalagens – 750 ml
4 embalagens – 1 000 ml

Serão necessários 1 000 ml de água para preparar 4 embalagens de gelatina.

Matemática

Elementos de uma multiplicação

$$\begin{array}{r} 794 \rightarrow \text{fator} \\ \times 2 \rightarrow \text{fator} \\ \hline 1588 \rightarrow \text{produto} \end{array}$$

23. Calcule:

- Em um pacote, há 20 balas. Quantas balas há em 12 pacotes?

- Em uma semana, há 7 dias. Quantos dias há em 36 semanas?

- Em um dia, há 24 horas. Quantas horas há em uma semana?

24. Numa lanchonete posso escolher entre 3 tipos de pão: pão de forma, pão francês ou pão italiano. Para o recheio, há 4 opções: salame, queijo, presunto ou mortadela. Quantos modos diferentes de sanduíche a lanchonete oferece?

25. Rafael comprou uma televisão. Ele deu uma entrada de R$ 1 150,00 e pagará o restante em 12 prestações mensais de R$ 98,00. Qual é o valor da televisão?

26. Calcule no seu caderno:

a) 1 855 x 4

b) 5 279 x 9

c) 14 703 x 7

d) 7 572 x 18

e) 2 848 x 46

f) 8 614 x 24

Saber mais

Algumas escolas da França utilizam até hoje um antigo algoritmo conhecido como multiplicação em reticulado ou método da grade, ou, ainda, "gelosia". O nome de gelosia é usado porque a sua estrutura lembra as janelas gradeadas usadas na cidade de Veneza na Itália.

Veja como calcular o resultado do produto 23 x 35 utilizando esse método.

O primeiro passo é dispor os dois números numa tabela de modo que os algarismos dos números 23 e 35, respectivamente, ocupem a primeira linha e a última coluna, como segue:

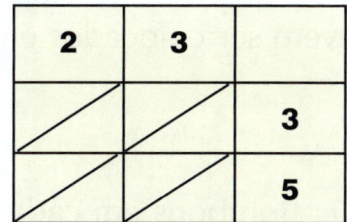

Observe que cada quadradinho está dividido em duas partes. Eles serão completados com o produto correspondente dos algarismos de sua coluna x linha. A diagonal servirá para separar do resultado deste produto: a dezena será indicada na parte superior, e a unidade, na parte inferior.

Após preencher todas as multiplicações, a soma será feita na direção diagonal, do lado de fora da grade, começando pela direita, como no exemplo a seguir.

O resultado obtido é 805.

Desafio

Experimente utilizar esse método para calcular os seguintes produtos:

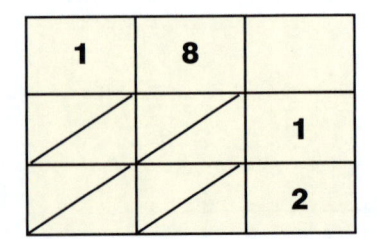

	1	8	
			1
			2

	2	4	
			2
			5

Ideias associadas à divisão

A divisão está ligada à ideia de repartir em partes iguais e à ideia subtrativa ou de medida que permite verificar quantas vezes uma quantidade cabe em outra.

Exemplo 1: Tenho 84 bombons e quero colocá-los em 4 caixas com a mesma quantidade. Quantos bombons devem ser colocados em cada caixa?

$$\begin{array}{r|l} 84 & 4 \\ -8 & 21 \quad \text{Bombons em cada caixa} \\ \hline 04 & \\ -4 & \\ \hline 00 & \end{array}$$

Devem ser colocados 21 bombons em cada caixa.

Exemplo 2: Tenho 84 bombons e quero colocá-los em caixas com uma meia dúzia cada. Quantas caixas serão necessárias?

$$\begin{array}{r|l} 84 & 6 \\ -6 & 14 \quad \text{Bombons em cada caixa} \\ \hline 24 & \\ -24 & \\ \hline 00 & \end{array}$$

Serão necessárias 14 caixas.

Elementos de uma divisão

```
 486 | 2
-4     243  quociente
 ‾‾
 08
- 8
 ‾‾
 06
- 6
 ‾‾
 00
```

dividendo | divisor

27. Resolva no seu caderno:

a) 2 486 : 2

b) 1 679 : 4

c) 2 566 : 5

d) 3 797 : 7

e) 3 746 : 20

f) 5 726 : 18

g) 6 515 : 45

h) 8 829 : 25

Problemas

Normalmente, associamos problemas a aborrecimentos.

Mas as situações-problema, em Matemática, são diferentes. São situações que nos desafiam a pensar, buscar soluções...

Realizar corretamente as operações é indispensável em Matemática, mas também é importante pensar, planejar.

1+3 *Matemática*

Seguir algumas etapas pode facilitar o processo de resolução de problemas:

- **Compreenda o problema**: leia bem o enunciado do problema, identifique os dados fornecidos e verifique qual é a pergunta que deve ser respondida;

- **Estabeleça um plano**: crie um plano ou estratégia de resolução do problema usando esquemas, tabelas, desenhos ou cálculos;

- **Execute** cuidadosamente os passos do seu plano;

- **Revise**: examine atentamente a solução encontrada conferindo se efetuou os cálculos;

- **Escreva a resposta** à pergunta do problema.

28. Observe o extrato bancário de Carla:

Banco Ideal S.A
Agência 1458 Conta 578156-5
Cliente: *Carla Peixoto da Silveira*

20/05 saldo	R$ 1 426,00
21/05 depósito em cheque	R$ 454,00

Carla precisa efetuar o pagamento de um curso, R$ 480,00, e da conta de luz, R$ 185,00. Vai sobrar dinheiro na conta de Carla? Quanto?

29. Sabendo que entre as despesas previstas de Rafael estão: o pagamento de uma prestação, no valor de R$ 385,00; as compras feitas na farmácia, R$ 145,00; a compra do supermercado, no valor de R$ 415,00; a conta de telefone de R$ 192,00, determine:

- O valor total de seus gastos já previstos:

- Quanto restará para outros gastos se o salário mensal de Rafael é de R$ 1 580,00?

30. Três irmãos executaram um trabalho juntos e cobraram R$ 2 671,00. Desses, R$ 988,00 foram gastos na compra de material, e o restante, dividido igualmente entre os três. Quanto cada um recebeu pelo serviço executado?

31. Estela tinha economizando R$ 2 130,00. Continuou economizando por mais três meses. Agora tem R$ 3 500,00. Quanto ela conseguiu economizar nesse período?

32. Após um depósito de 1 250 reais na minha conta bancária, meu saldo passou a ser de 2 300 reais. Qual era o saldo antes do depósito?

Desafio:

1+3 Matemática

Gasto exato

Tia Lunática Matemática adora comprar presentes para a sobrinha Melissa Preguiça. Notando que a menina não se esforçava muito nas provas de cálculo, a tia propôs o seguinte desafio: "vou lhe dar R$ 600 no seu aniversário, mas esse dinheiro só será seu, se você conseguir gastá-lo em compras de uma só vez, sem deixar um centavo!" As duas foram ao shopping e a segunda regra era que Melissa não poderia escolher mais do que um objeto em cada loja. Ao final do dia, Melissa não tinha mais preguiça de fazer contas e já havia descoberto sete maneiras diferentes de gastar o dinheiro. E você?

Loja de roupas
- R$ 246
- R$ 139
- R$ 74
- R$ 170

Livraria
- R$ 60
- R$ 23
- R$ 69
- R$ 71

Loja de brinquedos
- R$ 333
- R$ 170
- R$ 2.800
- R$ 266

Loja de calçados
- R$ 333
- R$ 124
- R$ 237
- R$ 59

Ciência hoje das crianças. Ano 18, n. 163

Unidade 2
Identidade social: formas de participação

Nesta unidade, você verá algumas situações práticas em que utilizamos ângulos, conhecerá os diferentes tipos de ângulos, suas unidades e instrumentos de medida.

Observará as formas geométricas presentes em elementos naturais e nos objetos criados pelo homem e suas principais características, identificando semelhanças e diferenças entre polígonos. Fará o reconhecimento de semelhanças e diferenças entre poliedros (como os prismas, as pirâmides e outros) e a identificação de elementos como faces, vértices e arestas.

1+3 Matemática

As formas geométricas no cotidiano

Roda de conversa

Você já ouviu em algum noticiário reportagens como esta:

No jogo de ontem, aos 17 minutos do segundo tempo, o jogador Bruno arriscou de fora da área e a bola foi no ângulo direito do goleiro Roberto, marcando o terceiro gol do clube, que abria então 3 a 0.

O que isso significa? O que é ângulo? Os ângulos têm nome? Como se mede ângulos?

Ângulo

As figuras apresentadas a seguir sugerem a ideia de ângulo. Observe:

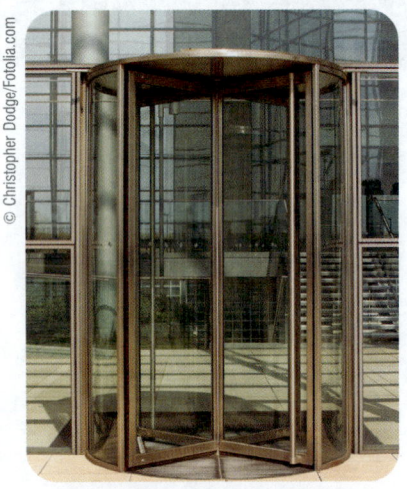

Porta giratória de banco.

Avião decolando.

Ao ser lançada pelo jogador, a bola forma um ângulo com o solo.

Roleta no ônibus.

Em alguns locais há placas indicativas de estacionamento que utilizam a ideia de ângulo.

As aberturas dos ponteiros do relógio também representam ângulos.

Vagas de estacionamentos.

No telhado de algumas construções também observamos ângulos.

A inclinação dos telhados pode facilitar o escoamento da neve e, até mesmo, para apoiar uma escada na parede, já que ela pode ficar parada ou cair, dependendo do ângulo de sua inclinação.

1+3 Matemática

A figura abaixo representa um ângulo. Nela destacamos:

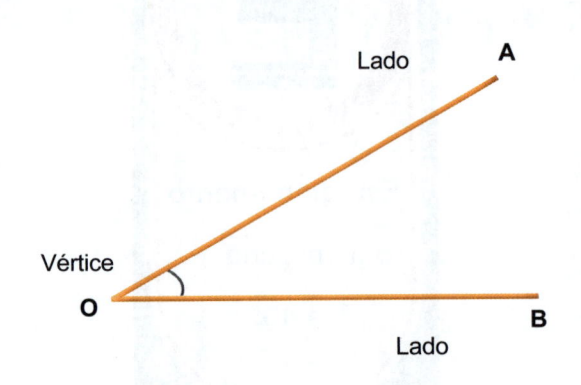

O ponto O, que é o **vértice** do ângulo.

As semirretas $\overrightarrow{OA}$ e $\overrightarrow{OB}$, que formam os **lados** do ângulo.

O ângulo da figura é indicado por: **AÔB**.

O instrumento usado na medição de ângulos é chamado de transferidor. Ele pode ser de "meia volta" (180º) ou de "uma volta completa" (360º).

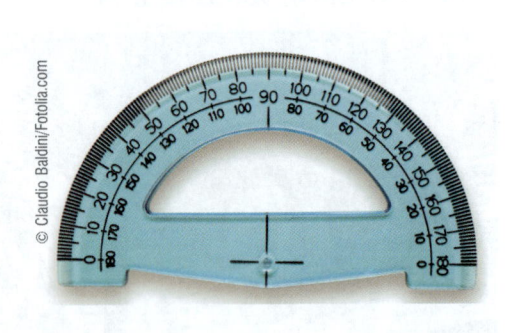

Os ângulos podem ser medidos em graus.

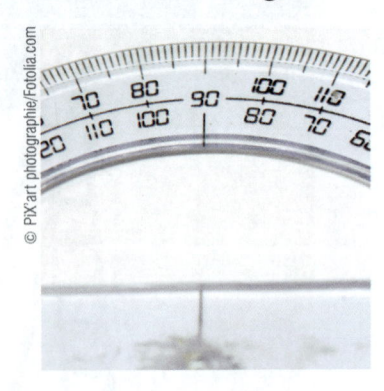

No exemplo acima, aparece o ângulo de 90º.

O ângulo de 90º recebe o nome de **ângulo reto** e é representado por ⌐.

O ângulo reto (90°) tem inúmeras aplicações práticas:

Quando a medida do ângulo é menor do que 90°, ele é chamado de **ângulo agudo**.

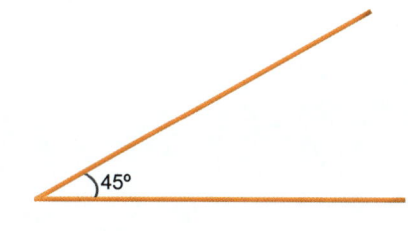

Na figura ao lado, temos um ângulo agudo de 45°.

Ângulo obtuso é um ângulo cuja medida está entre 90° e 180°.

Na figura ao lado, temos o exemplo de um ângulo obtuso de 135°.

Roda de conversa

A torre de Pisa tem cerca de 55 m de altura e é mundialmente conhecida pela sua inclinação. Por que temos a impressão de que ela vai cair?

1+3 Matemática

1. Identifique na sua sala de aula objetos que tenham ângulos retos.

2. Determine a medida dos ângulos abaixo e em seguida classifique-os em agudo, obtuso ou reto.

3. Desenhe, no seu caderno, as seguintes medidas de ângulos e, em seguida, classifique-os em agudo, obtuso ou reto.

   a) 30°

   b) 90°

   c) 180°

   d) 45°

4. Assinale o ângulo que tem amplitude maior que 120° e menor que 180°.

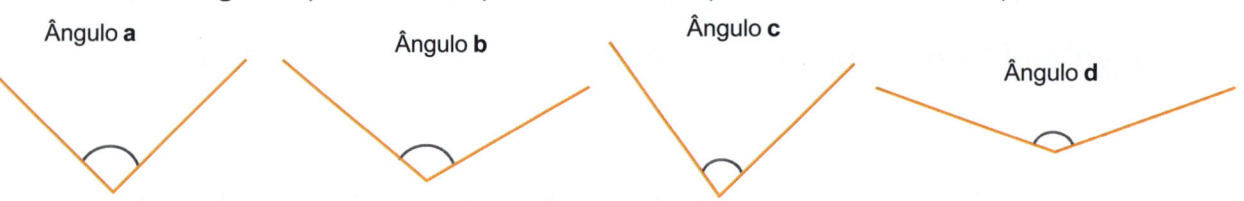

   Ângulo a   Ângulo b   Ângulo c   Ângulo d

Saber mais

A disposição frontal dos olhos da coruja diminui o ângulo de observação, prejudicando a visão global. No entanto, graças à versatilidade das vértebras do pescoço, as corujas são capazes de virar a cabeça num ângulo de 270 graus e, assim, conseguem olhar em todas as direções.

Retas paralelas e perpendiculares

Duas retas são paralelas se estão em um mesmo plano e não possuem qualquer ponto em comum.

Veja situações que nos dão ideia de retas paralelas.

As barras verticais dessas grade são paralelas.

Os trilhos dessa linha férrea são paralelos.

Os fios da rede elétrica são paralelos.

Duas retas são perpendiculares quando se interceptam formando ângulos retos (90°)

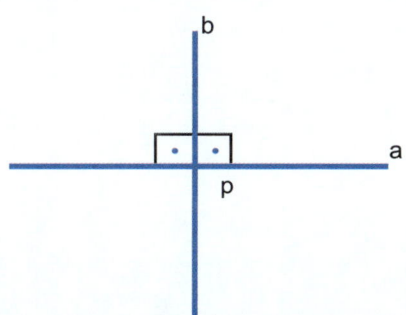

5. Na figura abaixo, a, b, c e d são retas. Identifique:

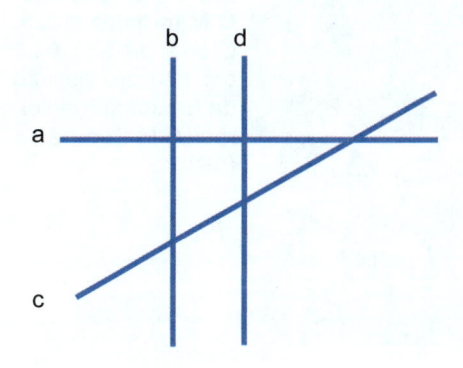

a) as retas paralelas.

_____

b) as retas perpendiculares.

_____

1+3 Matemática

6. Observe as placas e represente, por meio de desenho, como um veículo deve ser estacionado em cada caso.

a) Placa de estacionamento 45°

Estacionamento em marcha ré a 45°

b) Placa de estacionamento paralelo ao meio-fio

Paralelo ao meio-fio

Fazendo conexão com... Arte

Muitos artistas utilizam elementos geométricos em suas obras de arte. É possível observar paralelismo, perpendicularismo e diversas formas geométricas.

MONTRIAN, Piet. **Composição**. 1921. Óleo sobre tela, 59,5 cm x 59,5 cm. Museu Nacional da Arte Moderna, Paris (França).

AMARAL, Tarsila do. **O Mamoeiro**. 1925. Óleo sobre tela, 64,5 cm x 70 cm. Instituto de Estudos Brasileiros/USP, São Paulo (SP).

Formas planas e não planas

Roda de conversa

A imagem ao lado mostra a sede do Departamento de Defesa dos Estados Unidos que abriga todas as forças armadas (exército, marinha, aeronáutica, fuzileiros navais e guarda costeira) num único edifício conhecido como Pentágono. O edifício leva esse nome pois, quando visto de cima, suas partes formam um pentágono. O que é um pentágono? Qual é a diferença entre pentágono e hexágono? O que são polígonos?

Sede do Departamento de Defesa, EUA.

Entre outras coisas, a geometria se ocupa do estudo das formas. Podemos separar as formas geométricas em planas e não planas.

A figura geométrica plana é aquela em que todos os pontos se apoiam sobre a superfície em que repousa. Por exemplo, o desenho de um retângulo numa folha de papel.

A figura não plana é aquela em que apenas parte dos pontos se apoia na superfície e parte não. Por exemplo, uma caixa sobre uma mesa.

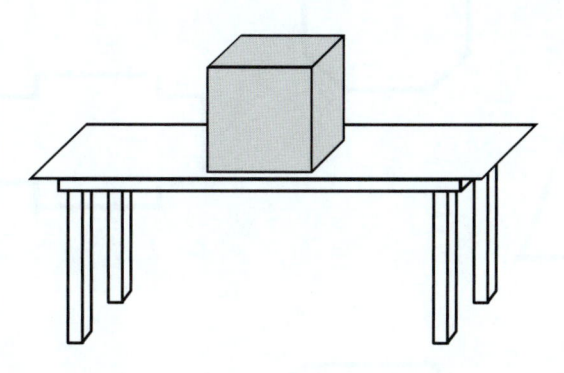

Matemática

Podemos fazer novas classificações a partir dessas duas grandes categorias. Acompanhe:

As formas planas:

As figuras planas podem ser classificadas em polígonos e não polígonos.

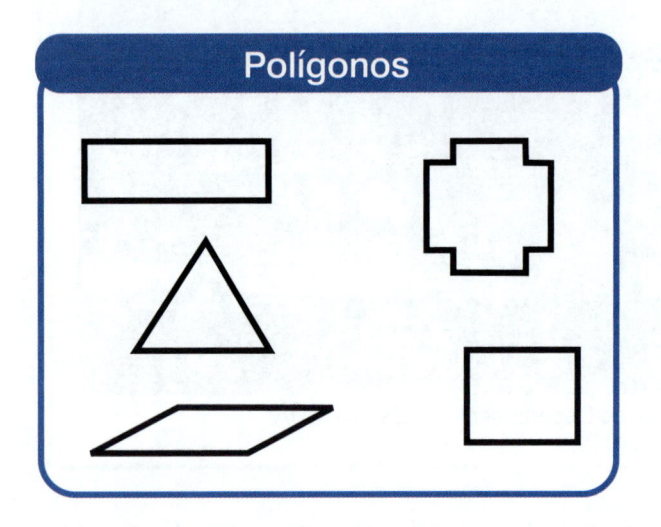

Polígonos	Não Polígonos

1. Explique, com suas palavras, quais as características que um polígono deve ter.

_____
_____
_____

2. Marque um x nas figuras que são polígonos:

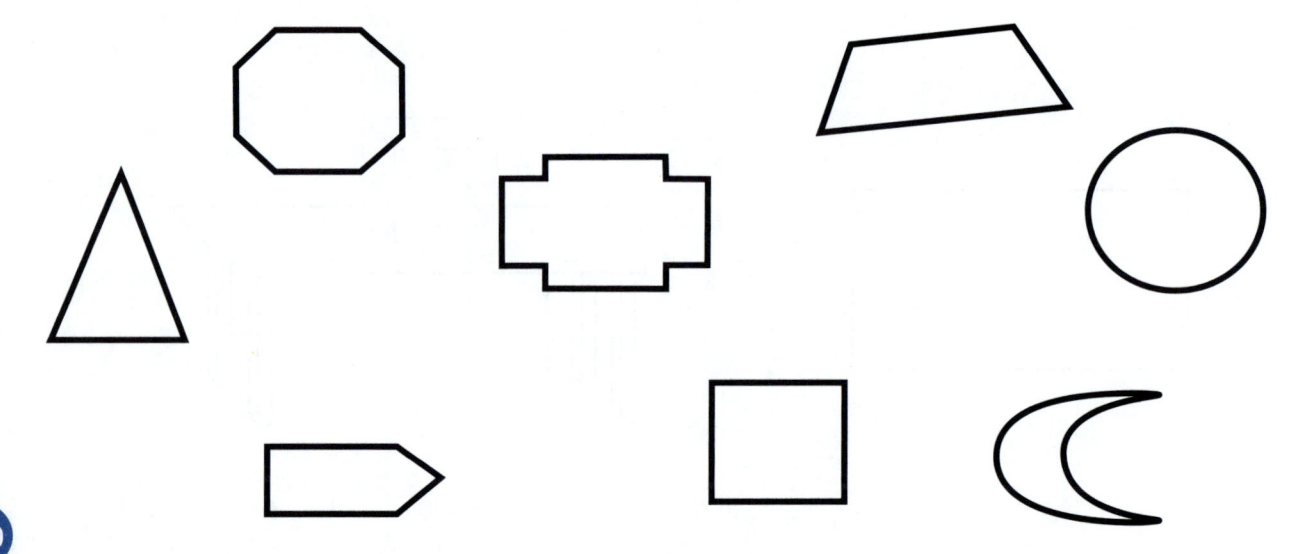

Classificação dos polígonos

Podemos estabelecer uma nova classificação em relação aos polígonos segundo alguns critérios (número de lados, medida dos lados, etc).

De acordo com o número de lados, o polígono recebe um nome especial. Veja o quadro abaixo:

Número de lados	Nome do polígono
3	Triângulo
4	Quadrilátero
5	Pentágono
6	Hexágono
7	Heptágono
8	Octógono
9	Eneágono
10	Decágono
11	Undecágono
12	Dodecágono
15	Pentadecágono
20	Icoságono

Os polígonos são utilizados em diversos lugares e situações. Veja:

1+3 Matemática

3. Responda:

a) Qual o nome do polígono de cinco lados?

___

b) Como se chama o polígono de nove lados?

___

c) Quantos lados possui um hexágono?

___

d) Qual o nome do polígono de três lados?

___

4. Utilize a tabela da página anterior para nomear os polígonos abaixo:

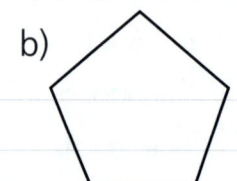

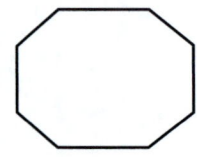

a) b) c) d)

Triângulos e quadriláteros

Como vimos anteriormente, triângulo é um polígono que tem 3 lados, 3 vértices e 3 ângulos internos.

Dependendo da medida dos lados e dos ângulos dos triângulos, eles recebem nomes especiais. Veja:

Classificação dos triângulos quanto às medidas dos lados

Quanto às medidas de seus lados, os triângulos podem ser classificados em:

Triângulo equilátero: triângulo cujos três lados têm medidas iguais.

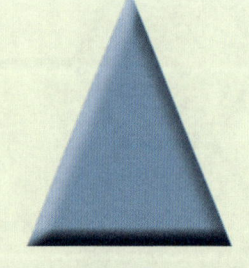

Triângulo isósceles: triângulo que tem dois lados com medidas iguais.

Triângulo escaleno: triângulo que tem todos os lados com medidas diferentes.

5. Meça o comprimento dos lados dos triângulos e classifique-os em equilátero, isósceles ou escaleno.

a)

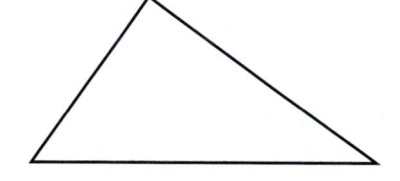

b)

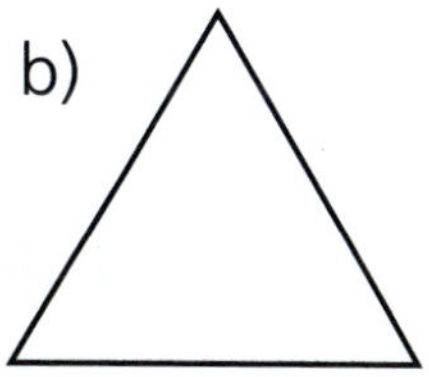

c)

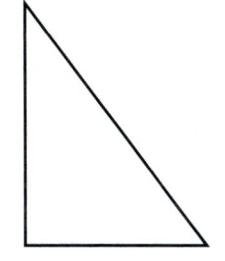

d)

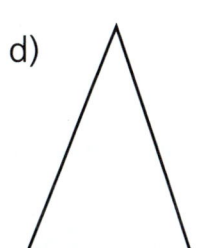

6. Um triângulo isósceles tem dois lados com igual comprimento. Assinale o triângulo que é isósceles.

Triângulo A   Triângulo B 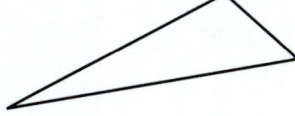   Triângulo C 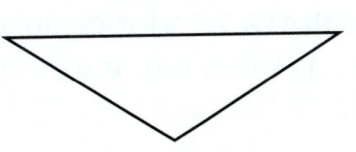   Triângulo D

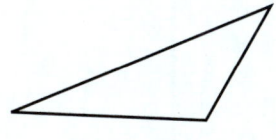

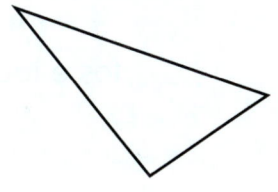

Quadriláteros

Como vimos anteriormente, os polígonos de quatro lados são chamados de quadriláteros. Devido a algumas características particulares, alguns deles recebem nomes especiais:

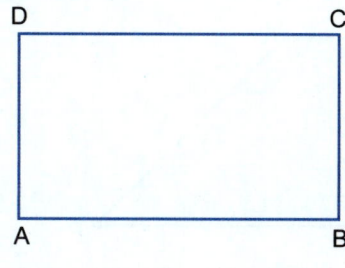

$\overline{AB}$ e $\overline{CD}$ são paralelos.

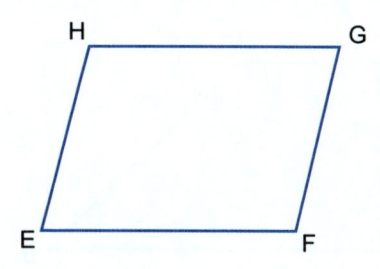

$\overline{EF}$ e $\overline{GH}$ são paralelos.

Um **paralelogramo** é um polígono de quatro lados (quadrilátero) cujos lados opostos são iguais e paralelos.

1+3 *Matemática*

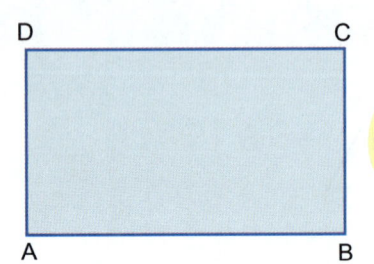

Alguns paralelogramos recebem nomes particulares por apresentarem características próprias. Observe:

RETÂNGULO: todos os ângulos são retos.

LOSANGO: todos os lados têm a mesma medida.

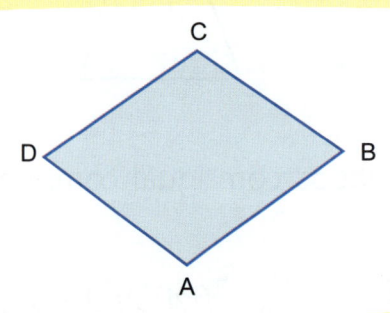

QUADRADO: todos os ângulos são retos e todos os lados têm a mesma medida.

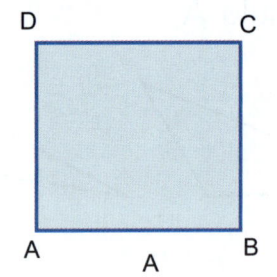

TRAPÉZIO: é um quadrilátero que tem apenas dois lados paralelos.

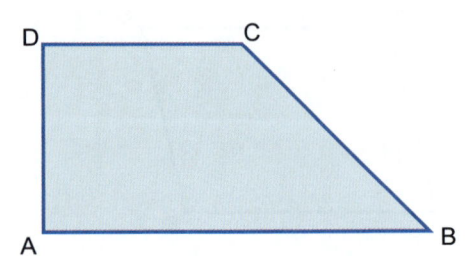

$\overline{AB}$ e $\overline{CD}$ são paralelos.

$\overline{AD}$ e $\overline{BC}$ não são paralelos.

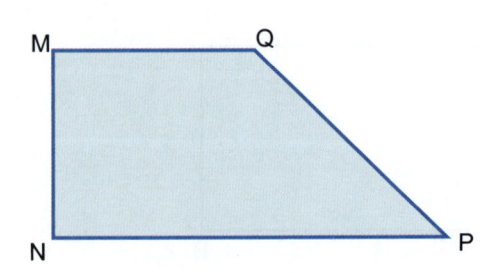

$\overline{NP}$ e $\overline{MQ}$ são paralelos.

$\overline{MN}$ e $\overline{PQ}$ não são paralelos.

7. Observe os quadriláteros abaixo e classifique-os em trapézio ou paralelogramo.

a) _____

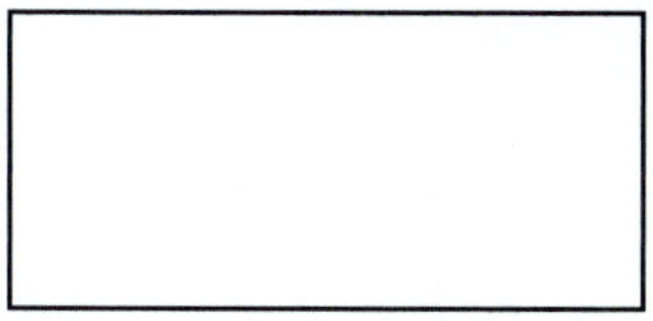

b) _____

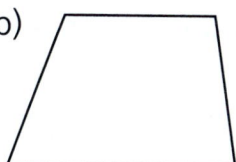

c) _____

d) _____

e) _____

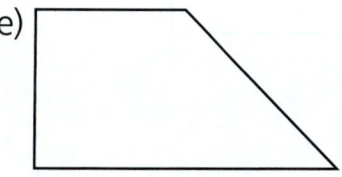

f) _____

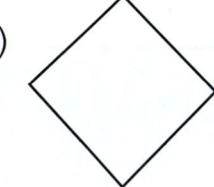

8. Agora, classifique os paralelogramos do exercício anterior em retângulo, losango ou quadrado.
_____
_____

9. Observe os seguintes polígonos:

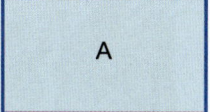

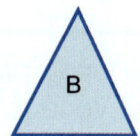

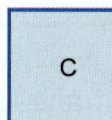

A   B   C

Descreva cada polígono utilizando as suas propriedades geométricas. Utilize as palavras ângulos, diagonais, lados, paralelos, perpendiculares, etc.
_____
_____
_____

1+3 *Matemática*

10. Observando as propriedades dos quadrados e as dos retângulos, explique, no seu caderno, por que as afirmações abaixo são verdadeiras.

> Um retângulo é um quadrilátero com quatro ângulos retos.
> Um quadrado é um retângulo, mas há retângulos que não são quadrados

11. Sabendo que o retângulo e o quadrado da figura têm o mesmo perímetro e observando os dados, calcule, em centímetros, a medida do lado do quadrado.

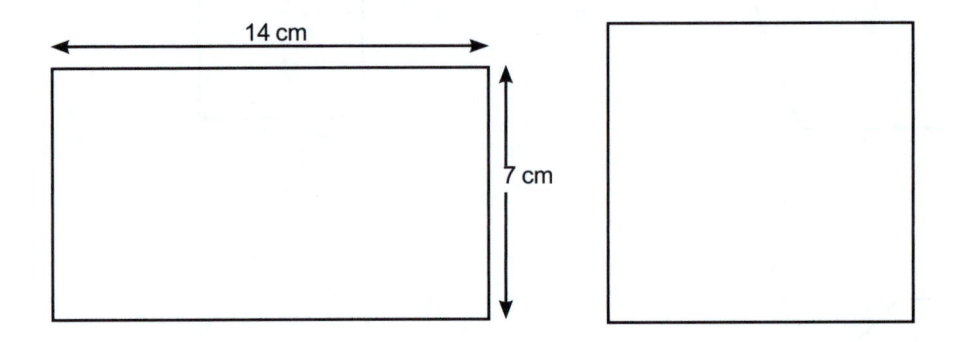

14 cm
7 cm

> Perímetro: comprimento da linha de contorno de uma figura geométrica. Para calcular o perímetro de uma figura, basta somar a medida de seus lados.

Poliedros

Roda de conversa

O formato de algumas frutas torna pouco prático o armazenamento e até o transporte. Você já viu melancias como as da foto? Como você chamaria essa novidade: "melancia quadrada" ou "melancia cúbica"? O que é um cubo? Você sabe o que é um paralelepípedo? O que são pirâmides?

Observe os objetos a seguir. Eles têm as forma dos sólidos geométricos conhecidos como poliedros.

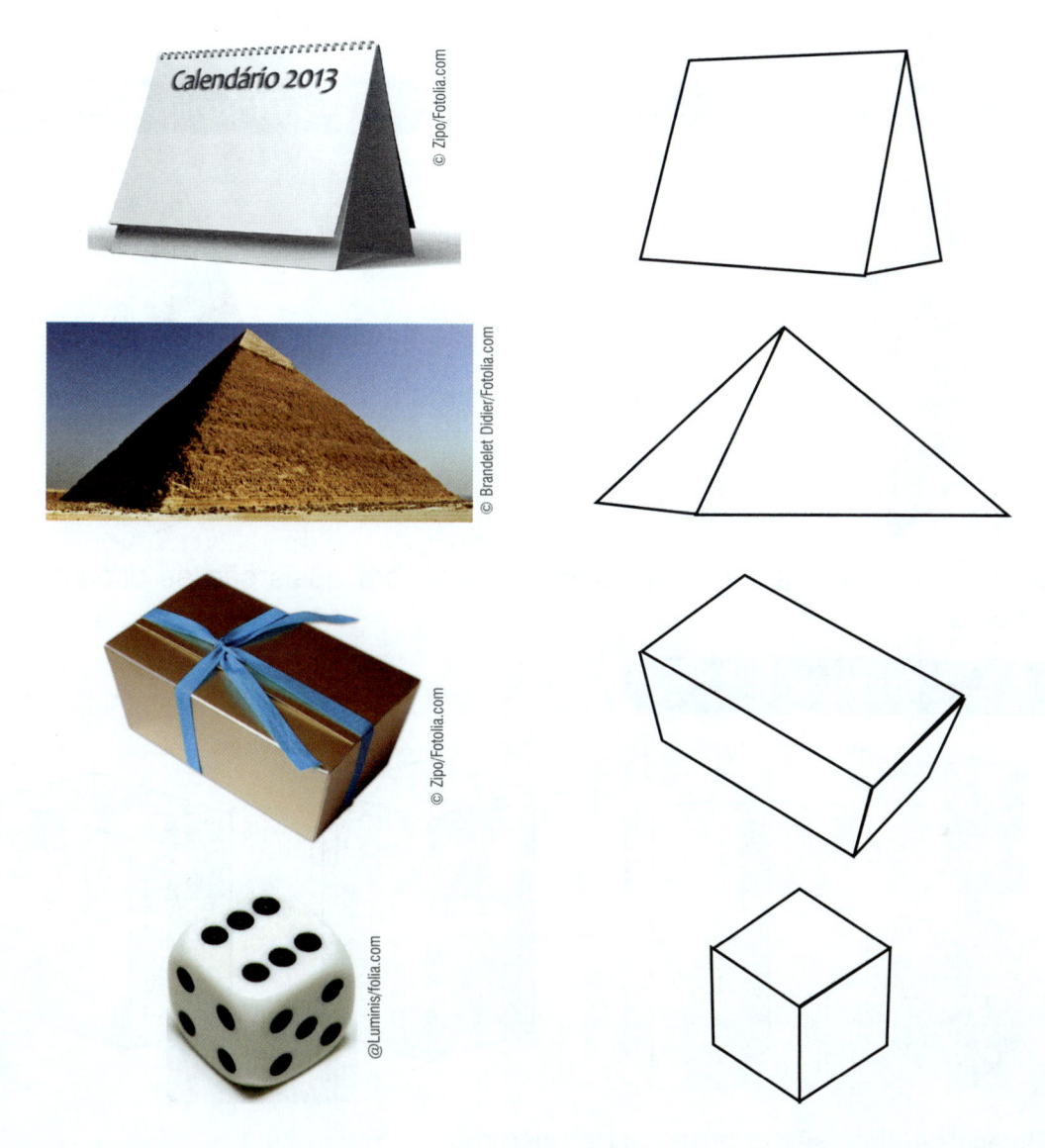

Num poliedro qualquer, existem três elementos: faces, vértices e arestas.

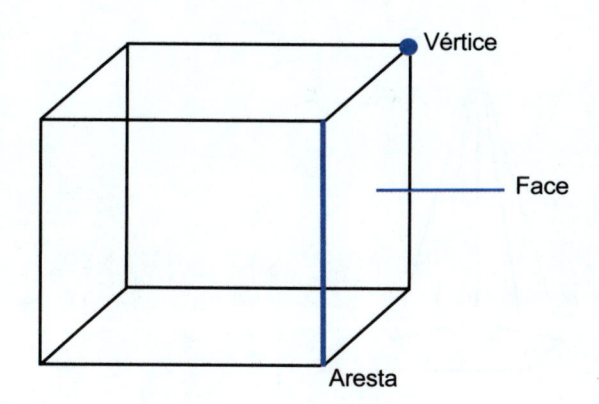

Faces: são os polígonos que limitam o poliedro.

Arestas: são os lados dos polígonos que constituem as faces.

Vértices: são os pontos onde duas ou mais arestas se encontram.

1+3 Matemática

Prismas e pirâmides

Alguns poliedros podem ser classificados em prismas ou pirâmides, de acordo com suas características.

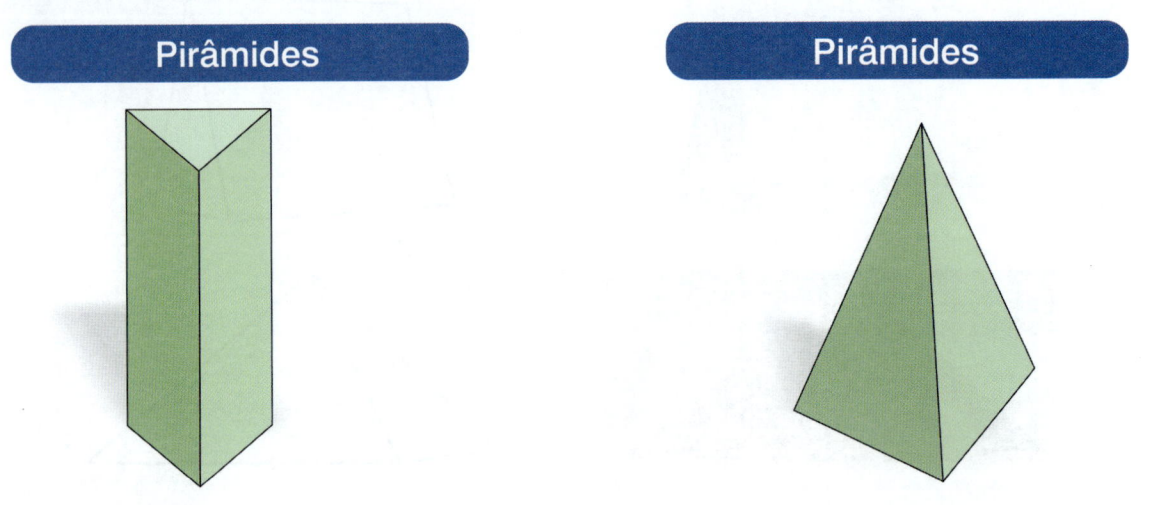

Pirâmides

Pirâmides

Observe atentamente a ilustração acima e descubra quais são as diferenças entre esses poliedros.

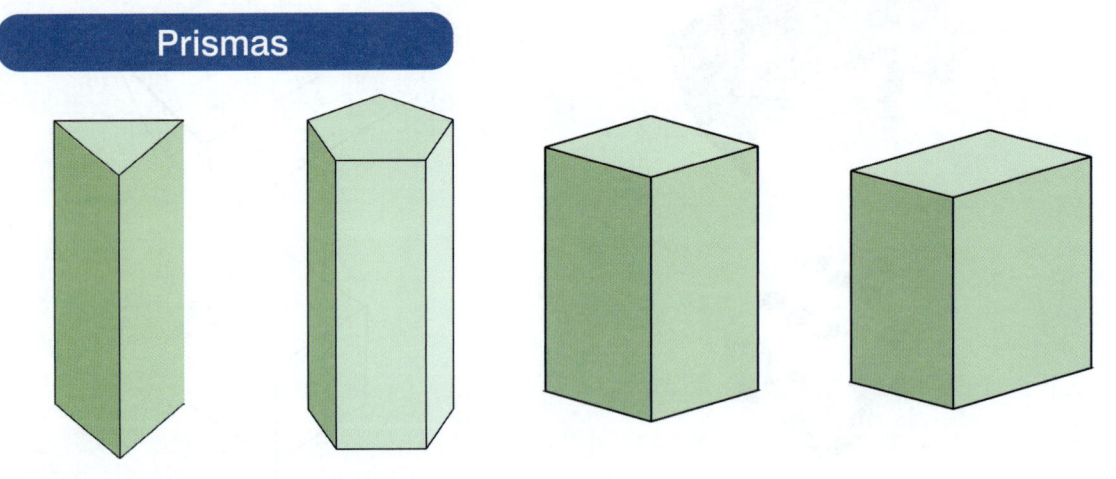

Prismas

Esses poliedros são chamados de prismas.

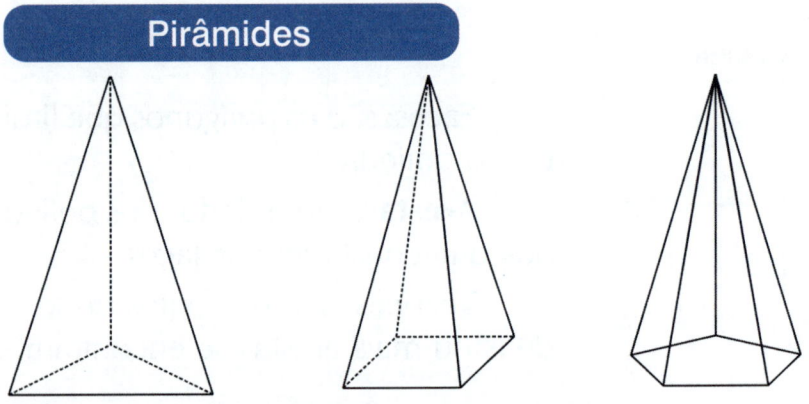

Pirâmides

Esses poliedros são chamados de pirâmides.

Prismas

Conheça agora as principais características dos prismas:

- Os prismas têm duas bases.

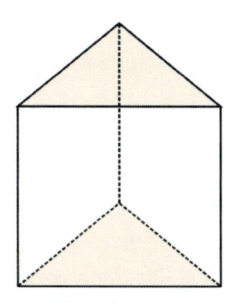

Prisma triangular

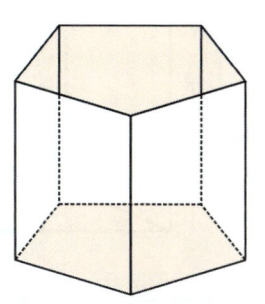

Prisma pentagonal

- As bases de um prisma podem ser de diversas formas; as mais comuns são: triangulares, quadrangulares, pentagonais e hexagonais.

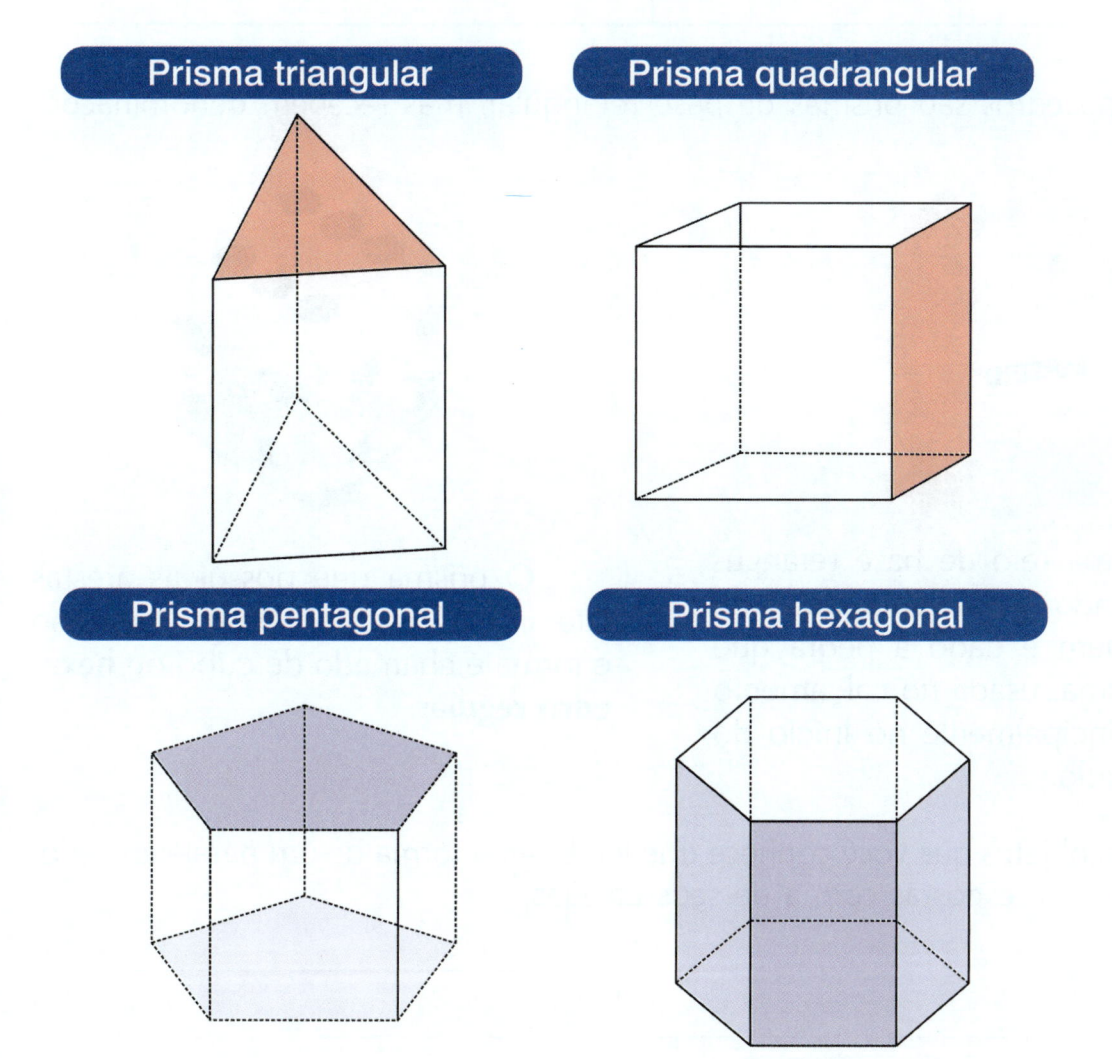

Prisma triangular

Prisma quadrangular

Prisma pentagonal

Prisma hexagonal

1+3 Matemática

1. Compare o número de faces, vértices e arestas destes prismas.

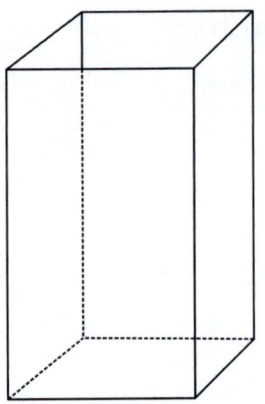

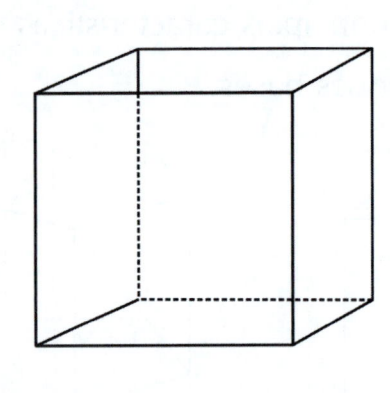

	Faces	Arestas	Vértices
Prisma A			
Prisma B			

Os dois poliedros são prismas de base retangular, mas recebem denominações especiais:

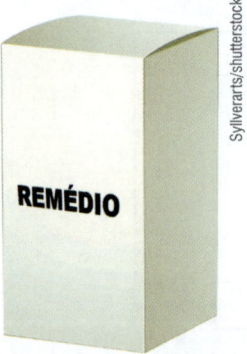

O prisma reto de base retangular é chamado **paralelepípedo**. Esse nome também é dado à pedra que tem esta forma, usada no calçamento de ruas, principalmente no início do século passado.

O prisma que possui as arestas laterais e as bases do mesmo tamanho e forma é chamado de cubo ou **hexaedro regular**.

2. Liste cinco objetos que você conhece que lembram a forma de um paralelepípedo. Compare suas respostas com a de seus colegas.

3. Existem onze planificações possíveis para o cubo. Verifique quais das planificações a seguir correspondem a moldes do cubo.

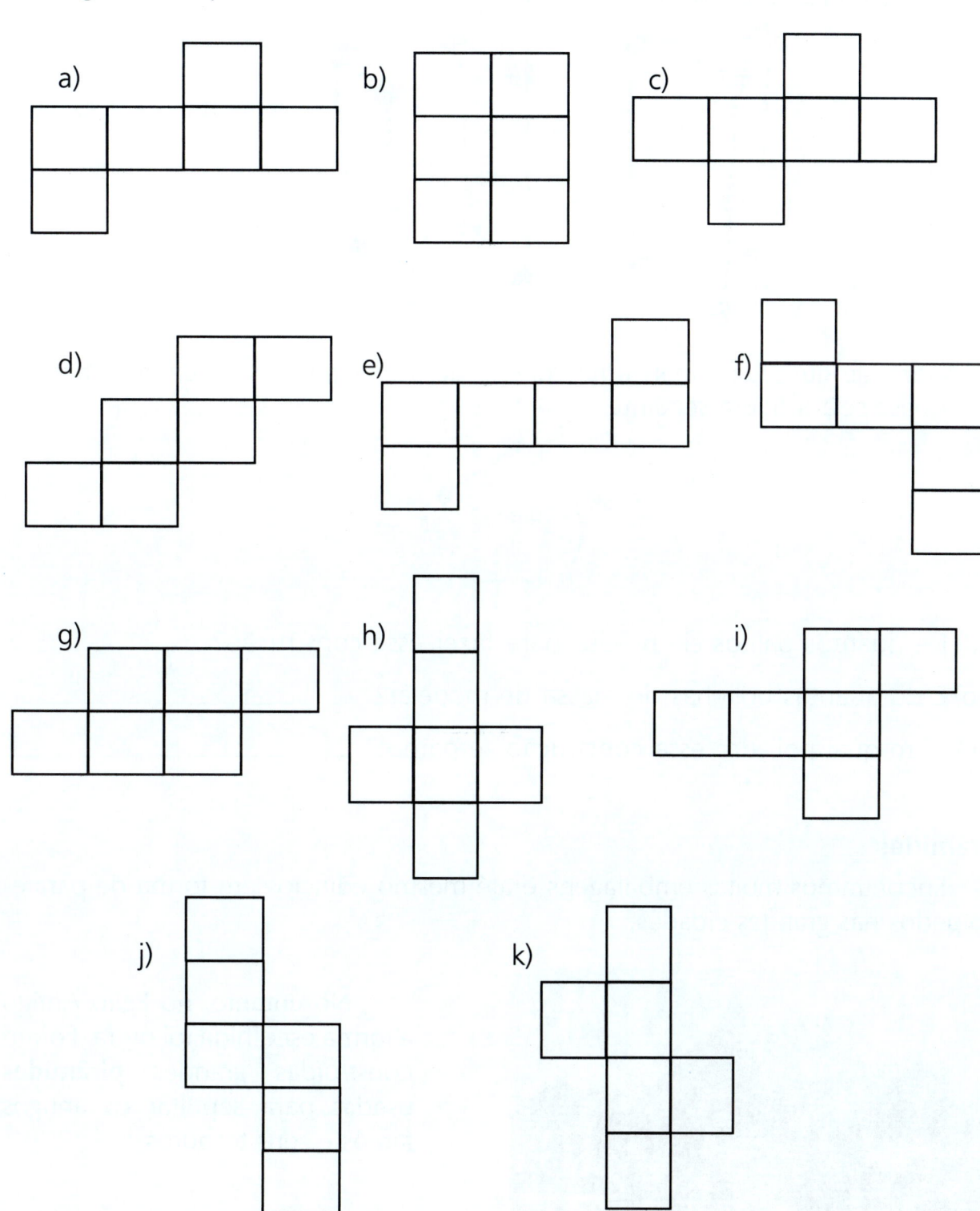

a)

b)

c)

d)

e)

f)

g)

h)

i)

j)

k)

1+3 *Matemática*

4. Júlio fez, com palitos de churrasco e bolinhas de massa de modelar, as duas construções apresentadas abaixo (1.ª e 2.ª).

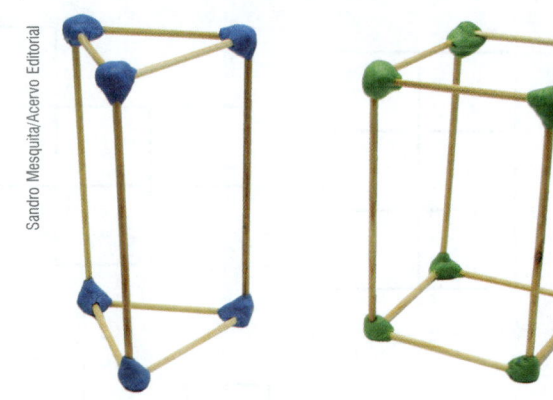

Agora ele quer fazer mais uma construção semelhante às anteriores, mas em que a base seja a figura seguinte.

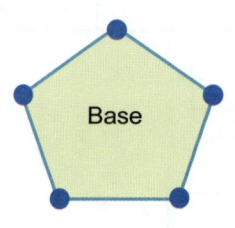

Base

a) De quantos palitos ele precisa para fazer essa construção? _____

b) E de quantas bolinhas de massa de modelar? _____

c) Com qual poliedro essa construção se parece? _____

Pirâmides

Encontramos muitas embalagens e até mesmo edifícios em forma de paralelepípedos nas grandes cidades.

No entanto, no Egito Antigo a forma escolhida foi outra. Foram construídas grandes **pirâmides** usadas para sepultar os antigos faraós e seus tesouros.

Pirâmides do Egito.

Os astecas e os maias também ergueram monumentos gigantescos em forma de pirâmides, para serem usados como altares para seus deuses.

Pirâmide de Kukulcán.

Nas construções mais modernas, também é possível observar esta forma:

Museu do Louvre, Paris.

Conheça as principais características das pirâmides:

As pirâmides têm uma só base, que pode ser triangular, quadrangular, pentagonal, hexagonal, entre outras.

Classificação das pirâmides pelo número de lados da base:

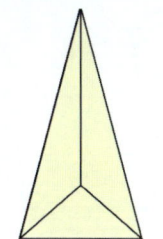

triangular — Base: triângulo

quadrangular — base: quadrado

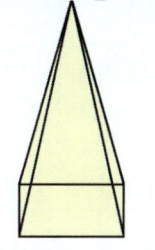

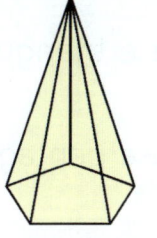

pentagonal — base: pentágono

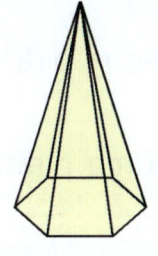

hexagonal — base: hexágono

1+3 Matemática

• Todas as faces laterais de uma pirâmide são triângulos.

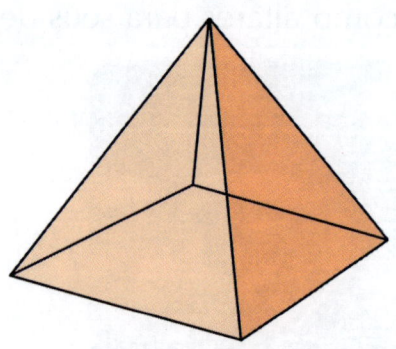

5. O que podemos afirmar sobre as faces laterais das pirâmides?
_____

6. Quantos vértices, arestas e faces tem uma pirâmide quadrangular?

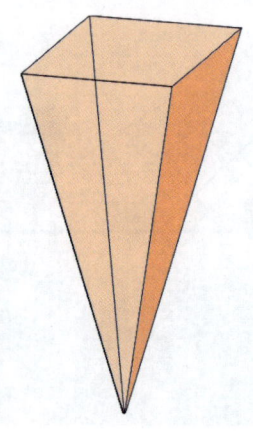

Número de vértices: _____

Número de arestas: _____

Número de faces: _____

7. Esboce, no seu caderno, a planificação de:

a) uma pirâmide de base quadrada;

b) uma pirâmide de base triangular;

c) uma pirâmide de base pentagonal.

8. A figura representa uma pirâmide.

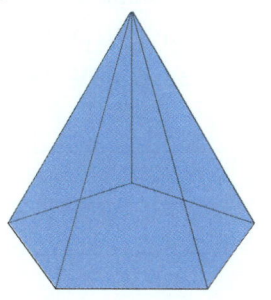

Marque um x nas figuras geométricas necessárias para sua construção.

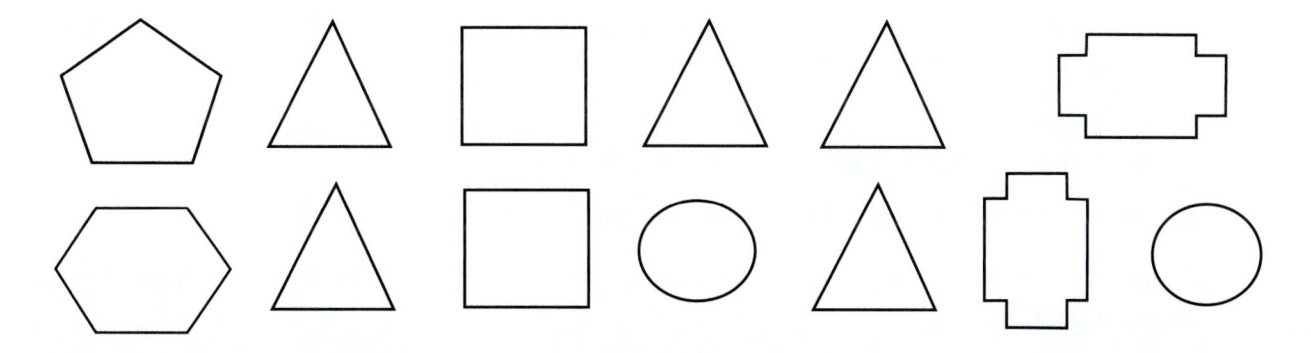

9. Observando as representações dos poliedros, responda:

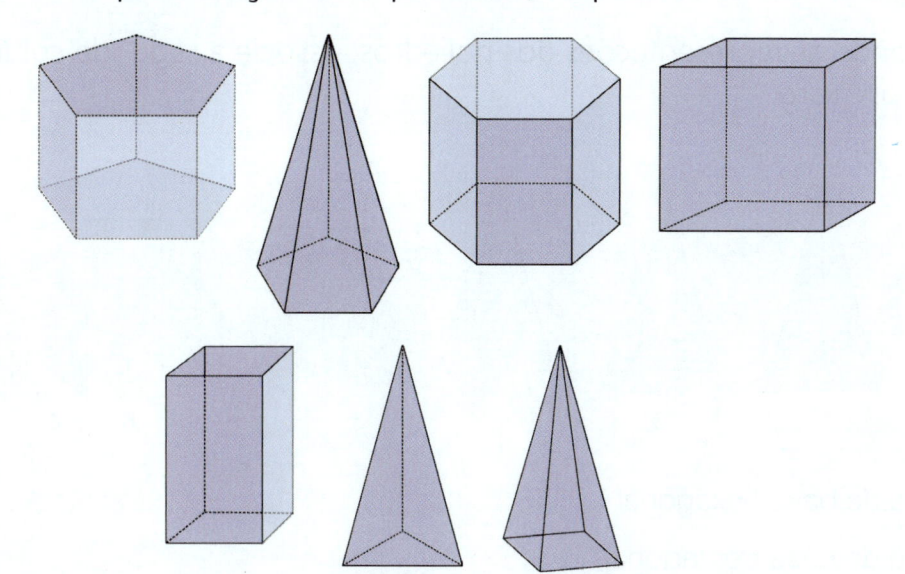

a) Quais das figuras acima representam pirâmides?
_____

b) Quais das figuras acima representam prismas?
_____

1+3 Matemática

10. Pense num prisma ou numa pirâmide. Descreva, no seu caderno, o sólido em que você pensou de modo que um colega possa identificá-lo sem mencionar o nome desse sólido, usando apenas as palavras "vértices", "bases" e "faces".

_____
_____
_____
_____

11. Em relação às pirâmides e aos prismas, qual afirmação não é verdadeira?:

    ( ) Os prismas têm pelo menos duas faces paralelas, chamadas de base, que têm mesma forma e mesmo tamanho.

    ( ) As pirâmides classificam-se em triangulares, quadrangulares, pentagonais, etc., conforme o nome do polígono que lhe serve de base.

    ( ) A base de uma pirâmide deve ser triangular.

    ( ) As faces laterais de um prisma são sempre paralelogramos (losangos, retângulos ou quadrados).

    ( ) As pirâmides têm um vértice em comum.

    ( ) As faces laterais de qualquer pirâmide são todas triangulares.

12. Observando as representações dos poliedros, associe a segunda coluna de acordo com a primeira:

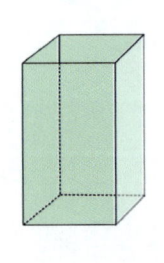

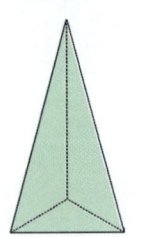

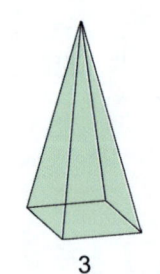

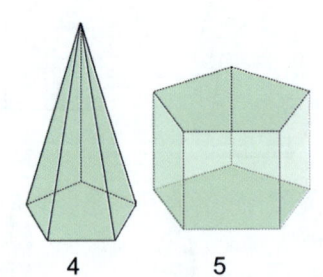

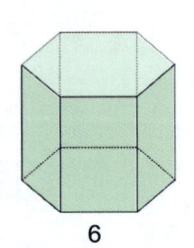

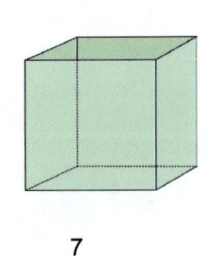

1 2 3 4 5 6 7

( ) prisma de base hexagonal

( ) prisma de base pentagonal

( ) prisma de base pentagonal

( ) pirâmide de base quadrangular

( ) paralelepípedo

( ) cubo

( ) pirâmide de base triangular

13. Em geral, os poliedros recebem nomes de acordo com o número de faces que possuem, sejam prismas, pirâmides ou outros tipos de poliedros. Pesquise o que é um octaedro.

_____

a) Represente-o por meio de desenhos.

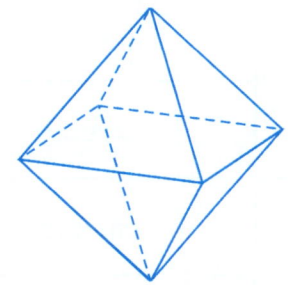

b) Esboce sua planificação:

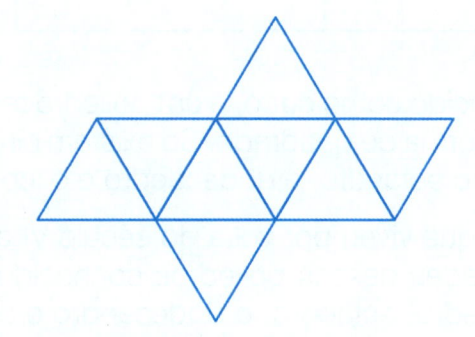

c) Como são as faces do octaedro?

_____

14. Na lista a seguir há uma série de afirmações. Assinale aquelas que são verdadeiras em relação ao octaedro:

( ) Tem oito faces.

( ) É um corpo redondo.

( ) É um poliedro.

( ) As faces são triângulos isósceles.

( ) Tem 6 vértices e 12 arestas.

( ) O octaedro regular é formado por oito triângulos equiláteros.

Matemática

Saber mais

- Os poliedros recebem o nome de acordo com o número de faces que possuem. Veja alguns exemplos:

Número de faces	Nome do poliedro
4	Tetraedro
6	Hexaedro
8	Octaedro
12	Dodecaedro
20	Icosaedro

- O hexaedro regular, conhecido como cubo, é um poliedro regular que tem seis tem seis faces iguais, em forma de quadrado. Só existem cinco poliedros regulares: o cubo, o tetraedro, o octaedro, o dodecaedro e o icosaedro.

- Platão, um filósofo grego que viveu por volta do século VI antes de Cristo, se interessou pelas propriedades desses poliedros conhecidos como Poliedros de Platão: o cubo, o tetraedro, octaedro, o dodecaedro e o icosaedro. Esses poliedros eram associados aos quatro elementos formadores do universo.

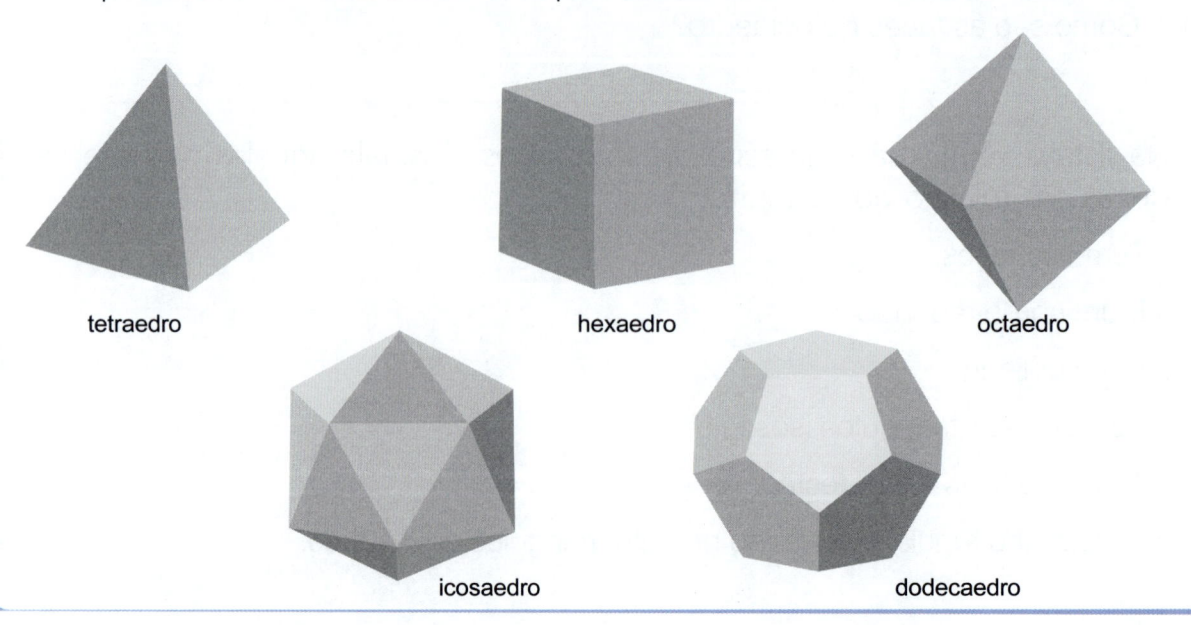

tetraedro   hexaedro   octaedro

icosaedro   dodecaedro

Unidade 3
Diversidade cultural – a sociedade brasileira

Nesta unidade, você verá que as frações são de grande uso no seu dia a dia. Estudará, ainda, como ler, escrever e ordenar frações. Identificará frações equivalentes e conhecerá os procedimentos utilizados para adicionar, subtrair, multiplicar e dividir números fracionários.

1+3 Matemática

Terços, quintos...

Roda de conversa

Leia as perguntas a seguir e discuta com seus colegas e professor como seria possível:

Repartir igualmente 2 doces entre quatro crianças?

Repartir igualmente 2 doces entre seis crianças?

Como ficaria a divisão de 5 doces entre quatro crianças?

Como representar a quantidade recebida por cada criança?

Fração

Os números naturais tornaram-se importante instrumento para resolver inúmeros problemas do dia a dia.

No entanto, com o desenvolvimento das sociedades, surgiu a necessidade de representar medidas que não têm exatamente uma "unidade inteira", principalmente nas medições.

Da necessidade de representar quanto "faltava" ou "sobrava" para completar a medida do objeto usado como unidade de medida surgiu o número fracionário.

Os números fracionários são utilizados em muitas situações do nosso dia a dia, tais como:

Bolo de fubá

3 xícaras (chá) de fubá

6 ovos

¾ de xícara (chá) de margarina com sal em temperatura ambiente

2 e ½ xícaras (chá) de açúcar

Artigo 60 – A Constituição poderá ser emendada mediante proposta:

I – de um terço, no mínimo, dos membros da Câmara dos Deputados ou do Senado Federal;

II – do Presidente da República:

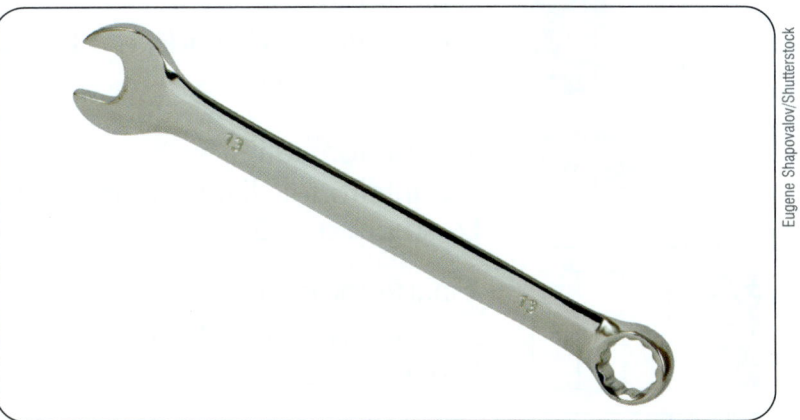

Fazendo conexão com... **História**

Na época da mineração no Brasil Colônia, durante o século XVIII, o Brasil pagava à Coroa portuguesa taxação altíssima e absurda que era chamada de "O Quinto". Esse imposto correspondia a 20 % (ou seja, 1/5) de tudo o que fosse produzido em nosso país.

A palavra "fração" vem do latim *fractus* e significa "partido", "quebrado". O numerador e o denominador são os termos de uma fração.

$\dfrac{a}{b}$ **numerador** – indica quantas dessas partes foram consideradas.
denominador – indica em quantas partes iguais a unidade foi dividida.

1. Pesquise outras situações do dia a dia em que são utilizados números fracionários.

Leitura de frações

Os números fracionários serão lidos de acordo com o número de partes em que um número inteiro for dividido:

1 inteiro

$\dfrac{1}{2}$ parte tomada
o inteiro foi dividido em duas partes iguais.
Lê-se um meio.

1+3 Matemática

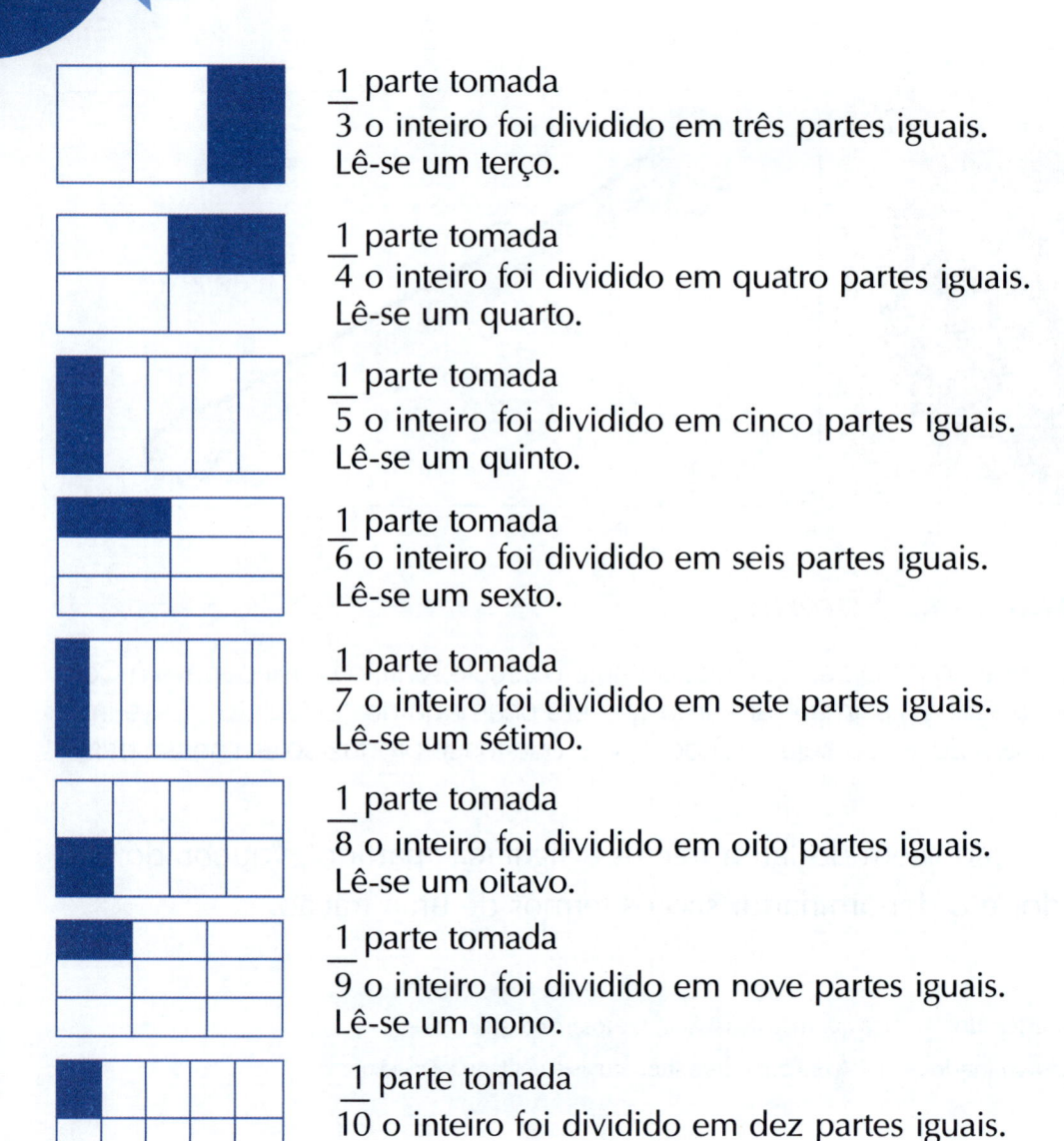

$\dfrac{1}{3}$ parte tomada
o inteiro foi dividido em três partes iguais.
Lê-se um terço.

$\dfrac{1}{4}$ parte tomada
o inteiro foi dividido em quatro partes iguais.
Lê-se um quarto.

$\dfrac{1}{5}$ parte tomada
o inteiro foi dividido em cinco partes iguais.
Lê-se um quinto.

$\dfrac{1}{6}$ parte tomada
o inteiro foi dividido em seis partes iguais.
Lê-se um sexto.

$\dfrac{1}{7}$ parte tomada
o inteiro foi dividido em sete partes iguais.
Lê-se um sétimo.

$\dfrac{1}{8}$ parte tomada
o inteiro foi dividido em oito partes iguais.
Lê-se um oitavo.

$\dfrac{1}{9}$ parte tomada
o inteiro foi dividido em nove partes iguais.
Lê-se um nono.

$\dfrac{1}{10}$ parte tomada
o inteiro foi dividido em dez partes iguais.
Lê-se um décimo.

Para denominadores a partir de 10, devemos ler o numeral que representa o denominador acompanhado do termo **"avos"**.

Exemplos:

$\dfrac{7}{12}$ sete doze avos $\qquad$ $\dfrac{17}{30}$ dezessete trinta avos.

As frações cujos denominadores são 10, 100 ou 1 000, também chamadas frações decimais, recebem denominações especiais. Veja:

$\dfrac{1}{10}$ um décimo $\qquad$ $\dfrac{1}{100}$ um centésimo $\qquad$ $\dfrac{1}{1000}$ um milésimo

2. Complete a tabela:

	Leitura	Representação
▨	Um meio	$\dfrac{5}{7}$
▨		$\dfrac{5}{7}$
▨		$\dfrac{4}{10}$
▨		$\dfrac{5}{7}$
▨		$\dfrac{5}{7}$
▨	Três nonos	$\dfrac{5}{7}$
▨		$\dfrac{2}{5}$
▨	Cinco sétimos	$\dfrac{5}{7}$

Matemática

3. Assinale um x nas figuras abaixo que foram repartidas corretamente em quartos.

a) 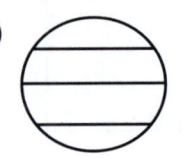 b) 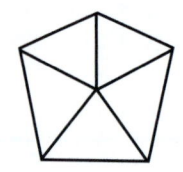 c) 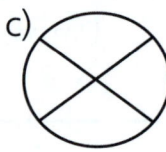 d)

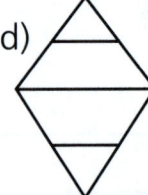

e) 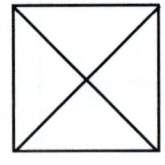 f) 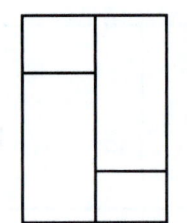 g) 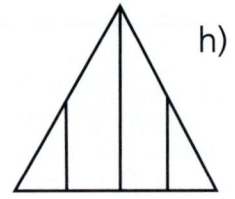 h)

i)  Discuta com seus colegas por que algumas figuras não foram assinaladas.

4. Escreva como se lê cada fração.

a) $\dfrac{5}{2}$ _____

b) $\dfrac{3}{4}$ _____

c) $\dfrac{5}{8}$ _____

d) $\dfrac{7}{9}$ _____

e) $\dfrac{5}{12}$ _____

f) $\dfrac{5}{10}$ _____

g) $\dfrac{60}{100}$ _____

h) $\dfrac{145}{1000}$ _____

5. Responda:

a) Como devo dobrar uma fita para que cada parte represente $\dfrac{1}{2}$?

_____

b) Como devo repartir uma pizza para que cada fatia represente $\dfrac{1}{8}$?

_____

c) Dividi um bolo em quatro pedaços iguais; que fração representa cada pedaço?

_____

6. Considere esse retângulo um inteiro:

Agora encontre:

a) Um meio   b) Três quartos   c) Cinco sextos   d) Sete oitavos

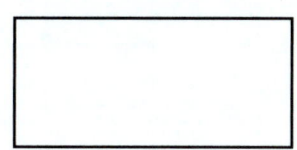

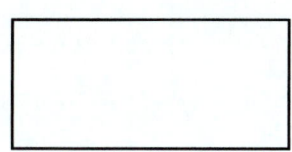

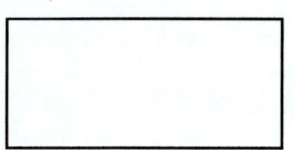

Matemática

7. Marque um x na fração maior. Justifique sua resposta em cada item.

   a) $\dfrac{3}{5}$ ou $\boxtimes\dfrac{4}{5}$ _____

   b) $\boxtimes\dfrac{3}{8}$ ou $\dfrac{3}{10}$ _____

   c) $\dfrac{3}{4}$ ou $\boxtimes\dfrac{5}{6}$ _____

   d) $\dfrac{3}{8}$ ou $\boxtimes\dfrac{5}{9}$ _____

   e) $\dfrac{1}{2}$ ou $\dfrac{4}{8}$ _____

   f) $\boxtimes\dfrac{2}{3}$ ou $\dfrac{2}{4}$ _____

8. Que fração representa o conjunto de fichas vermelhas?

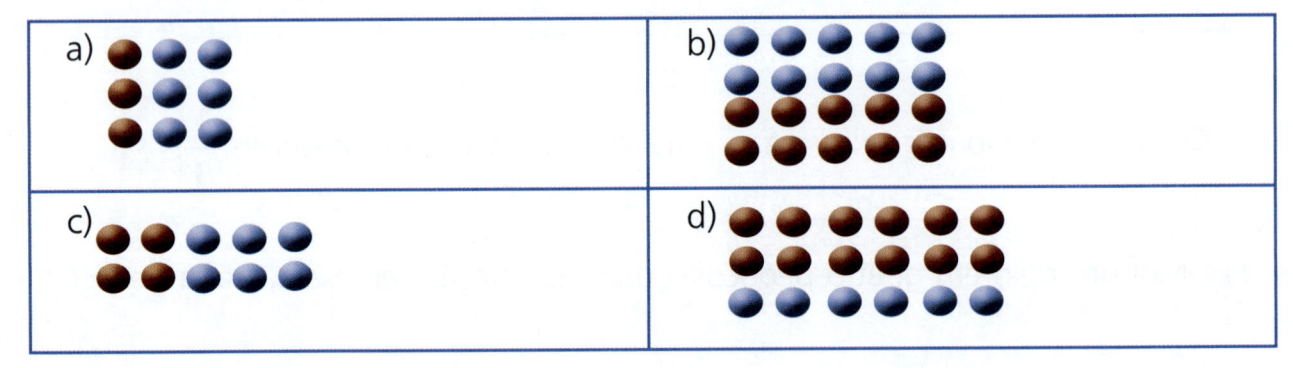

   a)

   b)

   c)

   d)

9. Se 30 alunos formam uma turma inteira, quantos alunos estarão em um quinto da turma?

10. Se 120 funcionários representam um quarto do total de funcionários de uma empresa, quantos funcionários trabalham na empresa?

11. O Art. 7º, item XVII, da Constituição Federal, garante os principais direitos dos trabalhadores urbanos e rurais, entre eles o gozo de férias anuais remuneradas com, pelo menos, **um terço** a mais do que o salário normal. Com base nessa informação, calcule o valor dessa gratificação e complete a tabela abaixo:

Funcionário	Salário	Gratificação de férias	Salário total do mês de férias
Josiane	R$ 3.900,00		
Rita	R$ 3.000,00		
Gilberto	R$ 2.700,00		
Claudio	R$ 2.100,00		

12. Pesquise como é feito o cálculo da gratificação do 13.º salário.

_____
_____
_____
_____
_____

13. Num concurso havia 336 candidatos inscritos. Sabendo que 1/6 dos candidatos não compareceu no dia da prova e que somente a metade dos que fizeram a prova passaram para a segunda fase, determine:

a) Quantos candidatos faltaram no dia da prova?

_____

b) Quantos candidatos foram aprovados para a segunda fase?

14. No Congresso Nacional, dos 560 deputados, 1/4 votou contra a aprovação do projeto, e 3/5, a favor.

    a) Quantos votaram a favor da aprovação do projeto?

    b) Quantos votaram contra a aprovação do projeto?

    c) Do total de deputados, quantos não estavam presentes nessa votação?

15. O salário de Mauro é de R$ 4.800,00. Suas despesas com alimentação, moradia e transporte consomem 3/5 desse total.

    a) Quanto Mauro gasta, em reais, com alimentação, moradia e transporte?

    b) Quanto sobra para as outras despesas?

Número misto

Quatro amigos pediram duas pizzas, cada uma com oito fatias. Depois que todos se serviram, sobraram apenas três fatias. Como podemos representar a parte que sobrou?

E a parte consumida?

GLOSSÁRIO

Fração imprópria – é aquela em que o numerador é maior ou igual ao denominador. Exemplos: $\frac{3}{2}$ e $\frac{5}{3}$

Números como $1\frac{5}{8}$ são chamados de números mistos, porque são formados de uma parte inteira e de uma parte fracionária. Os números mistos podem ser escritos na forma de fração imprópria, e vice-versa.

Veja que no exemplo acima poderíamos ter dito que a parte consumida das pizzas foi de $1\frac{5}{8}$ ou $\frac{13}{8}$.

16. Represente a parte colorida, das figuras de cada item, na forma de fração imprópria e na forma de número misto.

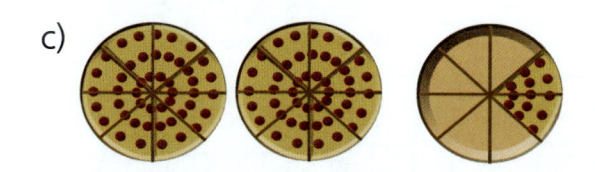

    a)

    b)

    c)

    d)

17. Represente cada fração por meio de figuras e escreva na forma mista correspondente:

    a) $\dfrac{4}{3}$

    b) $\dfrac{5}{2}$

    c) $\dfrac{8}{6}$

    d) $\dfrac{17}{5}$

Matemática

Frações equivalentes

Os retângulos abaixo têm a mesma medida e foram divididos em partes iguais. O que varia é o número de partes obtidas e o tamanho dessas partes.

Observe que as frações $\frac{1}{2}$, $\frac{2}{4}$ e $\frac{4}{8}$, partes em azul, representam a mesma parte do todo e por isso são chamadas de frações **equivalentes**.

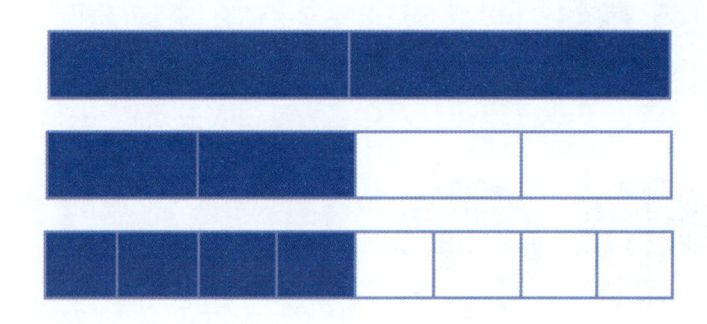

18. Com auxílio das ilustrações, encontre frações equivalentes a:

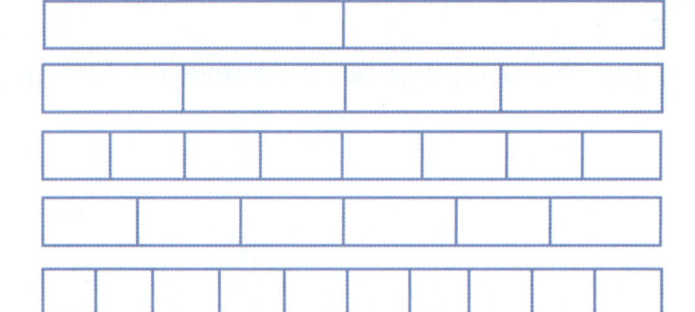

a) $\frac{1}{2}$

b) $\frac{1}{3}$

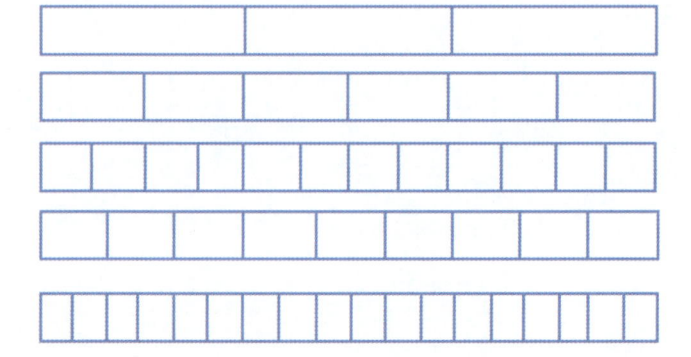

c) $\dfrac{1}{4}$

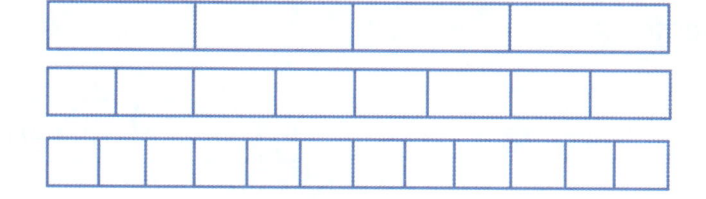

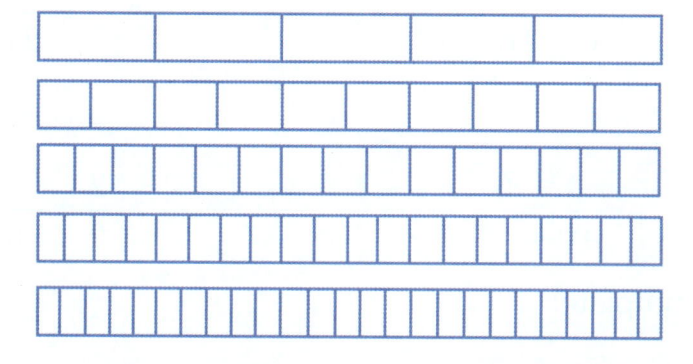

d) $\dfrac{1}{5}$

19. Complete:

a) $\dfrac{2}{3} = \dfrac{}{6}$

b) $\dfrac{3}{5} = \dfrac{}{10}$

c) $\dfrac{2}{5} = \dfrac{}{10}$

d) $\dfrac{3}{4} = \dfrac{}{8}$

e) $\dfrac{2}{3} = \dfrac{}{9}$

f) $\dfrac{2}{7} = \dfrac{}{14}$

Matemática

20. Encontre frações equivalentes a:

a) $\dfrac{2}{3} = \dfrac{}{12}$

b) $\dfrac{3}{4} = \dfrac{}{28}$

c) $\dfrac{2}{6} = \dfrac{}{30}$

d) $\dfrac{3}{7} = \dfrac{}{14}$

e) $\dfrac{5}{6} = \dfrac{}{18}$

f) $\dfrac{2}{7} = \dfrac{}{21}$

g) $\dfrac{4}{8} = \dfrac{}{40}$

h) $\dfrac{3}{10} = \dfrac{6}{}$

i) $\dfrac{2}{9} = \dfrac{}{36}$

21. Observe os desenhos e complete:

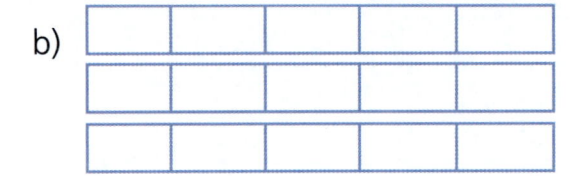

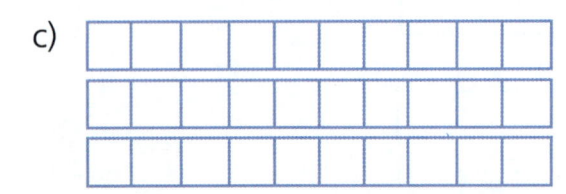

a) 2 inteiros = $\dfrac{6}{3}$

b) 3 inteiros = $\dfrac{}{5}$

c) 3 inteiros = $\dfrac{}{10}$

22. Complete:

a) $3 = \dfrac{}{8}$

b) $2 = \dfrac{}{7}$

c) $-3 = -\dfrac{}{9}$

d) $2 = \dfrac{}{10}$

e) $3 = \dfrac{}{6}$

f) $4 = \dfrac{}{2}$

23. Quantos inteiros há em:

a) $\dfrac{14}{7}$

b) $\dfrac{6}{2}$

c) $\dfrac{8}{4}$

d) $\dfrac{25}{5}$

Operações com frações

Ao somarmos ou subtrairmos frações, podemos encontrar dois casos: frações com denominadores iguais e frações com denominadores diferentes.

1º caso: adição e subtração de frações com denominadores iguais

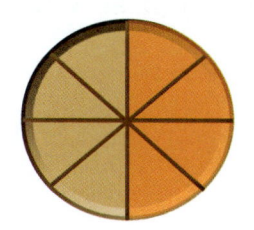

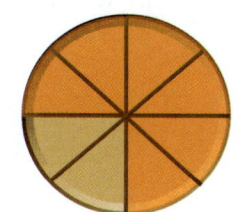

$$\frac{4}{8} + \frac{2}{8} = \frac{6}{8}$$

Para adicionar ou subtrair frações que têm o mesmo denominador, adicionamos ou subtraímos os numeradores e conservamos o denominador.

24. Determine a soma das frações:

a) $\frac{1}{4} + \frac{3}{4} =$

b) $\frac{1}{2} + \frac{3}{2} =$

c) $\frac{6}{10} + \frac{3}{10} =$

d) $\frac{5}{9} + \frac{3}{9} =$

e) $\frac{5}{7} + \frac{9}{7} =$

f) $\frac{1}{8} + \frac{1}{8} + \frac{3}{8} =$

g) $\frac{1}{4} + \frac{10}{4} + \frac{3}{4} =$

h) $\frac{3}{5} - \frac{1}{5} =$

i) $\frac{6}{10} - \frac{5}{10} =$

Matemática

2º caso: adição de frações com denominadores diferentes

As frações equivalentes são úteis quando precisamos somar frações com denominadores diferentes.

Para determinar a soma das frações $\frac{1}{2} + \frac{1}{4}$, utilizamos uma fração equivalente a $\frac{1}{4}$, mas que tenha o mesmo denominador da fração que será adicionada, ou seja, $\frac{2}{4}$.

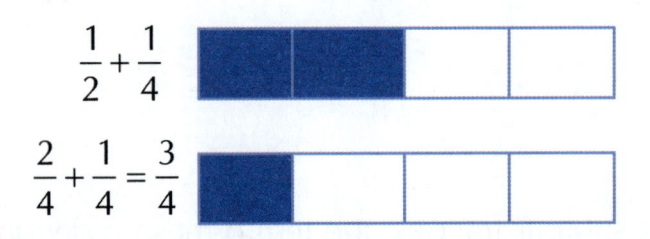

$$\frac{1}{2} + \frac{1}{4}$$

$$\frac{2}{4} + \frac{1}{4} = \frac{3}{4}$$

25. Utilize as figuras para encontrar frações equivalentes e adicione:

a) $\frac{1}{2} + \frac{1}{6} =$

b) $\frac{1}{2} + \frac{1}{6} =$

c) $\frac{1}{2} + \frac{3}{8} =$

d) $\frac{1}{2} + \frac{4}{10} =$

e) $\frac{1}{2} + \frac{5}{12} =$

f) $\dfrac{1}{3} + \dfrac{4}{6} =$

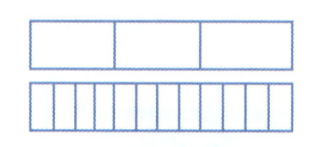

g) $\dfrac{1}{3} + \dfrac{7}{12} =$

h) $\dfrac{1}{3} + \dfrac{5}{9} =$

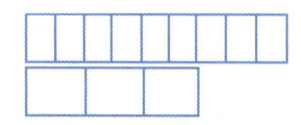

i) $\dfrac{1}{4} + \dfrac{3}{8} =$

j) $\dfrac{2}{5} + \dfrac{3}{10} =$

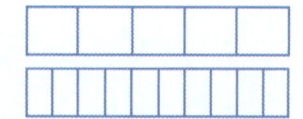

Para adicionar ou subtrair números fracionários que têm denominadores diferentes, precisamos encontrar frações equivalentes a cada um deles para que passem a ter denominadores iguais.

E se quisermos determinar a soma de $\dfrac{1}{2} + \dfrac{1}{3}$:

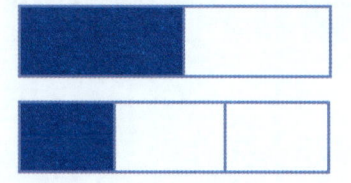

Quando não há equivalência entre elas, devemos procurar uma outra fração, na qual o denominador seja múltiplo comum entre os denominadores. No exemplo acima, procuramos por um múltiplo comum entre 2 e 3.

Portanto, neste caso, as duas frações precisam ter como denominadores o número 6.

Matemática

Observe:

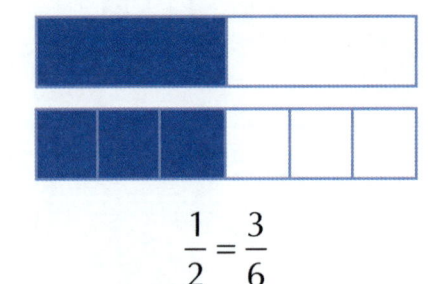

$$\frac{1}{2} = \frac{3}{6} \qquad \frac{1}{3} = \frac{2}{6}$$

Então, para somar $\frac{1}{2} + \frac{1}{3}$, basta substituir por frações equivalentes:

$$\frac{1}{2} + \frac{1}{3}$$

$$\frac{3}{6} + \frac{2}{6} = \frac{5}{6}$$

26. Calcule:

a) $\frac{4}{6} + \frac{2}{8} =$

b) $\frac{1}{3} + \frac{2}{5} =$

c) $\frac{2}{3} + \frac{5}{7} =$

d) $\frac{11}{12} + \frac{5}{8} =$

e) $\frac{2}{3} + \frac{9}{24} + \frac{1}{4} =$

f) $\frac{4}{5} + \frac{3}{4} =$

Multiplicação de frações

A multiplicação é uma operação matemática associada a várias ideias. Uma delas é equivalente a uma adição de parcelas iguais. No caso de multiplicações de frações, também podemos pensar dessa forma.

Acompanhe um exemplo:

Maria foi a uma pizzaria com alguns amigos.

Das 3 pizzas que foram pedidas, cada uma dividida em oito fatias, ela comeu um pedaço de cada. Que fração das pizzas Maria comeu?

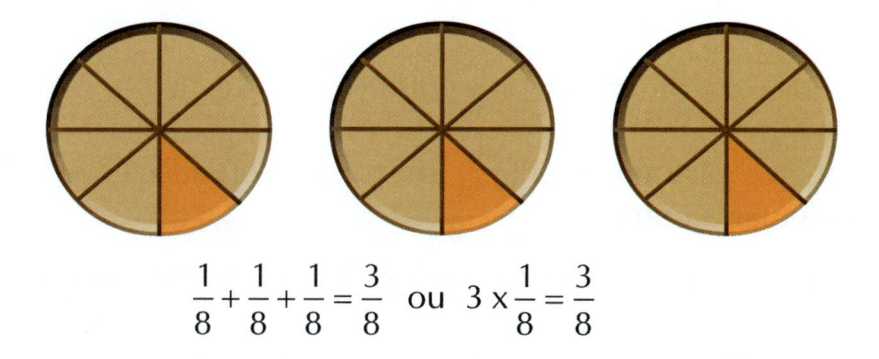

$$\frac{1}{8} + \frac{1}{8} + \frac{1}{8} = \frac{3}{8} \quad \text{ou} \quad 3 \times \frac{1}{8} = \frac{3}{8}$$

27. Vovô Geraldo toma $\frac{1}{2}$ comprimido antes de dormir.

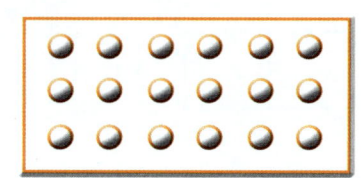

a) Quantos comprimidos ele toma em 3 dias? _____

b) Em uma semana, quantos comprimidos ele toma? _____

c) E em dez dias? _____

d) Uma cartela como esta será suficiente para um mês? _____

e) Sobrarão ou faltarão comprimidos? _____

28. Calcule e, se for necessário, desenhe:

a) $3 \times \frac{2}{3}$

b) $4 \times \frac{1}{2}$

c) $5 \times \frac{1}{5}$

Matemática

d) $4 \times \dfrac{3}{4}$

e) $7 \times \dfrac{2}{14}$

Como efetuar a multiplicação $\dfrac{1}{2} \times \dfrac{1}{4}$?

Jorge reservou $\dfrac{1}{2}$ do salário dele para a compra de um móvel. No entanto, encontrou uma promoção e gastou somente $\dfrac{1}{4}$ do valor reservado. Que fração do seu salário usou para efetuar a compra?

Na figura abaixo, temos o inteiro (salário de Jorge) dividido em 4 partes iguais.

A parte colorida, $\dfrac{1}{4}$, representa o que foi reservado para a compra do móvel.

Mas como gastou apenas a metade desse valor, dividimos a quarta parte em duas partes menores e iguais.

Portanto, o valor gasto com a compra do móvel representa $\dfrac{1}{8}$ do seu salário. Fazendo os cálculos:

$$\dfrac{1}{2} \times \dfrac{1}{4} = \dfrac{1}{8}$$

29. Com auxílio das figuras, escreva os resultados das multiplicações:

a) $\dfrac{1}{3}$ de $\dfrac{1}{4}$ $\dfrac{1}{3} \times \dfrac{1}{4} = \dfrac{1}{12}$

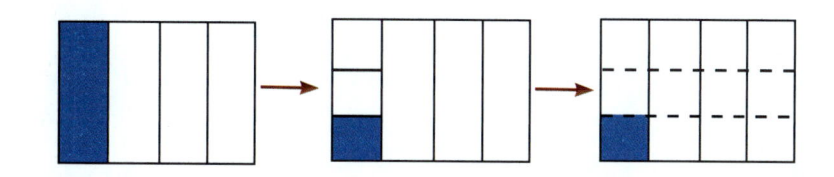

b) $\dfrac{1}{3}$ de $\dfrac{1}{3}$

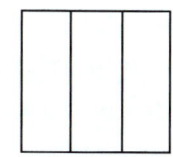

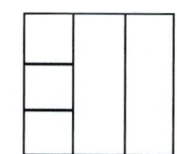

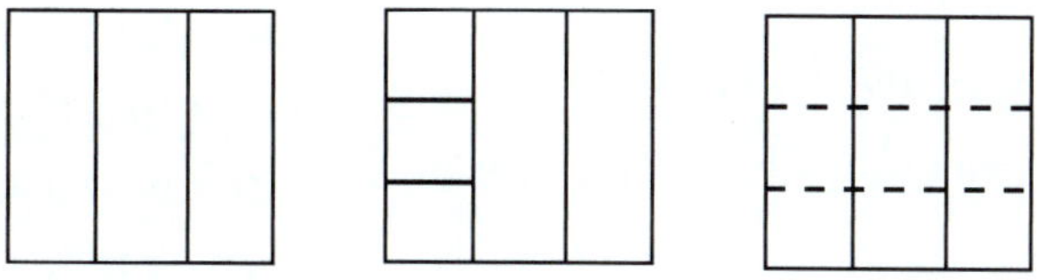

c) $\dfrac{1}{2}$ de $\dfrac{1}{6}$

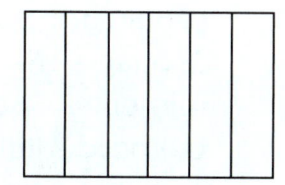

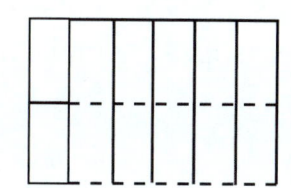

d) $\dfrac{2}{3}$ de $\dfrac{1}{2}$

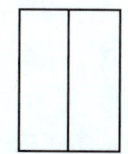

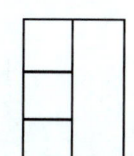

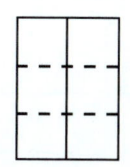

e) $\dfrac{1}{5}$ de $\dfrac{3}{4}$

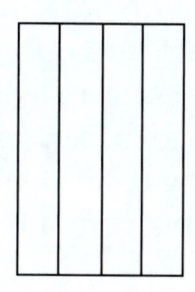

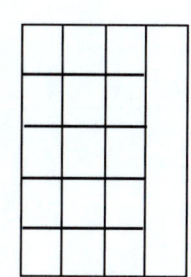

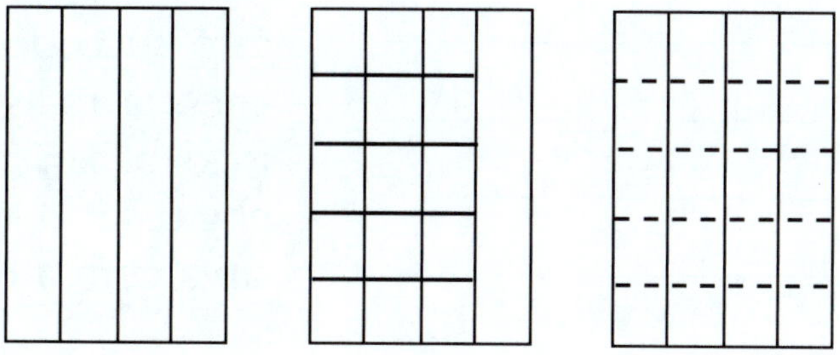

Matemática

30. No início do trabalho com frações, você viu que elas são utilizadas em receitas culinárias.

Musse de uva
6 claras
1 ¼ de xícara (chá) de açúcar
1 ½ garrafa de suco concentrado de uva
1 ½ envelope de gelatina vermelha sem sabor
1 lata de creme de leite
Calda
½ garrafa de suco de uva
3 colheres (sopa) de açúcar
1 colher (sopa) de maisena

Modo de preparar
Na batedeira, bata as claras em neve com o açúcar até obter picos firmes. Aqueça o suco de uva em fogo baixo até ficar morno. Polvilhe a gelatina sobre o suco e bata bem até dissolvê-la. Deixe esfriar um pouco e junte às claras. Misture delicadamente. Acrescente o creme de leite e misture. Transfira para uma tigela e leve à geladeira por uma hora ou até começar a ficar firme. Retire da geladeira e mexa com uma espátula para a musse ficar com textura homogênea. Leve para gelar por quatro horas.

Calda
Numa panela, junte o suco de uva, o açúcar e a maisena, leve ao fogo baixo, mexendo até engrossar. Deixe esfriar e sirva com a musse.

Sabendo que a receita acima rende 8 porções, reescreva a lista de ingredientes necessários de forma que ela passe a render 16 porções.

Divisão de frações

A divisão está ligada à ideia de repartir em partes iguais e de medida, que permite verificar quantas vezes uma quantidade cabe em outra.

Pensar dessa forma pode ser útil para encontrar o resultado de algumas divisões de frações.

Exemplo 1:

Se repartimos $\frac{1}{2}$ de um bolo entre 4 pessoas, que fração do bolo cada uma receberá?

Este pedaço será repartido.

Cada pessoa receberá $\frac{1}{8}$ do bolo?

Então, o resultado da divisão de $\frac{1}{2} \div 4 = \frac{1}{8}$

Exemplo 2:

Em outros casos, encontramos o resultado verificando quantas vezes um número cabe no outro.

Quando procuramos o resultado de $\frac{1}{2} \div \frac{1}{4}$, estamos querendo saber quantas vezes $\frac{1}{4}$ cabe em $\frac{1}{2}$. Essa questão pode ser mais bem compreendida por meio de um desenho:

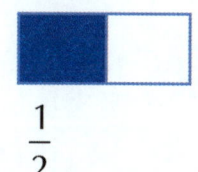

$\frac{1}{2}$

1+3 Matemática

$\dfrac{1}{4}$ cabe duas vezes em $\dfrac{1}{2}$

Então, o resultado da divisão de $\dfrac{1}{2} \div \dfrac{1}{4} = 2$

31. Utilize as figuras abaixo para responder.

a) Quantas vezes $\dfrac{1}{6}$ cabe em $\dfrac{2}{3}$

$\dfrac{2}{3} : \dfrac{1}{6}$

Podemos observar que $\dfrac{1}{6}$ cabe .... vezes em $\dfrac{2}{3}$

b) Quantas vezes $\dfrac{1}{6}$ cabe em 2 inteiros?

Podemos observar que $\dfrac{1}{6}$ cabe .... vezes em 2 inteiros.

c) Quantas vezes $\dfrac{1}{8}$ cabe em $\dfrac{3}{4}$ inteiros?

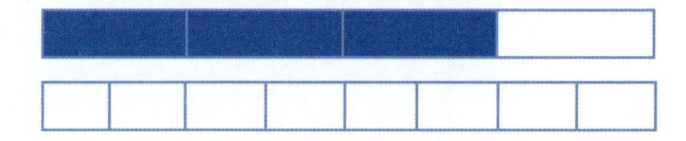

Podemos observar que $\dfrac{1}{8}$ cabe .... vezes em $\dfrac{3}{4}$.

32. Responda:

a) Quantas horas há em:

- ½ do dia?
- ¼ do dia?
- ¾ do dia?
- ⅓ do dia?

b) Quantos minutos há em:

- ½ do dia?
- ¾ do dia?
- ⅓ do dia?

33. Numa eleição para direção de uma escola concorreram três candidatos. O candidato A obteve 5/8 dos votos, o candidato B obteve 1/4 dos votos e o candidato C 45 votos. Quem ganhou a eleição? Quantas pessoas votaram?

34. Uma empresa tem 225 operários e 47 funcionários que trabalham na área administrativa. Sabendo que ¾ do total de funcionários da empresa utilizam o transporte coletivo para chegar à empresa, quantos funcionários não utilizam o transporte coletivo?

1+3 Matemática

35. Quero repartir igualmente 7 folhas entre 4 pessoas. Represente por meio de desenhos quanto caberá a cada um.

36. Uma prova de matemática começa às 13h30min e tem duração de 2 ¾ horas. A que horas terminará a prova?

37. Joana estava organizando o almoxarifado da cozinha da empresa onde trabalha. Ela contou 12 pacotes de café ½ kg e 9 pacotes com ¼ kg. Quantos quilogramas de café há no almoxarifado?

38. Calcule mentalmente:

   a) A metade de 1 686:

   b) A terça parte de 900:

   c) A décima parte de 500:

   d) A quarta parte de 5400:

cenoura
3,60

kiwi
11,20

abobrinha
3,70

Berinjela
6,99

Unidade **4**

Relações sociais, culturais e de produção

Nesta unidade, você trabalhará com números decimais, representará uma fração decimal na forma de número decimal e vice-versa, fará a leitura de números decimais, conhecerá os algoritmos das operações fundamentais com números decimais e suas aplicações em problemas do dia a dia que envolvem medidas e nosso sistema monetário.

Matemática

Números decimais e medidas

Números decimais

Roda de conversa

Optar por um ou outro modelo no momento da escolha de um veículo é resultado de uma análise que considera várias características como marca, preço, consumo, dentre outras. Suponha que três carros de montadoras diferentes tenham sidos submetidos a uma avaliação de economia de combustível. Os resultados obtidos são demonstrados na tabela abaixo:

Automóvel	Quilometragem por litro			
	Etanol		Gasolina	
	Cidade (km/l)	Estrada (km/l)	Cidade (km/l)	Estrada (km/l)
Modelo A	6,7	7,4	10	10,7
Modelo B	8,0	10,1	11,8	14,9
Modelo C	7,5	10,8	9,3	13,9

Qual deles é o mais econômico? Por quê? Como você ordenaria os valores, na forma crescente, da quilometragem por litro, dos três modelos, considerando o desempenho na estrada se abastecido com gasolina?

As ilustrações abaixo mostram um tipo de número muito comum no nosso cotidiano. São os números decimais.

Usain St. Leo Bolt é um atleta jamaicano, campeão olímpico e mundial, além de ser o detentor dos recordes mundiais nos 100 e 200 metros rasos, bem como no revezamento 4 x 100 metros.

100 metros rasos: 9,58 s
200 metros rasos: 19,19 s
4x100 metros rasos: 37,04 s

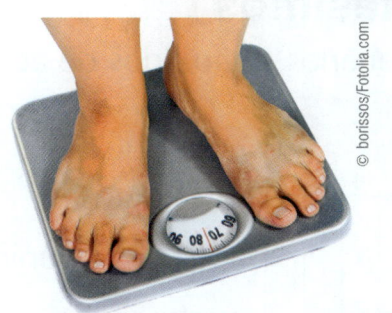

1+3 *Matemática*

Mas o que é número decimal?

As frações cujos denominadores são 10, 100, 1 000,... são também chamadas de frações decimais e recebem denominações especiais. Veja:

$\frac{1}{10}$ um décimo

$\frac{1}{100}$ um centésimo

$\frac{1}{1000}$ um milésimo

Os números decimais são um outro modo de escrever as frações decimais; no lugar de frações, usamos números com vírgula.

Saber mais

Em alguns países, como Estados Unidos e Inglaterra, é utilizado o ponto no lugar da vírgula. Por exemplo, nós indicamos o número 1,5, e eles indicam 1.5.

O ponto também é utilizado, aqui no Brasil, para expressar números na forma decimal no visor das calculadoras e em balanças eletrônicas.

Décimos e centésimos

Os números fracionários serão lidos de acordo com o número de partes que um inteiro for dividido:

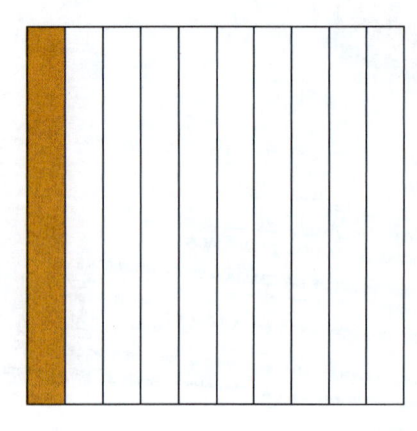

Quando a unidade é dividida em 10 partes iguais. Cada parte representa $\frac{1}{10}$ (um décimo).

A forma decimal é 0,1.

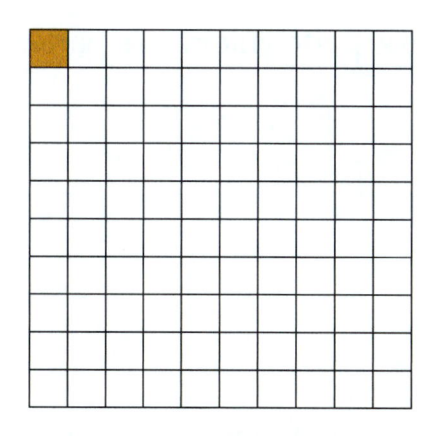

Quando a unidade é dividida em 100 partes iguais, cada parte representa $\frac{1}{100}$ (um centésimo).

A forma decimal é escrita 0,01.

Quando a unidade é dividida em 1000 partes iguais, cada parte representa $\frac{1}{1000}$ um milésimo). A forma decimal é escrita 0,001.

Observe no quadro a representação de outros exemplos de frações decimais por meio de números decimais.

Fração decimal	Números decimais	Leitura
$\frac{3}{10}$	0,3	três décimos
$\frac{72}{100}$	0,72	Setenta e dois centéssimos
$\frac{245}{1000}$	0,245	Duzentos e quarenta e cindo milésimos

Já vimos que podemos representar quantidades usando números mistos. Acompanhe:

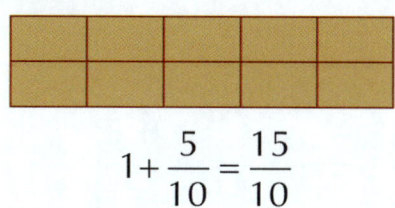

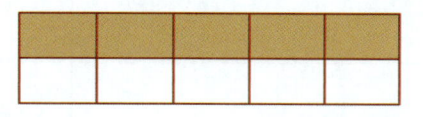

$$1 + \frac{5}{10} = \frac{15}{10}$$

Trocando a representação fracionária pela representação decimal, temos que:
1 + 0,5 = 1,5   1,5 = um inteiro e cinco décimos

1+3 Matemática

Observe que nessa representação, a vírgula separa a parte inteira da parte decimal.

1,5
→ Parte decimal
→ Parte inteira

Leitura dos números decimais

No sistema de numeração decimal, cada algarismo, da parte inteira ou decimal, ocupa uma posição ou ordem com as seguintes denominações:

Partes inteiras			Partes decimais		
Centenas	Dezenas	Unidades	Décimos	Centésimos	Milésimo
		2,	1	3	

Assim, o número 2,13, por exemplo, é lido como dois inteiros e treze centésimos.

1. Sabendo que:

■ unidade   ▮ décimo   ▪ centésimo

Quais são os números representados pelas figuras abaixo?

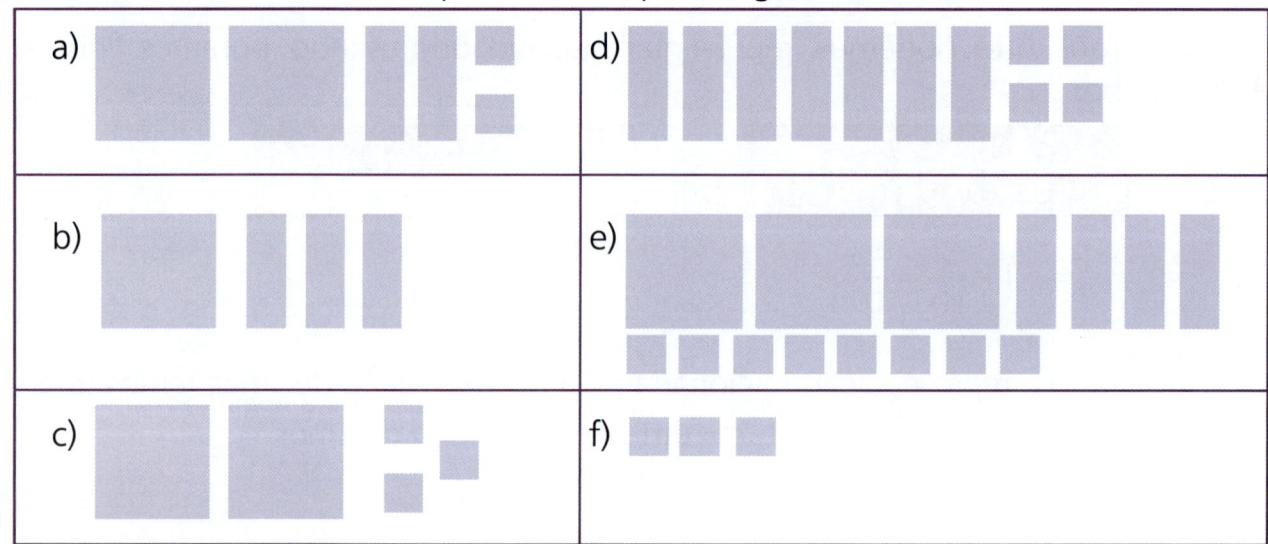

a)

b)

c)

d)

e)

f)

2. Observe os desenhos e escreva a fração e o número decimal que cada um representa.

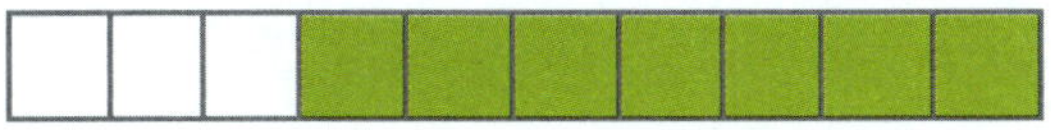

Forma decimal =
Forma fracionária =

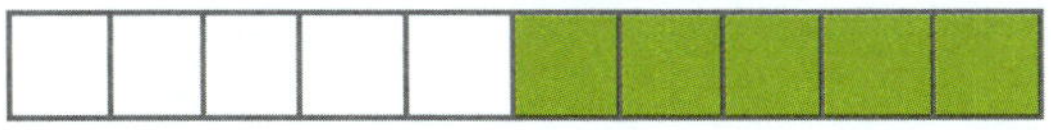

Forma decimal =
Forma fracionária =

Forma decimal =
Forma fracionária =

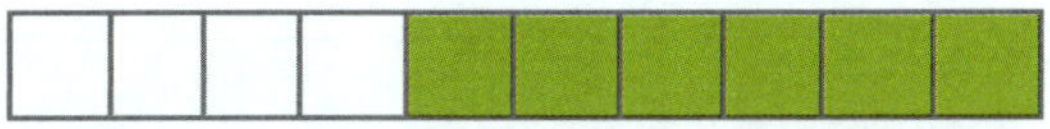

Forma decimal =
Forma fracionária =

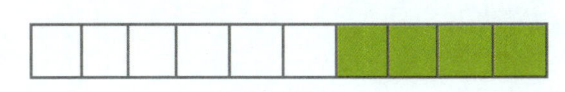

Forma decimal =
Forma fracionária =

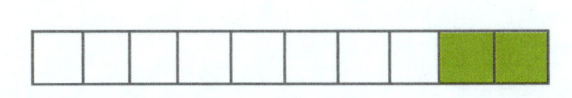

Forma decimal =
Forma fracionária =

3. Represente as frações na forma decimal:

a) $\dfrac{632}{10}$

b) $\dfrac{319}{10}$

c) $\dfrac{319}{10}$

d) $\dfrac{192}{100}$

e) $\dfrac{693}{10}$

f) $\dfrac{693}{100}$

1+3 Matemática

4. Dê a fração correspondente a cada um dos números decimais a seguir.

   a) 1,3

   b) 0,12

   c) 6,07

   d) 0,25

   e) 2,37

   f) 0,156

5. Escreva nas formas fracionárias e decimais o número expresso por:

   a) Oito décimos: _____

   b) Trinta e dois centésimos: _____

   c) Duzentos e trinta e seis centésimos: _____

   d) Cinco inteiros e seis centésimos: _____

   e) Dois inteiros, vinte e cinco centésimos: _____

   f) Dois inteiros e três décimos: _____

6. Escreva por extenso os números decimais:

   a) 0,45 _____

   b) 4,27 _____

   c) 0,03 _____

   d) 6,9 _____

7. Considere os números decimais abaixo.

   0,27   6,22   5,01   0,015

   0,32   5,096   0,82   1,25

   Dentre eles, circule os que são menores que 1.

Operações com números decimais

Adição e subtração

Para efetuar adições ou subtrações com números decimais, utilizaremos o quadro de ordens. Acompanhe os exemplos:

Exemplo 1: 2,15 + 4,2 + 13,481

Partes inteiras			Partes decimais		
Centenas	Dezenas	Unidades	Décimos	Centésimos	Milésimo
		2,	1	5	
		4,	2		
	1	3,	4	8	1
	1	2,	8	3	1

Assim, adicionamos dezenas com dezenas, unidades com unidades, décimos com décimos e milésimos com milésimos.

Basta, portanto, escrevendo os números de forma alinhada. Veja:

$$\begin{array}{r} 2,15 \\ 4,2 \\ +\ 13,481 \\ \hline 19,831 \end{array}$$

Exemplo 2: 65,37 − 0,62

$$\begin{array}{r} 4,\ {}^{13} \\ 6\cancel{5},\cancel{3}7 \\ -\ \ \ 0,62 \\ \hline 64,75 \end{array}$$

Matemática

Caso o número de algarismos decimais do subtraendo seja menor que o do minuendo, completamos neste, com zeros, as ordens que faltarem. Observe:

$$\begin{array}{r} 25{,}35 \\ -\ 0{,}225 \\ \hline \end{array} \qquad \begin{array}{r} 25{,}350 \\ -\ 0{,}225 \\ \hline \end{array} \qquad \begin{array}{r} {}^{4\ 10}\\ 25{,}3\cancel{5}\cancel{0} \\ -\ 0{,}225 \\ \hline 25{,}125 \end{array}$$

8. Efetue as seguintes adições, no seu caderno:

   a) 0,45 + 2,347
   b) 12,089 + 0,45 + 2,3
   c) 0,425 + 8,89 + 8,07
   d) 16,43 + 0,02 + 1,7
   e) 432 + 8,98 + 0,01
   f) 42,25 + 5,24 + 14,9

9. Efetue, no seu caderno, as seguintes subtrações:

   a) 23,56 – 16,95
   b) 48,807 – 25,15
   c) 47,4 – 14,31
   d) 214,2 – 87,245
   e) 437,11 – 41,3
   f) 21,2 – 0,17

Usando a calculadora:

Como efetuar adições e subtrações de números decimais na calculadora?

Acompanhe o exemplo: 2,17 + 3,587.

Ligue a calculadora.

Aperte as teclas [2] [,] [1] [7] para registrar o primeiro número.

Observe que o número é registrado com ponto no visor da calculadora.

Em seguida, aperte o sinal de [+].

Agora, registre o segundo número, apertando as teclas [3] [,] [5] [8] [7].

Para conhecer o resultado, basta apertar a tecla [=].

10. Agora, usando uma calculadora, efetue os cálculos a seguir:

   a) 6,81 + 54,28 + 3,10 _____

   b) 45,6 + 2,85 + 7,4 _____

   c) 92,2 + 3,51 + 0,23 _____

   d) 83,54 − 27,56 _____

   e) 45 − 2,38 _____

   f) 47,03 − 0,25 _____

Multiplicação de números decimais

Uma garrafa tem 1,5 l de refrigerante. Se você comprar 5 garrafas, quantos litros de refrigerante terá?

Para saber quantos litros há nas 5 garrafas, podemos usar a multiplicação.
1,5 + 1,5 + 1,5 + 1,5 + 1,5 = 7,5.

ou

$5 \times 1,5 = 5 \times 1 = 5 \times 1,5 = 5 \times \dfrac{15}{10} = \dfrac{75}{10} = 7,5$

Em 5 garrafas há 7,5 l de refrigerante.

Na multiplicação de números decimais, multiplicamos os números como se fossem inteiros, como se não tivessem vírgula.

No resultado final, produto, colocamos a vírgula de tal forma que as casas decimais sejam a soma do número de casas decimais dos fatores.

Acompanhe o exemplo:

```
        2, 4 6  ⟶ Duas casas decimais
      ×   1, 4  ⟶ Uma casa decimal
    +   9 8 4
      2 4 6
      3, 4 4 4  ⟶ Três casas decimais
```

11. Calcule:

   a) O dobro de 0,5   d) O dobro de 0,9

Matemática

b) O triplo de 0,7

e) O triplo de 0,8

c) O quádruplo de 0,8

f) O quádruplo de 0,5

12. Efetue, no seu caderno, as seguintes multiplicações:

   a) 53,67 x 2,5

   b) 45,34 x 1,2

   c) 8,5 x 1,2

   d) 245,3 x 6

   e) 14,9 x 0,2

   f) 18,05 x 27

Noção de divisão de números decimais

13. José comprou um televisor por R$ 3.900,00. Deu R$ 1.500,00 de entrada e o restante pagou em 4 prestações iguais. Qual o valor de cada prestação?

14. Rute comprou 12 litros de água em embalagens de 0,5 litros. Quantas embalagens ela comprou?

15. Dona Áurea comprou 6 metros de tecido. Ela gasta 1,2 para fazer cada peça das encomendas que recebeu. Quantas peças foi possível fazer?

Aplicações dos números decimais

Veremos a seguir que os números decimais são muito utilizados em situações que envolvem sistema monetário e medidas.

Números decimais e sistema monetário

Sistema Monetário é o nome dado ao conjunto de cédulas e moedas utilizadas por um país. Este sistema obedece a regras de legislação própria, é organizado a partir de um valor que lhe serve de base e que é sua unidade monetária. No Brasil, a unidade monetária é real.

Normalmente, os valores mais altos são expressos em cédulas, e os valores menores, em moedas.

Um real corresponde a 100 centavos.

1 centavo corresponde a $\frac{1}{100}$ de real ou 0,01 de real.

10 centavos corresponde a $\frac{1}{10}$ de real ou 0,1 de real.

16. Quanto custa cada caderno?

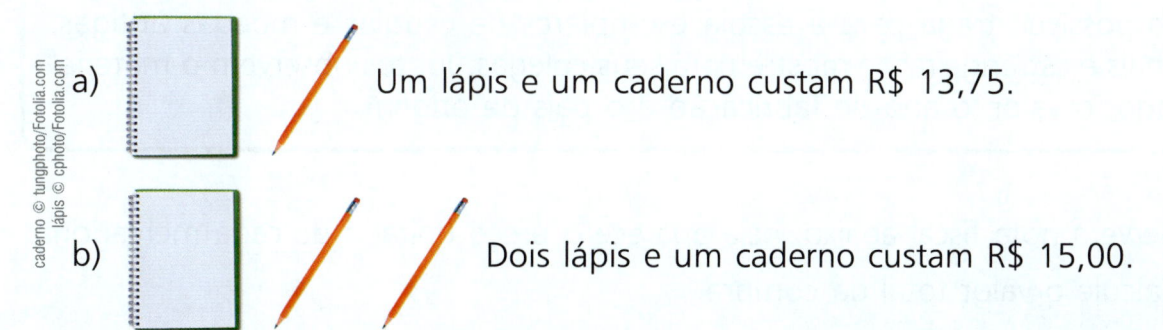

a) Um lápis e um caderno custam R$ 13,75.

b) Dois lápis e um caderno custam R$ 15,00.

Explique como você encontrou a resposta usando palavras, esquemas ou cálculos.

1+3 Matemática

Saber mais

Nos primeiros tempos da civilização, ninguém precisava de dinheiro. Os problemas começaram a surgir quando os homens passaram a viver em sociedade. Valia tudo: sal, tijolos, dentes de cachorro ou pedaços de bambu.

Há 2 mil anos, na Lídia, um pequeno país da Ásia Menor, alguém iniciou a cunhagem da moeda, em ouro, prata, cobre, bronze e outros metais. Outros países copiaram e aperfeiçoaram o sistema. Grécia e Roma colocaram símbolos nacionais nas moedas. A primeira moeda de prata de valor e peso definidos surgiu no século VII a.C. na ilha grega de Egina.

Alexandre, o Grande, que reinou na Macedônia entre 336 e 326 a.C., foi o primeiro homem a ter sua efígie gravada numa moeda, no ano 330 a.C.

Disponível em: <http://www.guiadoscuriosos.com.br/categorias/368/1/dinheiro.html>.

Roda de conversa

Você conhece e/ou utiliza outras maneiras de efetuar pagamentos? Quais?

Qual o tema escolhido para ilustrar nosso dinheiro atualmente?

Você sabe o que é Euro?

Se possível, traga para a escola exemplares de cédulas e moedas antigas, nacionais e estrangeiras, e mostre para seus colegas. Juntos observem o material utilizado, o valor, o ano de fabricação e o país de origem.

17. Observe a nota fiscal abaixo; nela aparece o preço unitário de cada mercadoria.

a) Calcule o valor total da compra.

Nota fiscal de venda ao consumidor N.º 29943			
Quantidade	Descrição	Preço unitário	Total: R$
5	bolas	29,50	
2	raquetes	79,50	
4	bonecas	85,50	
5	carrinhos	15,60	
Total R$			

b) Se a compra foi paga com três cédulas de 200, qual foi o troco?

Facilitar o troco

Comprar e vender são atividades muito comuns no nosso dia a dia. Assim como são frequentes as situações nas quais o vendedor não dispõe de dinheiro trocado e pede que o comprador "facilite o troco".

Nesse caso, o cliente tenta pagar o valor exato do produto ou um valor em que o troco seja devolvido ao mínimo de moedas ou notas.

Veja um exemplo de como fazer isso:

Total da compra: R$ 16,25.

Se o cliente paga com uma cédula de R$ 20,00, o troco deverá ser de R$ 3,75.

Se, além dos R$ 20,00 ele dá uma moeda de R$ 0,25 (pagando R$ 20,25 no total), o troco passa a ser de R$ 4,00. Assim, o troco que deveria ser dado com moedas pode ser dado agora com apenas duas notas de R$ 2,00.

18. Complete a tabela com uma possibilidade de facilitar o troco:

Valor da compra	Quantia de pagamento	Troco	Quantia de pagamento para facilitar o troco	Novo troco
R$ 21,15	R$ 50,00	R$ 29,85	R$ 51,15	
R$ 36,85				
R$ 66,45				
R$ 24,90	R$ 30,00	R$ 5,10		

Estimativa

Fazer uma estimativa é determinar o valor de uma coisa, avaliar, calcular o preço, a quantidade, enfim, encontrar um valor aproximado.

Rotineiramente passamos por situações em que isso se faz necessário: no supermercado, estimamos o preço a pagar pelos produtos, muitas vezes, estimamos o tempo necessário para percorrer uma distância, etc.

19. Faça uma estimativa antes de conferir o resultado das operações:

a) O resultado de 2,78 + 6,32 é maior ou menor que 7?

1+3 Matemática

b) O resultado de 2,25 + 45,6 + 81 é maior ou menor que 100?

c) O resultado de 15,33 − 2,5 é maior ou menor que 14?

d) O resultado de 87,2 − 2,54 é maior ou menor que 85?

Agora, resolva as operações e verifique se suas estimativas estavam corretas.

20. Mensalmente, o Dieese (Departamento Intersindical de Estatística e Estudos Socioeconômicos) acompanha, em várias capitais brasileiras, a evolução de preços de produtos de alimentação assim como o gasto mensal que um trabalhador teria para comprá-los. Leia o texto abaixo e saiba mais por que isso é feito.

Quais produtos compõem a cesta básica?

São 13 alimentos: carne, leite, feijão, arroz, farinha, batata, tomate, pão, café, banana, açúcar, óleo e manteiga. No Brasil, a quantidade de cada ingrediente varia de acordo com a tradição alimentar de três grandes áreas do país: a Região Sudeste, as regiões Sul/Centro-Oeste e as regiões Norte/Nordeste. Mas não espere encontrar exatamente esses ingredientes nos *kits* que as empresas distribuem aos funcionários. "Os cardápios das cestas de alimentos são definidos em acordos entre patrões e empregados e têm pouco a ver com essa lista", afirma o economista José Maurício Soares, do Departamento Intersindical de Estatística e Estudos Socioeconômicos (Dieese). Então, para que serve a cesta básica? "Ela é um conceito abstrato, que mede se o poder de compra do salário mínimo consegue suprir as necessidades alimentares básicas de uma pessoa durante um mês", diz a socióloga Claudia Garcia Magalhães, da Prefeitura de São Paulo. Além de não ser um banquete, a cesta é fraca em certos nutrientes: ela não atende plenamente às necessidades de vitaminas e minerais, encontrados em frutas, verduras e legumes.

Disponível em: <http://mundoestranho.abril.com.br/materia/quais-produtos-compoem-a-cesta-basica>.

Os produtos da chamada "cesta básica" e suas respectivas quantidades mensais são diferentes por regiões. Pesquisem os itens da cesta básica da região onde vocês moram e calculem o valor necessário para adquiri-la nos supermercados próximos. Se preferirem, essa pesquisa pode ser feita em encartes fornecidos pelos supermercados.

21. Pesquise o valor de um salário mínimo em vigor.

Roda de conversa

Considerando que o salário mínimo deveria suprir as despesas de um trabalhador e de sua família com alimentação, moradia, saúde, educação, vestuário, higiene, transporte, lazer e previdência, qual seria, na sua opinião, o salário mínimo necessário?

22. Acompanhe, em telejornais e jornais, as últimas cotações do dólar comercial, e faça uma análise de suas variações nos últimos 7 dias.

GLOSSÁRIO

Dólar – s.m. Moeda dos Estados Unidos da América e de vários outros países. // Dólar comercial, o que tem cotação do mercado oficial. // Dólar paralelo, o que tem cotação do mercado livre. // Dólar turismo, o que tem cotação para fins de turismo autorizado no exterior.
Disponível em: <http://www.dicionariodoaurelio.com/Dolar>.

23. Faça um levantamento do preço médio dos combustíveis na sua cidade e preencha a tabela a seguir:

Litros	Valores (em R$)	
	Gasolina	Etanol
1		
5		
10		
15		
20		
30		

1+3 Matemática

24. Quatro amigos se reuniram para comprar um livro para um amigo aniversariante. Cada um contribuiu com 23 reais. As figuras abaixo representam as moedas que foram dadas de troco.

a) Quanto eles arrecadaram para a compra do livro?

b) Quanto receberam de troco?

c) Quanto custou o livro?

d) Sabendo que os quatro amigos distribuíram as moedas entre si, de modo a ficarem com iguais quantias de dinheiro, quanto recebeu cada um?

Números decimais e medidas

Existem muitas situações em que usamos números decimais para registrar medidas não inteiras. Veja algumas delas:

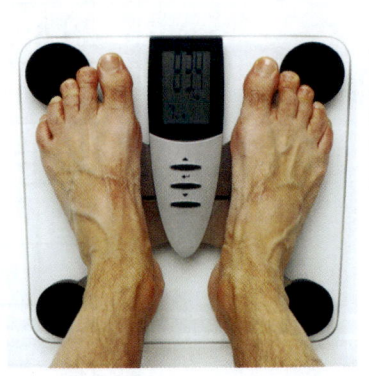

25. Caminhões presos em viadutos é uma cena comum nas grandes cidades brasileiras. Leia na reportagem a seguir.

> **Caminhão fica preso em viaduto na Afonso Pena**
>
> Vanessa Pires
>
> Um caminhão-baú ficou preso embaixo do viaduto Corina Junqueira Rezende, na avenida Afonso Pena, próximo ao Terminal Central, por volta das 9h desta sexta-feira (30). O trânsito ficou interditado em meia pista por mais de duas horas até a retirada do veículo.
>
> Segundo Agnaldo Basílio, da Secretaria de Trânsito e Transportes (Setran), o viaduto permite veículos com altura até 3,70 metros, mas o caminhão tinha 0,5 metros acima do permitido.
>
> O motorista Ricardo Júnior disse que transporta móveis e não mora em Uberlândia. "É a primeira vez que passo pelo local e quanto vi a placa já não dava mais tempo de parar", disse. Ainda de acordo com ele, o prejuízo será grande, pois terá que trocar todo o baú do veículo.
>
> PIRES, Vanessa. Caminhão fica preso em viaduto na Afonso Pena. **Correio de Uberlândia**.

Agora, responda:

a) Na sua opinião, o que causa esse tipo de acidente?

b) Qual é a altura máxima dos veículos que podem passar pelo viaduto citado na reportagem?

c) Qual era a altura do caminhão que ficou preso?

26. O médico receitou para Luiz, de 4 anos, filho de Iracema, um xarope para tosse.

Seguindo as orientações médicas, ela deu 3 doses diárias de 2,5 ml, durante uma semana. Que quantidade de xarope sobrou no vidro de xarope?

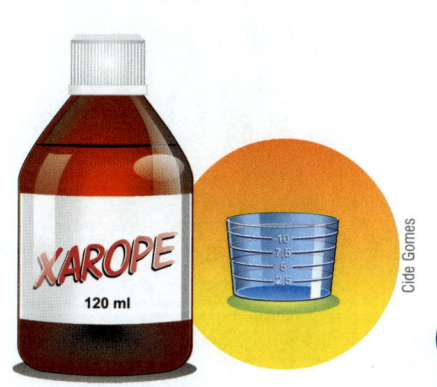

1+3 Matemática

27. O jarro representado na figura contém 1,5 litro de suco de laranja e será dividido em seis copos iguais. Qual a quantidade de suco que deverá ser colocada em cada copo?

28. Na tabela abaixo estão representados os resultados obtidos por quatro atletas mirins na prova de salto em distância. Escreva o nome dos três primeiros colocados nessa competição.

Nome	Gasolina
Roberto	3,88 metros
Bruno	3,74 metros
Diego	3,83 metros
Caio	3,95 metros
Guilherme	3,7 metros

1º lugar: _____

2º lugar: _____

3º lugar: _____

GLOSSÁRIO

Perímetro – soma da medida dos lados de um polígono.

29. Calcule o perímetro dos seguintes polígonos.

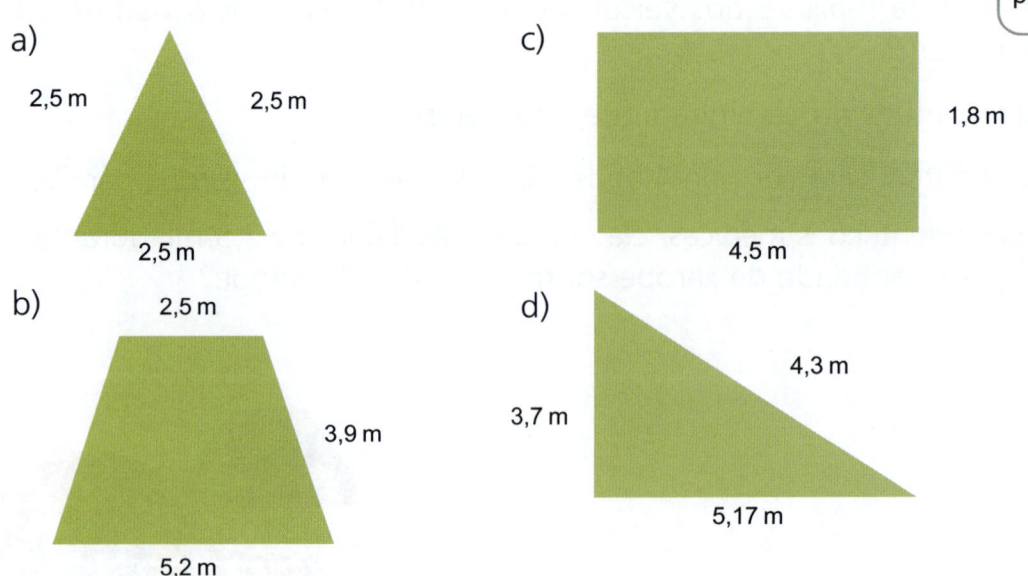

a) Triângulo com lados 2,5 m, 2,5 m e 2,5 m.

b) Trapézio com lados 2,5 m, 3,9 m e 5,2 m.

c) Retângulo 4,5 m × 1,8 m.

d) Triângulo com lados 3,7 m, 4,3 m e 5,17 m.

30. Silvana pesava 72 kg. Iniciou uma dieta alimentar e perdeu 1,5 kg. Qual é o peso de Silvana após a dieta?

31. Marta pesava 67,5 kg e ganhou 6,5 kg em função da gravidez. Qual o novo peso de Marta?

32. Substitua o símbolo ◊ nas expressões abaixo com um dos sinais operatórios: +, -, × e :

   a) 16 ◊ 0,15 = 2,4

   b) 16 ◊ 0,15 = 15,85

   c) 16 ◊ 0,15 = 16,15

   d) 16 ◊ 0,15 = 6,66

   e) 245 ◊ 2,5 = 247,5

   f) 245 ◊ 2,5 = 242,5

   g) 245 ◊ 2,5 = 612,5

   h) 245 ◊ 2,5 = 9,8

33. A divisão de 21 por um certo número decimal resulta em 28. Qual é esse número decimal?

34. O preço de um automóvel é R$ 124.500,00 se o pagamento for feito à vista. O mesmo automóvel a prazo custa R$ 38.500,00 de entrada mais 36 prestações de R$ 2.650,00. Qual a diferença entre o valor total da compra à vista e a prazo?

Matemática

35. O salário bruto de Joaquim é de R$ 1.800,00. Nesse mesmo os descontos foram de R$ 475,27. Qual foi o salário liquido de Joaquim?

36. Cristiane, Viviane e Silvana são irmãs. Cristiane tem R$ 145,50. Viviane tem o a metade que Cristiane e Silvana tem R$ 68,25 a mais que Viviane. Quanto têm as três juntas?

37. Descubra o segredo e complete os espaços das seguintes sequências:

   a) 24,5   37   49,5   _____   _____

   b) 7,09   14,18   28,36   _____   _____

   c) 104,5   100   95,5   _____   _____

38. Coloque em ordem, do menor valor para o maior valor:

   a) 32 65 3,2 54 5,4 6,5 0,4 14,5 4

   b) 31,7 0,5 4,7 50,1 0,25 3,17 31,7 0,317 5,5

Referências

MEIRELES, Cecília. **A arte de ser feliz**. In:_____. Obra poética. Rio de Janeiro: José Aguilar, 1958.

HENRICÃO; CAMPOS, Rubens. **Marambaia**. Intérprete: Elis Regina. In: REGINA, Elis. Saudade do Brasil. [S. l.]: WEA, 1990. 2 CDS. Faixa 10.

LEDO, IVO. Imagem do deserto. Soletrar: Revista do Departamento de Letras da Faculdade de Formação de Professores (UERJ), São Gonçalo, ano 9, n. 18, jul/dez. 2009. Disponível em: <http://www.filosofia.org.br/soletrar/18/04.pdf>.

Série Ciência Ilustrada. 4 títulos: Arqueologia, Astronomia, Ecologia e Genética. Melhoramentos, 32 págs., R$ 20,10 cada.

SATER, Almir; TEIXEIRA, Renato. **Tocando em frente**. Intérprete. Almir Sater. In: SATER, Almir. Ao Vivo. [S.l.]: Columbia/Sony Music, 1992.

BRANT, Fernando; NASCIMENTO, Milton. **Bola de meia, bola de gude**. Intérprete: Milton Nascimento: In: NASCIMENTO, Milton. Maria, Maria/O Último trem. [S.l.]: Far Out Recordings, 2000.

BRANDÃO, Carlos Rodrigues (Ed.) **O que é o método Paulo Freire**. São Paulo: Brasiliense, 1981

FREIRE, Paulo. **A importância do ato de ler**: em três artigos que se completam. 22. ed. São Paulo: Cortez, 1988.

ANTUNES, Ângela. **Terra viva**. In: GADOTTI, Moacir. Pedagogia da Terra. São Paulo: Petrópolis, 2000.

MELLO, Thiago de. **Os estatutos do homem**. In: _____. Os estatutos do homem e pomas inéditos. Rio de Janeiro: [s. n.], 1992.

MURRAY, Rosana. **Caverna**. In: _____. Casas. Belo Horizonte: Formato, 1994.

BRAGA, Rubem. **O padeiro**. In: ANDRADE, Carlos Drummond de et al. Para gostar de ler: crônicas. 12. ed. São Paulo: Ática, 1989. v.1.

AZEVEDO, ARTUR. **Plebiscito**. In:_____. Contos. São Paulo: Três, 1973.

BUARQUE, Chico. **Apesar de você**. Intérprete:_____. In:_____. Chico Buarque. [S. l.]: Polygram/Phillips, 1979. Faixa 11.

ADELAIDE, Julinho de; PAIVA, Leonel. **Acorda amor**. Intérprete: Chico Buarque. In: BUARQUE, Chico. Songbook. [S. l.]: Lumiar Discos, 1999. 2 CDs. Faixa 24.

ENCICLOPÉDIA nosso século: Brasil, 1960-1990. São Paulo: Abril Cultural, 1985. 2v

BARBOSA, Lucio. **Cidadão**. Intérprete: Zé Ramalho. In: ZÉ RAMALHO. Frevoador. [s.l.]: Columbia, 1992. 1 CD. Faixa 6.

HUBERMAN, Leo. **História da riqueza do homem**. 18. ed. Rio de Janeiro: Zahar, 1982. p. 187-191. (Adaptado)

Referências

ONU. **Declaração Universal dos Direitos Humanos**. 1948.

ANDRADE, Carlos Drummond de. **Retrato de família**. In: Antologia Poética. Lisboa: Dom Quixote, 2001.

Enciclopédia Nosso Século: Brasil – 1900/1910. São Paulo: Abril, 1980.

CARVALHO, Gilda Pereira de. **Cartilha Lei Maria da Penha & Direitos da Mulher**. Ministério Público Federal /Procuradoria Federal dos Direitos Do Cidadão (PFDC). Brasília. 2011. P 10.

DEL PRIORE, Mary. **Família na colônia**, um conceito elástico. Revista História Viva. ed setembro de 2006. Disponível em: <www2.uol.com.br/historiaviva/reportagens/familia_na_colonia_um_conceito_elastico_imprimir.html>.

Enciclopédia Nosso Século: Brasil – 1900/1910, I, p. 20.

PENHA, Ariane Rafaela Brugnollo; LIGERO, Gilberto Notário. **Teoria Geral da família**. Disponível em: <www.intertemas.unitoledo.br/revista/index.php/ETIC/article/viewFile/1634/1557>. Acesso em: 21 de mar. 2013. Segundo Roberto Senise Lisboa (2004, p. 44).

SILVA, Tiago Ferreira da. **Domingos Jorge Velho**. Disponível em: <www.infoescola.com/biografias/domingos-jorge-velho/>.

GRANDE Enciclopédia Larousse Cultural. São Paulo: Nova Cultura, p. 5003. v. 20.

Enciclopédia Nosso Século: 1900/1910, São Paulo: Abril Cultural, p.112. v. s.

SOUZA, Gilson de. **As quatro estações do ano**. Interpreta: Jair Rodrigues. In: Rodrigues, Jair. Orgulho de um sambista [s.l.]: Philips, 1973. 1 CD, faixa 5. Disponível em: < http://letras.mus.br/jair-rodrigues/577438/>.

CARLOS, Roberto. **Meu querido, meu velho, meu amigo**. Intérprete: ———.. In:——— . Roberto Carlos. [s.l.]: CBS, 1979. Faixa 8.

BUARQUE, Chico. **Paratodos**. Intérprete: ———. In: ———. Paratodos. [s.l.]: BMG/Ariola, 1993. 1 CD. Faixa 1.

HOLLANDA, Chico Buarque de. **Brejo da Cruz**. Intérprete: _____. In: _____. Chico Buarque. [s.l.]: Barelay/ Polygram/ Phillips, 1984. Faixa 2.

RYFF. Luiz Antônio. **O processo de favelização no Brasil**. Folha de S. Paulo, São Paulo, 7 jan. 2011.

GONZAGUINHA, **Um homem também chora** (Guerreiro menino). Intérprete: _____. In: _____. Cavaleiro Solitário. [s.l.]: Som livre, 1993. 1 cd. Faixa 3.

ENCICLOPÉDIA Nosso Século: Brasil – 1900/1910, parte I.

Tom Jobim – CD - Antônio Brasileiro - Columbia - R.7 - 1994, faixa 9.

AMAPÁ inicia nesta semana período de proteção ao caranguejo-uçá. G1 Natureza, São

Referências

Paulo, 13. jan. 2012. Disponível em: <www.g1.globo.com/natureza/noticia/2012/01/amapa-inicia-nesta-semana-periodo-de-protecao-ao-caranguejo-uca.html>.

PIRES, Vanessa. **Caminhão fica preso em viaduto na Afonso Pena**. Correio de Uberlândia.

Sites

<http://portal.saude.gov.br/>

<http://www.smashinglists.com/10-feral-human-children-raised-by-anials/>.

<http://diasbiomedicina.wordpress.com/2010/07/21/projeto-dos-1-000-genomas-expandindo-o-mapa-da-genetica-humana/>.

<http://www.prrr.mpf.gov.br/arquivos/pgr_cartilha-maria-da-penha_miolo.pdf.>.

<http://www.observatoriodegenero.gov.br/menu/noticias/homens-recebem-salarios-30-maiores-que-as-mulheres-no-brasil>.

<http://unesdoc.unesco.org/imagem/0008/000862/>.

<www.brasil.gov.br/cop17/panorama/painel-intergovernamental-sobre-mudancas-climaticas-ipcc>.

<www.jornaldaciencia.org.br/Detalhe.jsp?id=45576>.

<www.rededasaguas.org.br/>.

<www.sosma.org.br/projeto/rede-das->aguas/>

<www.pnud.org.br/IDH/DesenvolvimentoHumano.aspx?indiceAccordion=0&li=li_DH>.

<http://cristovam.org.br/portal3/index.php?option=com_content&view=article&id=5265:cristovam-lamenta-posicao-do-brasil-no-idh-e-critica-governo-por-nao-assumir-tragedia-na-educacao&catid=27&Itemid=100072

<www.pnud.org.br/atlas/ranking/IDH_global_2011.aspx?indiceAccordion=1&li=li_Ranking2011>.

<http://extra.globo.com/noticias/mundo/casal-de-idosos-desabrigados-vive-em-mcdonalds-de-shopping-de-buenos-aires-por-2-anos-131948.html>.

<www.ibge.gov.br/home/presidencia/noticias/noticia_visualiza.php?id_noticia=2271&id_pagina=1>.

<www2.camara.leg.br/comunicacao/institucional/noticias-institucionais/camara-apresenta-a-exposicao-201cvendedores-de-praia201d>.

<www.ibge.gov.br/home/presidencia/noticias/noticia_visualiza.php?id_noticia=2051>.

<www.publicacoes.inep.gov.br/arquivos/%7B3D805070-D9D0-42DC-97AC-5524-

Referências

E567FC02%7D_MAPA%20DO%20ANALFABETISMO%20NO%20BRASIL.pdf>.

<http://www.iwm.org.br/noticias/causa/geracao-de-renda/grupos-produtivos/606-Mulheres_empreendem_mais_apesar_dos_desafios.html>.

<www.sustentabilidade.sebrae.com.br/portal/site/Sustentabilidade/menuitem.745f6ae78e55058f73042f20a27fe1ca/?vgnextoid=d030203f95a27310VgnVCM1000002af71eacRCRD&vgnextfmt=default>.

<www1.folha.uol.com.br/folha/publifolha/ult10037u351805.shtml>.

<www.inpe.br/noticias/arquivos/pdf/RIO+20-web.pdf>

<www.cnps.embrapa.br/mirim/mirim.html>

<www12.senado.gov.br/noticias/materias/2012/03/09/brasil-produz-61-milhoes-de-toneladas-de-lixo-por-ano>.

<http://www.cmpa.tche.br/index.php/noticias/39514-se-o-assunto-e-asteroides-o-cmpa-esta-de-olho-no-ceu>.

<www.brasil.gov.br/sobre/ciencia-e-tecnologia/inovacao/Cases/agua-doce/agua-e-consumo-consciente>.

<http://www.brasil.gov.br/noticias/arquivos/2011/07/11/fundo-das-nacoes-unidas-lanca-campanha-para-lembrar-populacao-mundial-de-7-bilhoes-em-2011>.

<http://g1.globo.com/pop-arte/noticia/2010/12/tropa-de-elite-2-e-maior-bilheteria-da-historia-do-cinema-brasileiro.html>.

<http://mundoestranho.abril.com.br/materia/quais-produtos-compoem-a-cesta-basica>.

<http://www.dicionariodoaurelio.com/Dolar>.